李奇微回忆录

（美）马修·邦克·李奇微 著
王宇欣 译

北纬三十八度线

新华出版社

图书在版编目(CIP)数据

李奇微回忆录／（美）李奇微（Ridgway,M.B.)著；王宇欣译．—北京：新华出版社，2013.11
ISBN 978-7-5166-0718-3
Ⅰ.①李… Ⅱ.①李… ②王… Ⅲ.①李奇微,M.B.(1895～1993)—回忆录
Ⅳ.①K837.125.2
中国版本图书馆CIP数据核字(2013)第266901号
著作权合同登记号：图字 01-2019-7376号

李奇微回忆录

著　　者：李奇微（Ridgway，M.B.）　　**翻　　译**：王宇欣

出 版 人：张百新　　**责任印制**：廖成华
责任编辑：孟　通　刘燕玲　　**封面设计**：红十月工作室

出版发行：新华出版社
地　　址：北京石景山区京原路8号　　**邮　　编**：100040
网　　址：http：//www xinhuapub.com　　http：//press.xinhuanet.com
经　　销：新华书店
购书热线：010-63077122　　**中国新闻书店购书热线**：010-63072012

照　　排：北京兰卡绘世图文设计有限公司
印　　刷：北京明恒达印务有限公司

成品尺寸：160mm×230mm
印　　张：18.75　　**字　　数**：350千字
版　　次：2013年11月第一版　　**印　　次**：2024年12月第十三次印刷

书　　号：ISBN 978-7-5166-0718-3
定　　价：38.00元

图书如有印装问题请与出版社联系调换：010-63077124

中文版序言

来自对手的思考

本书是前美国陆军四星级上将马修·邦克·李奇微关于朝鲜战争（中国称“抗美援朝”）的回忆录。

马修·邦克·李奇微是二战后美国军界的一位传奇并富有争议的人物，赞扬他的人认为，如果没有李奇微，那么所谓的“联合国军”在朝鲜半岛最后的结局很可能就是跳大海去喂鱼了；贬低他的人认为，李奇微在战略方面过于谨慎，他只是基本守住了战前的分界线，而未能将战果进一步扩大。关于这一点，仁者见仁、智者见智，在此我们不加以讨论，而应由历史及读者去评判（这恰如中国的伟大领袖毛主席所说的那样：历史是由人民创造的）。

今年是中国所称的抗美援朝胜利60周年，同时也是美国与其他西方国家所称的朝鲜战争停战60周年。所以，在进行了慎重的选择后，新华出版社选择了这部著作翻译出版，为的就是让读者能够了解一下我们的对手、特别是最直接在战场上的对手是怎样看待这场战争的。有时候看一看或听一听我们的对手的看法，无论是作为专业的研究人员还是普通的读者，会更能开阔我们的视野与思路。与许多西方作者不同的是：第一，作为朝鲜战争期间“联合国军”的战地总司令，李奇微身临其境，亲历了这场战争的残酷（在战争中其胸前始终挂着一颗手雷的那张经典照片就是很好的佐证），这一点是其他类似著作作者不曾有过的、也不可能拥有过的经历（例如《朝鲜：我们第一次战败》的作者贝文·亚历山大，虽然在当时也是美军的随军记者，但其所站的高度远无法与李奇微相比）；第二，在其回忆录中，李奇微并未过多谈及中国方面的情况，而是在书中对美国当时的亚太政策的失误、特别是对当时美国国内的政治环境进行了充分的反思与介绍，这也是其他写过"朝鲜战争"这个题材的西方作者所从未有过的，同时亦是本书最大的看点。

当然，由于作者的身份和其价值观的局限性，书中难免有些观点过于主观，这些情况出版社在翻译和编辑过程中尽量进行了处理，如有不妥之处，还请读者理解。

李大光
国防大学副教授、著名军事专家

前 言

朝鲜半岛的冲突标志着“美国堡垒”时代在美利坚合众国的终结和一个新时代的开始。在这个新时代，我们再也无法仅仅通过避免外交摩擦来谋求和平了。在朝鲜战争爆发的那一刻，我们发现自己破天荒头一次，连一周的预警时间都没有就陷入了一场远在世界的另一端、我们的人民既无法理解也感知不到的战争中。

以往的每一次战争，包括造就美国的那场战争，我们都是做好充足准备，鼓足勇气，运筹帷幄以决胜千里。即便是1776年，虽然当时许多爱国志士是仓促离家直接奔赴战场，但因为“一连串滥用权力、强取豪夺的暴行”早已令我们的公民们义愤填膺，大家早就已经做好了拿起武器的准备。而在其他冲突中，我们拥有天然的海洋屏障，远离战场，因而有足够的时间将工业纳入战争轨道，训练军队，生产武器弹药以及商讨兵力部署。

朝鲜战争则完全不同。

1950年6月，在毫无征兆的情况下，朝鲜半岛就燃起了战火。

当时的美国正是一派繁荣景象，社会处于劳资和平显现的新时期，税收正逐步减少，战时的各种限制正在解除，宁静祥和的未来已经展现在眼前。

朝鲜和韩国的突然交火使我们从和平状态中猛然惊醒，意识到一场战争已经全面爆发。

必须承认我们是有些措手不及，甚至没有时间开会讨论，通过立法程序并慎重审查后再做出重大决策；刚刚安顿下来的年轻人不得不重新入伍，以最快的速度直接被运抵前线；突如其来的战争又把我们的社会拖入了物资短缺、冲突不断、生灵涂炭、前途未卜的深渊。

而且，朝鲜战争可能是最后一场只使用常规武器而不用担心热核灾难的战争，因为这场战争，我们与世界上其他国家的关系发生了剧变。

在整个冲突过程中，我们遭遇到了一些重大问题并做出了决断，而我们的多数民众似乎对其中的某些问题理解得并不透彻。我们是应该与其他自由国家一起投入战争，还是该单独行动，面对这个问题，我们最终决定将国家安全置于集体行动的基础之上。当必须在文职政府和军方之间进行抉择时，我们再次突出了宪法赋予文职政府的至高无上的地位。骤然面对是要抵抗侵略还是任由韩国被敌人占领的问题，我们选择了道义，给侵略者以迎头痛击。而且有史以来我们还头一次了解了“有限”战争的概念。

尽管如此，在整个战争过程中以及战后很长一段时间内，我们仍被许多难题所困扰：没有预警就爆发了如此大的冲突，怎么会发生这种事？是我们的决策者中有人太无能，还是我们的情报机关不得力？蒋介石和李承晚，他们一个企图入侵中国大陆，另一个企图以武力重新统一朝鲜半岛，我们是不是成了这两个人阴谋的牺牲品？为什么战争的爆发打了我们一个措手不及？还有，仅仅靠一个无所畏惧的总统——这个唯一拥有决策权的人的当机立断，才得以在自由世界面前挽回我们正义的形象，我们怎么会落到如此境地？

所有这些问题的答案，也许就在于我们对全面战争先入为主的心理。朝鲜战争之前，我们所有的军事计划都是在设想打一场全世界范围的战争，在这样的战争中，对一个距离遥远而又无法设防的半岛采取防御是徒劳无功的。但是朝鲜战争告诉我们，此后的战争都必定有所限制。问题已经不再是打不打有限战争，而是如何避免打任何其他形式的战争。现在许多国家都拥有了热核武器，或者拥有制造技术，那就不再可能会爆发全面战争了，因为那意味着同归于尽。朝鲜战争之后，我们除了和朋友打交道，也努力和潜在的敌人打交道，不得不承认，这是受到了对有限战争认识的影响。

发现我们在思想上的变化，一些有识之士就预见到了会引起的一系列连锁反应。越来越多的人意识到单靠武力再也无法解决我们此前在越南、老挝和刚果曾经遇到的那类问题了，我们必须要制定出让所有相关的人都能接受的、与之相辅相成的政治、经济和军事政策，并通过强势的领导力加以贯彻实施。还有一点变得非常明确，就是我们的政策再也不能只由白宫、国务院或国防部中的任何一家单独制定，军政双方各司其职，任何一方都不能按照自己的方式决定美国与其他主权国家交往的方针。我们也意识到军政双方的领导者平时必须紧密协作才会产生最佳的结果，其中政府领导者负责提出所要达成的目标，而军方则要对使用军事手段能够获得多大成果进行分析判断，并确定如何才能最有效地运用军事手段。

当然只有军政双方真正做到认真征求并考虑彼此的观点，才能使这种协作成为可能。根据我国宪法，文职政府拥有最高权力，所以如果政府高官不假思索地否决国家高级军事顾问的权威性建议，就无法做出明智的决断；如果根本不征求、听取和考虑资深军事顾问们的忠告，那就会大祸临头。

不过朝鲜战争带给我们国家这些改变的意义，许多公民似乎根本无暇顾及，他们一心一意地为了家庭安康和子女教育而奋斗，至今依然沉浸在那些轻率提出的诸如“全面战争”、“无条件投降”和“大获全胜”等等过时的口号中，而那些往往是为党派政治目的服务的东西，使得一提起外交政策，全国上下就众说纷纭，辩论激烈，思维混乱，情绪低落。

当然也有越来越多的人，他们尽管可能对于朝鲜战争之后我们所陷入的众多变革的深度和力度并不完全了解，但还是意识到我们正处在一个全新的世界，需要全新的思维和计划方式，这令我深感幸运。

而那些介于从不思考和思维比较敏锐的人们之间的人，则因为两种思潮截然相反且言辞激烈而颇感困惑，到底该支持哪一方的观点是令他们感觉越来越难以决定的事。

我无意在本书中为任何一种观点争辩，我更希望通过本书尽我所能使人们更好地理解朝鲜战争——这场标志着我国历史重大转折但又存在太多误解的军事冲突。

我无意自诩本书是对联合国军在朝鲜半岛海空作战行动的权威评述。关于朝鲜战争中的作战行动，各个军种都已经在自己编写的书中做了详尽的阐述，本书范围内所提及的全都是联合国军司令部指挥的地面部队的战术行动，所用术语也是他们采用的。至于地面部队在朝鲜战场上的作用，我认为可以从以下事实来评判：在整个战争中，美国陆军和海军陆战队的伤亡人数占美军战斗伤亡总人数的97%。正是地面部队的战果，最终决定了联合国军所有努力的成败，进而决定了美国和联合国军的政策方向。

当然在这里我也要强调，我们勇敢的空军飞行员和海军士兵为胜利作出的重大贡献，使他们赢得了参加地面作战的步兵和海军陆战队最由衷的敬意。必须承认，如果我们的地面部队被迫在没有海空军支援的情况下作战，那么共产主义浪潮在最初的60到90天之内就会席卷对马海峡。还有，在1950年11月底和12月初的战争紧要关头，如果不是英勇的海空军竭尽所能支援地面部队，那我们的损失一定会更大，甚至我们的行动会彻底失败。

不过尽管如此，我还是把着眼点放在了那些在阵地前沿度过了那么多日日夜夜的步兵身上，毕竟在这场战争中，死亡主要是和他们打交道的，这一点他们的伤亡名单就可以作证。

除此之外，我就没有什么需要说明和争辩的了。我在前面已经说过，本书的目的只是想解释一下我们想在朝鲜干什么，并明晰我们从中吸取的教训。

感谢陆军部军事历史办公室主任Hal C. Pattison准将和首席历史学家Stetson Conn博士以及他们的助手们，感谢你们对我无私地分享了珍贵的历史资料，同时我还获准自由使用了另一本珍贵史料——美国海军陆战队在朝鲜的作战行动 1950—53，军史处，G—3，美国海军陆战队司令部，华盛顿特区，1962。(U. S. Marine Operations in Korea 1950—53, Historical Branch, G—3, Headquarters U. S. Marine Corps, Washington, D. C., 1962.)

衷心感谢美国陆军前上尉、在朝鲜战场上曾任步兵排长和连长的Curt Anders给予我的宝贵帮助。

Robert Smith为帮助我把手稿最终定稿出版做了大量出色的工作，在此我表示由衷的谢意。

S. L. A. Marshall将军抽出宝贵的时间阅读了本书的校样，并就事实的订正和重点内容的处理提出了不少建议，在此表示万分感谢。

M. B. Ridgway

李奇微

于宾夕法尼亚州匹兹堡市

1967年1月

目录

前言

第一章　黎明静寂之地…………………………………… 1

——暴风雨来临的前兆

第二章　挑战与应战…………………………………… 21

——史密斯特遣队的英勇抵抗

第三章　联合国军在进攻……………………………… 41

——仁川登陆和突出重围

第四章　鸭绿江畔大祸临头…………………………… 53

——中国人参战陆战第1师且战且退

第五章　命令改变……………………………………… 85

——我接手第8集团军——重鼓斗志——转入进攻

第六章　总统与将军…………………………………… 131

——麦克阿瑟被免职——前因后果——中国人被赶了回去

第七章　停战谈判和相持……………………………… 175

——在山岭上苦战——敌人的本性

第八章　最后几个月…………………………………… 205

——战俘骚乱——克拉克接替了我的职务——签署停战协定

第九章　问题与答案…………………………………… 237

——麦克阿瑟辩论的意义——军事与政治影响

第十章　总结教训……………………………………… 259

——已汲取的和未汲取的——这些教训对于我们寻求和平的意义

朝鲜战争大事记……………………………………… 267

附录　………………………………………………… 273

第一章　黎明静寂之地

暴风雨来临的前兆

对朝鲜半岛的地理、历史、气候、经济总量及其人民一无所知的人，根本无法完全理解朝鲜战争。

半岛的脊梁——太白山脉沿日本海海岸自北向南延伸，将朝鲜半岛天然一分为二，但无论在地理上、战略上、经济上还是种族上，朝鲜都是个统一的整体，如同人的四肢之于身体，每个部分都不可或缺。用三八线把朝鲜半岛一分为二纯属偶然，至今也没有人能确切地说出是谁最早建议这样做的，或许我们可以理解为仅仅是为了军事上的便利，而且这对于当时的军事学家来说也是小事一桩。

其实三八线根本不是一条真正意义上的边界，因为它既不能用作军事防御，也不具有任何历史意义。居住在三八线以北和以南的朝鲜人语言和饮食相同，服饰和习俗无异，而且还怀有同样的民族自豪感。

尽管历史上曾遭受别国的侵略和奴役，但朝鲜在它的人民心中一直是一个独立的国家，而且朝鲜人民长期以来一直渴望自己管理国家的事务。但是由于地理位置的原因，朝鲜半岛多灾多难，有史以来几乎就一直是个战场。俄国和日本都曾不顾国际承诺，试图吞并朝鲜半岛。尽管美国政府多次保证会在朝鲜遭受袭击时提供援助，但在1950年6月以前，美国从未在这个弱小王国遭受不幸时施以援手，把它解救出来。

朝鲜半岛全长约600英里，就象亚洲大陆伸出的一根短粗的拇指。它正对着日本四大岛屿中最南端的九州，中间只隔着狭窄的对马海峡，极易招致对岸的入侵。从朝鲜半岛的重要港口釜山到日本内海的门户下关，航程只有100英里多一点。朝鲜半岛位于亚北极区的日本海和亚热带的黄海之间，这也许能在一定程度上解释这个国家有着极端温度的原因。尽管朝鲜位于温带，与肯塔基州在同一纬度上，但在其北部6000英尺高的陡峭山岭上，冬季严寒时气温可达华氏零下50摄氏度；而在南方的稻米之乡，夏季的酷热让人透不过气来。步兵会遇到各种严峻的考验：厚厚的积雪，泥泞的道路，夏日的倾盆大雨，冬季的致命严寒……不过，这里也有绿油油的稻田，土地肥沃，景色明媚，美不胜收。

恶臭是朝鲜的一大特色，令每名军人都记忆深刻。这里用人的粪便给作物施肥，还用各式各样的桶，以及漏粪的破车装运这些肥料，使乡村的空气中弥漫着浓烈的臭味，让人从一开始就打心眼儿里觉得反感。

朝鲜是个贫穷落后的国家。在南方低洼地区，草木等自然植被早就遭到砍伐，当成柴火、食物和饲料。现在那里生长的植物主要是一种矮小多节的灌木。这种灌木不好生火，也没什么绿茵，而且过于矮小让人几乎无处隐蔽和藏身。生活在南方的村民们用树枝在地上到处划拉，把所有能生火的东西都搜罗起来。他们把每种可燃的垃圾、树根、枯枝、稻草、破布等等都收集贮藏起来生火。村里路旁的明沟就是敞开的下水道，这也是随处可闻的恶臭的根源之一。猪是这里主要的家畜，在污秽难言的垃圾堆中到处溜达。心怀警惕的饿狗连最令人恶心的粪便、下水也吃得狼吞虎咽。小孩子们穿着方便随时解手的小开裆裤在屋外玩耍。

南方的水稻收成很好，朝鲜人还种了很多大白菜，这种菜常常长得比较老，收获后放在大坛子里腌成泡菜，和鱼头及其他佳肴一起烹调，是朝鲜人日常的主菜之一。对于大多数西方人来说，这种食物实在难以下咽，但却符合朝鲜人的口味，而且确实富含维生素。

这里的村舍都很矮小，陈设简陋，仅靠透过油纸窗户的太阳光来照明。南方平整的土地都已经成了耕地，而且到处都有人居住。

朝鲜是工业区，但粮食很大程度上依靠南方供给。这里的崇山峻岭之上耸立着四季常青的参天大树，陡峭的花岗岩绝壁直立如削。在群山之间、大海之滨信步或自空中鸟瞰，这块土地总体来说还是很美的。当夏日渐渐离去，生长着茂密阔叶林的太白山麓披上几抹金黄，满眼是绚丽的红棕色。抬头仰望，碧空万里无云，极目远眺，大海深邃而清澈。

然而，在朝鲜半岛的最北部却是一片令人生畏的景象，尤其是冬季，从遥远的中国东北的不毛之地形成的暴风毫无预兆地呼啸而至，漫山遍野的积雪可达10英尺厚。由于山脉一直伸向鸭绿江，朝鲜在这里是真的被分隔开了，对于一支军队来说，要翻过人迹未至、无路可行的座座险峰来保持一条

稳固的战线或者相互之间的联络，无异于痴人说梦。全国的道路都蜿蜒曲折，而且每条路之间都相距甚远。丘陵地带尽是羊肠小道，人员和马匹只能一个接一个地通过。这里的森林是敌人徒步行军极好的隐蔽，而高度机械化的军队不敢进入无路可行的山地，那里数不清的峡谷、令人苦不堪言的道路还有如刀削般陡峭的山岭会令他们寸步难行。中国军队习惯了各种极端恶劣的天气，也习惯于忍饥挨饿，纪律严明，训练有素。他们没有装甲部队，炮兵也很少，没有复杂的通讯手段，轻装只携带手持轻武器，因而在这里掌握了选择机动和隐蔽的主动权。

我们对地形一无所知，想要用的地图又错误百出，这显然对敌人更有利，熟悉地形也成了他们的一种秘密武器。我们寻找的道路常常不存在，或者找了半天结果只是那些靠轮子行进的车辆根本无法通行的小路。

与朝鲜的地形不同，朝鲜人民非常热情好客，他们绝大部分都是善良温顺的百姓。经过适当的训练，他们也有可能成为优秀的士兵。他们是俭朴的农民，也是狂热的爱国者。他们对日本人满怀仇恨，对残暴的日本警察记忆犹新。朝鲜人像爱尔兰人一样富有个性，也像爱尔兰人一样不可能接受被迫的国家统一。他们没有受过自治教育，也很少使用现代化的机器设备，所以，在建设一个独立自主的现代化国家的过程中他们遇到了重重困难。他们不熟悉我们的习惯，我们也未能通过协调来突破语言障碍，再加上我们在与他们国家打交道的过程中往往比较草率，使得彼此的合作极为困难，在面临致命危险的压力来不及制订计划或草案时更是如此。

美国知道有朝鲜Korea（我们的地理书上过去写作“高丽Corea”）的存在其实时间并不长，外交上与之打交道的时间则更短。1834年，热衷于开放日本门户进行贸易的美国人对和朝鲜进行贸易有过一定的兴趣。但即便是在海军准将马修·C·佩里Matthew C. Perry打开了日本的门户之后，朝鲜还是被忽视了。1866年，由于法国和美国的侨民在朝鲜被处死，两国政府大怒之下曾一度准备联合组织远征军讨伐朝鲜，幸运的是这项计划后来被放弃了；但此后为了和朝鲜进行谈判而付出的种种努力劳而无功，结果只换来了美国海军的军舰同朝鲜海岸炮群发生交火并捉了几个朝鲜俘虏。然而，我们仍然努力坚持，开始是日本后来是由中国居中调解。1882年，我们和朝鲜的第一个条约终于在天津签订，从而使美国与朝鲜王国之间建立了贸易关系。该条约的一项条款格外引人注意：即保证“两国在任何一方受到他国不公正对待时，要相互援助”。在随后的整整70年中，“不公正对待”一词貌似含义广泛，但实际的解释却颇多限制。

在之后几乎所有关于朝鲜问题的条约、文件、决定和宣言中“独立”一词反复出现。可是，自天津条约签订之后的若干年以来，独立一直就只是个谎言而已。对我们来说，独立只意味着我们让朝鲜遵守其贸易协定，而当其他国家为占领和剥削这块“黎明静寂的土地”而明争暗斗时，我们根本没有进行干预。

天津条约签订时，我们曾明确承认了中国的统治权。后来，当日本和中国都力图抓住朝鲜半岛的控制权时，我们有意识地避免得罪其中任何一方，在中国驻朝代表因不满我国公使对中国加强控制朝鲜的态度而表示抗议后，我们甚至还召回了这位公使。1894年，当中日双方在朝鲜问题上的对抗终于爆发战争时，我们再一次尽量不支持任何一方，只是通过斡旋礼节性地表示，希望日本不要对一个毫无防御能力的邻国发动一场非正义的战争。所以，我们在外交上“抛弃”朝鲜的做法，早在Dean Acheson还是个小屁孩儿的时候就已经奠定了基础。

中日冲突期间，英国曾提出要我们同它以及德国、俄国和法国一起进行联合干预，但这个建议被我们拒绝了。在日本完全控制了朝鲜之后，我们再次承认了朝鲜的“独立”，同时也承认了日本的权利。随后，在日俄争夺朝鲜半岛时，我国国务院指示驻汉城公使，要他告诫当地所有的美国人不得发表任何反日言论。

在此后20年中，朝鲜曾两次请求我们履行最初的承诺，保护其不被邻国活活吞并，但这两次我们都直接明确地拒绝了对方的请求。在日俄战争的第一个月，日本就把朝鲜变成保护国，而当时西奥多·罗斯福总统并不重视朝鲜，他对此表示："我们不可能为了朝鲜而去干涉日本人。他们（朝鲜人）自己的国防力量根本就没有还手之力。"早在五六年前朝鲜就请求我们出面在列强间促成一项协议，以保证其领土完整，而这就是我们的"答复"。1905年的塔夫脱——桂太郎协定（好像一般称为"备忘录"）正式确立我们的不干涉政策。在该协定中，我们同意日本将朝鲜置于其保护之下，作为交换，对我们在远东刚刚占领的菲律宾，日本也同意放弃一切侵略企图。

第一次世界大战之后，威尔逊总统发表了民族自决权宣言，世界各地附属国的人民感到无比激动，此时在朝鲜也出现了一波强烈的民族主义浪潮。人们秘密地聚在朝鲜人的地窖里，用手工刻制的木版活字印刷独立宣言。女学生们把秘密宣言藏在宽大松垂的袖子中，奔走于乡村之间。日本警察警惕性很高，但却从未怀疑她们；甚至无数混迹于朝鲜人中时刻提防这种组织公开反叛活动的日本密探，也未能有所察觉。

从南方到北方的许多个村子里，朝鲜的爱国者秘密集会，憧憬解放的那一天。尽管男男女女总共有数万人参加，但他们的计划从未走漏过风声传到日本人那里去。1919年3月1日，包括李承晚在内的33名朝鲜领袖人物聚集在汉城的明月饭店，举行最后一次聚餐会。他们宣读了独立宣言，挥笔签下了自己的名字，尔后召来了警察。与此同时，全国各地数百万人聚集在街头巷尾聆听朝鲜领袖人物宣读独立宣言。然后，他们举着被禁止的朝鲜国旗，兴高采烈地穿过各个村庄游行。游行群众手无寸铁，没有暴力的威胁。但是，在接下来的几周内，数千人被日本人处死。其间我国务院曾郑重告诫驻汉城领事，应"极其谨慎，不能助长朝鲜民族主义者期待美国会帮助他们实现计划的想法"，也不能让日本有任何理由认为美国政府实际上同情朝鲜民族主义运动。

因此，和美国传统做法完全一致的是在1948年4月，随着苏联和美国在朝鲜半岛划分了各自的势力范围，参谋长联席会议敦促哈里·S·杜鲁门总统批准了如下政策声明；"美国不应过分陷入朝鲜局势中无法自拔，致使任何派别或其他势力在朝鲜的一举一动都成了美国开战的理由"。

美国尽管在开罗和波茨坦都曾公开表示希望能建立一个独立的朝鲜，但最终还是回到了奉行不干预政策的老路上。在开罗，美国、英国和中国一致同意朝鲜在“适当的时候”应该独立（苏联部长会议主席约瑟夫·斯大林在德黑兰与富兰克林·罗斯福总统会见时也赞同这一宣言）。1945年日本投降前夕，杜鲁门和斯大林在波茨坦共同发表声明，保证朝鲜在由苏联、英国和中国共同托管五年之后实现独立，但没有提及美国（斯大林后来坚持美国应在托管国之列）。

日本投降后，美国意外地发现自己控制了韩国，于是在没有准备和计划也没有考虑后果的情况下，就着手履行其从未被正式认可的托管义务，但却立即犯了个大错，巩固了那些受人鄙视的日本行政官员在政府机构中的地位，而失去了朝鲜人民的信任与配合。这种错误做法让朝鲜人的愤慨顿时爆发，美国惊慌中又错上加错，匆匆忙忙将日本人都赶走了，让一些有心无力的美国公民来填补空缺，但这些人不懂当地语言，也不了解为新生共和国制定金融货币政策的需要而产生的问题。

当然，未能与苏联达成全面一致加剧了这一危机，致使莫斯科和华盛顿双方相互指责对方搞阴谋。与此同时，朝鲜民众情绪躁动不安，继而开始激烈地反对美苏双方，他们怀疑这两个国家准备背信弃义，再次把帮助朝鲜独立的诺言抛诸脑后。

在设置托管的问题上美国见最终无望赢得苏联的合作，便将这个问题移交给了联合国，苏联则指责这一举动违背了原定的协议。联合国提议在双方控制区进行自由选举，但苏联政府不允许联合国临时委员会进入苏方控制区。他们早先就坚持，只有那些曾“全力支持”莫斯科托管协议的党派才可以参加选举。这实际上就取消了美方控制区内所有党派的参选资格，因为在美方控制区，无论托管与否，言论自由都允许人们对任何推迟独立的做法公开表示不满。

最终，1948年5月在韩国举行选举，建立了以李承晚为总统的大韩民国；随后，苏联针锋相对地打造出“朝鲜民主主义人民共和国”，定都平壤。

接着，美国结束了军事占领，并于1948年9月开始全部撤军；这再一次表明我们一贯奉行不介入的方针。尽管苏联早些时候也曾宣布打算在年底前把军队全部撤离朝鲜，而且据报道他们如期完成了撤军。但是，当回过头来审视一下后来的结果也许能发现，我们其实是把大韩民国这个年幼的国家置于任人宰割的境地。

在朝鲜问题的处理方法上，我们和苏联的区别在于，我方除了一个含义相当模糊的“独立”之外并没有更高的的实际目标，这样我们就可以随时从朝鲜脱身，赶回去继续处理国内的问题。相反，苏联从一开始就设想的“独立”，其实就是要使朝鲜半岛只被苏联控制。对此，苏联早有准备，差不多从美国参战、盟军胜券在握那时起，他们就着手行动了。

首先，为了在朝鲜半岛建立一个苏维埃式的共和国并有能力保卫她，苏联早就开始选拔训练朝鲜干部，所有反苏团体在这个国家中都没有发言权。苏联还为朝鲜一手训练和武装了一支颇具规模的武装力量，包括步兵、机械化师和边防警察。这些部队一开始装备的只是在日本人投降时缴获的武器。后来，苏军在1948年撤离时将武器留给了刚刚受训的朝鲜人。1950年上旬，就在朝鲜人民军越过三八线发动入侵之前，苏联向他们提供了大量现代化武器，包括重炮、T-34式坦克、卡车、自动武器和大约180架新型飞机，其中约有40架“雅克”战斗机和70架攻击轰炸机。

在入侵韩国之前，朝鲜人民军能投入的兵力有八个全副武装满员的步兵师、两个实力达编制数一半的步兵师、一个摩托化侦察团、一个装备T-34中型坦克的装甲旅和由边防警察组成的5个旅，总兵力达135,000人。

但是，这支军队拥有的不仅仅是兵员数量和现代化装备，还有大量从日本人那里逃到苏联，并与苏联红军和中国军队一起经历战火考验的朝鲜人。另外还有数千人，他们从1946年开始在苏联完成了为期三年的训练。朝鲜政府也由受过良好岗位培训的人员掌控，他们大多数都像金日成首相那样，自1943年起就在苏联接受过彻底的思想教化。朝鲜人民军师以上部队主要由二战中曾担任苏军下级军官并表现优异的朝鲜人指挥，每个师配有大约15名苏军顾问。

而我们用来在三八线以南对付朝鲜那支训练有素、纪律严明的现代化军队的，却是一支相当差劲的武装力量，而且我们仅仅称这支为撤离后维持秩序而努力打造的武装力量为警察部队而不是军队。究其原因，大概是美国太想从朝鲜脱身了，以至于不允许在韩国的人员使用“军队”一词。三八线以南的朝鲜人对自由的热爱和为祖国献身的精神一点儿也不比朝鲜人少，在我方控制区内就有许多人是从苏方管区逃出来的。韩国军队并不缺乏战斗的意愿或勇气，但缺乏强化训练和优秀的指挥员。当然，我们还有许多无法弥补的弱点，这两个只不过是其中比较重要的而已。

仅仅说我们当时愚蠢和没有远见是不够的。将朝鲜战争爆发的责任归咎于迪恩·艾奇逊公然把朝鲜划到我们的防御范围之外，的确有些简单粗暴，也容易让人产生误解。迪恩·艾奇逊只不过是重申了美国的一项早已被认可的政策而已。朝鲜一直就在我们的防御范围之外，纵观两国交往的历史，我们曾多次抛弃了朝鲜。韩国军队之所以武器装备不足，缺少训练有素的指挥员，很大程度上是因为朝鲜半岛对于美国来说几乎没有什么重要的战略意义，我们首先担心的是自己不要陷得太深，免得在错误的时间和错误的地点开战。因此，我们既不愿彻底武装韩国军队，也不愿采取有力措施纠正其军队指挥方面的各种缺陷，他们的军事素养水平实在是太低了。

当然，还有不少实际的困难。韩国不像朝鲜那样有一拨从中国回国的军人，而且经受现代战争锻炼的人也相对较少。只有少数韩国军官会说英语，而会说朝鲜语的美国顾问更少。美国军事术语在朝鲜语中几乎没有对应的词汇。在韩国军队里，“面子”最重要。韩国军官难以接受军衔比自已低的美国顾问的建议，对与自己相左的观点常常公开表示不满，因此，其参谋人员都不愿发表不同的意见。许多韩国军官获得任命只是由于政治原因，就像第一次世界大战前的和平时期里我们国民警卫队中许多军官任命的情形一样，所以从来就没考核过他们的军事素质。有许多部队分散在各地执行剿匪和其他国内治安任务。部队的训练不到位，到1949年底，67个营中完成了训练任务的还不到一半。韩国没有重炮，没有坦克，没有反坦克武器，也没有空军。难怪李承晚和其他韩国领导人看到北南双方发展实力的强弱对比后感到十分沮丧。

但这是我们当时对朝政策的真实反映。1948年，美国国家安全委员会曾认真考虑过要帮助韩国军队组建一支野战军，然而由于麦克阿瑟的建议又放弃了这个计划，主要原因是“美国占领军的力量会被削弱”。到1949年，我们完全相信的论调是，美国参战的下一场战争一定会是一场全球战争，朝鲜在这场战争中无足轻重，而且无论怎样都无法防御。我们所有的计划、所有的官方声明以及所有的军事决策本质上皆源于此。在我们的会议中从未说过“有限战争”的概念。我们对联合国充满信心，原子弹又为我们筑起了一道心理上的马其诺防线，这就成了全国上下迫切渴望刀枪入库、马放南山、军人退伍、军队解散的借口。对于当初这种一窝蜂地强烈要求解散建国以来最庞大的军队的举动，从后来发生的事件看现在任谁都可以随意指责其谬误。但在当时，哪个有前途的政治家要是极力主张国家继续保持战备状态，在距本土8000英里之外继续驻扎大批军队，那他还能有活路吗?

的确，在判断朝鲜形势时，我们过于看重自己对敌人意图的理解，而忽视了我们所了解的对手的实力。朝鲜强大的突击力量以及在边境附近集结的部队，对于我们来说并不是秘密。是我们的判断出了差错，而且我认为这主要是由于我们确信，这个世界上的共产党军队还没打算要冒核战争的风险去进行武装侵略。就像我前面提到的，有限战争对我们来说还是一个陌生的概念，尽管从某种意义上说所有战争都是有限的，关键要看参战各方要付出多大代价。

在这种情况下，谁都可能会挑迪恩·艾奇逊的毛病，认为他那篇把朝鲜排除在我们的防御圈之外的讲话时机（1950年1月）不对。然而苏联人非常清楚，韩国军力薄弱，强大的公众压力又迫使美国政府必须全部撤军，我们在朝鲜半岛完全不设防是明摆着的事，这让敌人毫无顾忌。把朝鲜划在我们的防御圈之外肯定绝不仅仅是迪恩·艾奇逊或是杜鲁门政府所为。早在1947

年9月，参谋长联席会议曾在杜鲁门总统的授意下进行过研究，最终向国务卿提交的一份备忘录中提道："……从军事安全的角度来看，美国保留目前在朝鲜的军队和基地并没有什么战略价值。……。"这四大军事权威的意见会得到总统的赞同当然也就不足为奇了。

据报道说，1949年在先后接受英国记者G·沃德·普赖斯和《亚利桑那每日星报》记者沃尔特·B·马修斯采访时，道格拉斯·麦克阿瑟将军曾提出过一个防御范围，但显然把中国台湾排除在外了。这件事在当时并没有引起特别的轰动，因为我们的军事权威人士认为台湾很快落入中共之手几乎是必然的。美国对于远东的应急预案也没有考虑朝鲜或台湾的防御问题。当国务院就如何弥补台湾沦陷后给美国威信造成的损失这个问题向驻外各使领馆吹风时，国会中的共和党议员群情激愤，强烈要求美国保护这座岛屿。但是我们的对韩政策却没有任何改变。很显然，"抛弃"朝鲜的惯性思维还在起作用。

如何解释我们公然曲解情报的原因，是个更复杂的问题。我们大致了解朝鲜人民军的实力，经过1949年的总动员外加许多人应征入伍，其实力增长了一倍。同时我们也了解自己的弱点。麦克阿瑟将军确实从1947年起一直就威胁远东的各种危险发出过警告，而且一直强调部队的实力无可替代。然而，政府当时正面临削减军费的巨大压力，各兵种都挨了刀。海军的战舰、各种类型的两栖舰艇、扫雷舰以及水雷战的各种装备都少得惨不忍睹。空军最初是没有喷气式战斗机，后来连常规作战飞机和军用运输机的数量也不足。空中侦察摄影的能力被削弱，读片人员奇缺，对地面部队的行动极为不利。在国内，武器装备的储备缩减到只有很少的量，军工生产设施有的拆除，有的长期封存。我们充分信任联合国防范任何严重侵略行径的能力；我们知道这个世界已经厌倦了战争，而且共产党也"没准备"把自己卷入一场核灾难中；此外我们费尽心思尽量不与我们潜在的敌人之间再起争端。

可能是某些一厢情愿的想法使我们曲解了在敌人入侵前夕收到的情报。就在朝鲜人民军大规模越过边界的六天之前，中央情报局的一个派驻机构报告，三八线以北有“大部队调动”，同时“三八线以北两公里纵深内的所有居民疏散；从元山至铁原的民用货运服务暂停，保留该线仅用于运输军用物资；武装部队正向边境地区调动；大批武器弹药运往边境地区”。怎么会有人看了这份情报却没有预料到敌人要发动进攻，这真是难以理解。可东京盟军最高司令官总司令部（GHQ）的G-2（负责情报的副参谋长）并没有根据这份情报得出任何结论，而是依照惯例将其转呈给了华盛顿方面，没有丝毫紧急的迹象。后来GHQ就未能发觉这些可以说是经典的备战活动一事，不打算承担任何责任，并坚持说，已向华盛顿方面“转呈了全部实情”。但是，这并不能解释以下事实，朝鲜军队发起攻击的前六天，GHQ曾向华盛顿方面发了这样一份解释报告：“显然，苏联顾问们认为，现在正是一个恰当的时机，可以利用政治手段来使韩国政府就范，特别是由于在韩国的游击战最近遭受了严重的挫折。”

其实根本不对，我认为明显是GHQ像国内外其他许多人一样坚信，所有这些军队行动的迹象，只不过是我们所经历的心理“冷战”的一种正常状况，不仅在朝鲜，而且在我们认为重要得多的其他地区也是如此，这就影响了他们的判断。除此之外，在东京还有一种不信任东方特工人员的倾向，觉得韩国人特别有毛病，还没看见狼就喊“狼来了”。而且这种形式的调动1947年也真的发生过，当时全副武装的朝鲜军开始进行三八线与后方之间部队一年一度的换防。

我认为，真正不可饶恕的错误，是未能正确估计出朝鲜人民军高水平的战斗力，而使我们付出了高昂的血的代价。战争开始时，GHQ几乎每天都不得不增加其对兵力的预估，才能阻挡住侵略者的脚步。看来我们真是愚蠢，从来没有正确估计敌人的实力。

正当韩国和朝鲜之间的紧张局势明显加剧时，我们开始从朝鲜撤出最后一批战斗部队。有人非说我们是遵照联合国大会的决议才这样做的。可是要求所有外国军队撤军的决议是美国自己起草并提交的，尽管联合国临时委员会和李承晚都警告说，朝鲜正濒临“残酷内战”的边缘，但美国并没有理睬。全国上下都想尽快摆脱这种麻烦的军事承诺。因此，当最后一批部队就要乘船回国时，我们对边界附近发生的武装冲突置若罔闻。我们对当时实际局势所做的唯一让步是1949年3月做出了一项决定，装备一支6.5万人的武警部队（韩国当局很快将决议中的这个词改换成了“军队”）和一支4000人的海岸警卫队，同时向警卫队提供“控制海上走私、海盗和敌人海上渗透”所必需的船只。这支军队的“装甲部队”是由少量巡逻车和一些半履带车辆组成的。有4个步兵师每师只有两个步兵团编制而不是通常的三个团。整个陆军只有91门105毫米榴弹炮（按美国陆军的编制表，师属炮兵应有432门火炮，并可得到非师属炮兵同等和更大口径火炮的支援）。

我们自己在韩国的部队，先是削减成一个步兵团，最后只留下一个大约五百名官兵组成的军事顾问团——就是著名的KMAG（读作Kaymag），由威廉·L·罗伯茨准将指挥。顾问团负责向韩国军队营以上单位派遣军事顾问。这就是在朝鲜人入侵前的最后准备阶段我们留在韩国的全部。1949年6月，在沿三八线发生了一连串小规模袭击之后，朝鲜军队侵入韩国领土瓮津半岛，几乎与此同时，最后一批美军作战部队正在撤离。直到7月边境才恢复原先的态势。也就在这个月，三八线以南的开城遭到朝鲜步兵和炮兵的攻击。8月，瓮津半岛再遭入侵，激战之后，朝鲜人最终被赶了回去。1950年5月，开城再次遭到朝鲜炮火的猛烈袭击。此时，我们自己却正在快速撤离韩国。

不过，切勿以为我们的军政当局都一致要求从韩国撤军，或者对于在那个不幸国家发生的事件只愿看好的一面。早在1948年，陆军参谋长奥马尔·N·布莱德雷将军独具慧眼，对参谋长联席会议中大多数人的观点诸如朝鲜“没有什么战略价值”以及“对在朝鲜使用美国军事力量的任何承诺都是不明智的”等等提出了质疑。他意识到朝鲜人入侵的可能性极大，建议在侵略发生时应迅速撤离美国侨民，并将此事立即提交给联合国安理会。他还极力主张，在我军撤离前重新判断朝鲜局势。但他的这些观点遭到了否决。

KMAG的一名高级军官约翰·E·贝尔德上校也曾提出过警告，但只有他一个人这样做。他对当时新任驻韩大使约翰·穆乔说，韩国军队所用武器装备的种类和质量不足以维持边境的现状。他报告说，朝鲜人民军在兵力和火力上都超过了韩国军队，他们的122mm火炮射程约为十七英里，而美国提供的105mm火炮有效射程大约只有七英里。他还强烈要求韩国军队应配备一些防空武器，建议向他们提供F-51飞机。但是他的这些要求没人重视。

来自民间的呼声，包括杜鲁门总统在内，早先也曾对立即解散战争机器和关闭军工企业公开表示反对。但是，正如杜鲁门先生在他的回忆录中所述，这些呼声“被国会和报刊淹没了”。因此，当隆隆炮声终于宣告朝鲜战争全面爆发时，我们创建的这个年幼的国家发现她自己根本无法组织起像样的抵抗——而我们也发现自己在军事上毫无准备，无法履行互助协定。

1950年10月19日，中国人民志愿军进入朝鲜时，正值以美国为首的“联合国军”大举北犯，妄图在感恩节前占领全朝鲜。志愿军抓住“联合国军”分兵冒进的弱点，采取东顶西打，待机出兵，在运动中各个歼敌的方针，于10月25日出其不意地重创其先头部队，从此拉开了抗美援朝战争的序幕。图为志愿军总司令彭德怀（左）在朝鲜前线主持作战会议，部署作战计划。

1950年底，入朝后的中国人民志愿军炮兵战士正在检修炮车。

1950年11月2日，中国人民志愿军战士在朝鲜战场向云山守敌发起攻击。

1950年11月初，参加攻克朝鲜云山战斗的中国人民志愿军高炮阵地。

1950年11月2日，中国人民志愿军某部攻克朝鲜云山后，沿街道搜寻残敌。

1950年底，中国人民志愿军某部指挥员在朝鲜黄草岭阵地上指挥战斗。

1950年11月初，中国人民志愿军在朝鲜云山战斗中俘虏的美军军官。

1950年底，中国人民志愿军某部入朝后，向熙川方向行进。

1950年底，中国人民志愿军在朝鲜龙山洞战斗中缴获美军装满物资的汽车。

1950年底，中国人民志愿军在朝鲜龙山洞战斗中缴获的美军装甲车。

第二章　挑战与应战

史密斯特遣队的英勇抵抗

考虑到1950年6月时在三八线两侧对峙双方的相对实力和战备力量，韩军的抵抗居然使朝鲜军队想要迅速占领韩国全境的计划受阻，这不能不说是一个奇迹。朝鲜军队拥有装甲部队，而韩国军队却没有。朝鲜军队拥有的火炮在数量和射程上都大大超过了我们提供给韩国的。而且韩国的火炮大多数已经多年没开过火了。朝鲜人民军有空中掩护，而韩国军队甚至连高炮部队的数量都不够。韩军也没有任何反坦克炮。这和一群手持轻武器的童子军想要挡住一支装甲部队的情形差不多。

要想有效地发挥火炮的作用，必须要集中火力打击重要的军事目标。这就意味着必须标绘出要集中射击的目标，训练好炮兵，并进行火炮试射。而这些韩国军队大多数情况下都没做过。但是，几个月来朝鲜人民军的榴弹炮已经对准了韩国境内的重要目标，并且已经两次炮击开城。朝鲜人民军不仅为这次进攻作了充分的准备，而且还制订了周密的计划，甚至派了某些小分队混在难民中潜入韩国境内，破坏交通设施，散布恐怖言论并捣毁据点。

1950年6月25日，就在这个夏日的拂晓，天空下着雨，伴随着猛烈的炮火，朝鲜发起了进攻。炮火覆盖了各个进攻区域——通往汉城和春川的谷底公路干道或走廊地带。朝鲜军的主攻方向就在这些山谷，T-34坦克隆隆开进，步兵遇到抵抗就迅速展开成战斗队形。为了配合攻势，朝鲜军队迅速占领了整个瓮津半岛，并沿东海岸进行两栖侧翼运动，切断南北海岸公路和西南方向通往洪川、原州和堤川公路守军的退路。无论是谁，只要他曾经在没有称手武器的情况下抵挡过敌人装甲部队的进攻，就能理解面对有坦克支援的朝鲜军队对汉城的钳形攻势，数量上居于劣势的韩国军队心中的恐惧。在韩军中，除了那些在过去几个月中曾参加围剿游击队行动的部队之外，很少有真打过仗的。许多人几乎完全没有受过训练，不熟悉自己的武器，不信任自己的指挥官（有些指挥官在开战头几天就丢下部队跑了），不知道在寡不敌众和被侧翼包抄时如何对付敌人。部队几乎完全没有准备纵深防御或建立补给系统。韩国军队的装备和训练本来是为了应付国内治安的，许多士兵感到无法和纪律严明、成群结队的凶恶敌人战斗。事实上在美军参战之前，竟然有许多韩国部队未作任何抵抗——其原因在于他们不知道该怎么做和组织纪律性完全崩溃。

然而也有例外，有少数几支韩国军队做好了战斗准备，打得很英勇。如果不是他们的勇猛和无畏，可能还会丧失一两天极其宝贵的时间，也就真有可能大祸临头了。韩国第6师就是在朝鲜入侵前做好了战斗准备的一支部队。KMAG的托马斯·D·麦克菲尔中校被委派到第6师任高级顾问，他很快便征得了师长金将军的同意，启动了一个强化训练计划。第6师负责守卫通往春川的道路，经常要对付从春川与江陵之间几条固定路线越过边境的游击队。就在朝鲜军队大举入侵前的几个星期里，韩军第6师与这些规模不一的游击队战事不断，所以，他们在激烈的实战中得到了一定的锻炼。

第6师的炮兵和工兵分队也进行了强化训练。长期闲置的榴弹炮进行了一定范围内的试射，勘测和标绘出集中射击的目标，阵地也进行了加固。在麦克菲尔中校的指挥下，情报分队招兵买马，加强训练，并且频繁地越过三八线执行派遣任务，他们带回来的情报有力地表明，敌人的进攻迫在眉睫。精心伪装的坦克，新出现的敌军，以及高炮部队，这一切都让麦克菲尔中校感到时间紧迫（尽管他已向上级汇报，但并未引起重视）。他说服师长取消了6月23日的所有周末通行证，并指挥部队全部进驻防御阵地。因此，当敌军果真发动进攻时，韩国第6师已经做好了防御准备。他们的英勇抗击使朝鲜人民军对汉城的进攻受阻，赢得了三天的宝贵时间。现在回想一下，假如友邻部队也能做好同样的准备，朝鲜进攻受阻的时间可能就会长得多，韩国就会有足够的时间在汉江沿岸组织抵抗。第6师打退了敌人多次进攻，以精确的集中炮火打击令敌人惊慌失措、阵脚大乱，用预备队限制了敌人开始阶段的突破。但此后消息传来，两翼友军已经逃跑。第6师两侧暴露给敌人，可能很快就会被包围。于是第6师走投无路只能撤退。春川以南已经构筑了防御阵地，第6师打算踞此组织进一步的抵抗。但是，KMAG此时接到了撤离汉城的命令，麦克菲尔中校奉命前往大邱乘飞机撤离。等他能够回来帮助重组混乱的韩国部队时，汉城已落入敌手，而撤退已经变成了溃退。

韩国第1师在首都防御战中的表现也同样英勇。该师的一个步兵连在汉城以北的高地据守，战至最后一人。然而，其他各处却是一片恐慌。瓮津半岛于次日黄昏完全被敌人占领，完成攻占瓮津半岛的敌军就被抽出来加入了对汉城的进攻。韩军残部只能乘坐坦克登陆舰从半岛撤回首都加强防御，而这所谓的防御也是徒劳的。古都开城，在朝鲜人民军发起进攻后仅四个小时即告陷落。翌日黄昏，敌军在坦克支援下，沿狭窄的走廊地带直扑议政府，并实施包围，从而开辟了畅通无阻直达汉城的道路。平民、溃军、装满日用品的大车、马驹、公牛，汇成了一支逃难大军，虽喧闹嘈杂却又出奇地沉着。零星的反击几乎无法延缓敌人向首都的推进。

但是，在朝鲜人民军出现在汉城郊外之前，韩军参谋长就已经带着他的全体随行人员越过汉江南逃了。据韩国方面的消息称，蔡将军“被塞进了一辆吉普车，送到了汉江以南”，“完全不顾将军的反对”。究竟他是以何种形式表示反对，又是谁下令把他塞进了吉普车，我们在汉城的人是无从了解的。根据美军官方史料对在朝鲜作战行动的记载，韩军指挥部全体迁往介于汉城与水原之间的始兴，但没有通知KMAG。美国人获知此事后，在场的美国高级军官威廉·H·S·莱特上校(后晋升为中将)随即集合其参谋人员出发，向南追上撤退的韩军，打算劝他们回来。但一切都是徒劳，仍在汉城以北与敌人作战的韩军同指挥部失去了联络。不久，平民发生恐慌，开始大规模出逃。三天之后，即6月30日，韩国政府解除了蔡将军的职务，由军界楷模丁一权将军接替。丁后来成为韩国驻美大使。时任（1967年5月）韩国总理。

6月28日清晨，朝鲜人民军进入汉城。城内早已燃起大火，到处飘着共产党的旗帜。汉城就这样失守了，所有进行中的抵抗均告失败。曾几何时，汉江还被东京的GHQ当成了可以依托的屏障，妄想据此进行一番抵抗。而今，韩军连同身穿白色服装的大量难民（其中还包括许多北方训练的潜入者）成群结队地退过了汉江。

然而在6月29日，总司令麦克阿瑟将军照常不顾个人安危，亲临前线视察。视察结果使他意识到，如果得不到大规模增援，就无法阻挡敌人的攻势。麦克阿瑟及其参谋部的7名高级军官，其中包括爱德华·M·艾尔蒙德将军（Edward M. Almond）和乔治·E·斯特拉特迈耶（George E. Stratemeyer）将军，从东京飞抵汉城以南20英里的水原市，在前沿指挥所听取了刚从汉城返回的两名KMAG军官所作的简要汇报。之后，总司令一行乘坐两辆征用吉普车，逆着这股南逃难民、大车、行李、军队和卡车组成的洪流向汉江进发。在一座小山上俯瞰汉江流域，麦克阿瑟看了看溃败的全景。然后，他在一份电报中向参谋长联席会议报告："韩国军队完全乱了，无心恋战，缺乏指挥。……他们根本没有能力赢得主动权……"

虽然当时麦克阿瑟只在朝鲜停留了五个小时，而且时间都花在了听取汇报和路上，直接观察的时间大概只有一个小时，但是，除了注意到在言词上有些尖刻，他对韩国的抵抗所作的评价还是公正的。韩国军队战败了。除非我们在地面部队迅速投入巨大的兵力，否则整个半岛很快就会沦陷。

关于麦克阿瑟所观察到的情况还有个趣闻。在他的回忆录中，麦克阿瑟生动地描绘了撤退的场面："兵败如山倒。南朝鲜军队完全是在狼狈逃窜。"从俯瞰汉江的山上，他看到了"从汉城的废墟上冲天的烟柱"和"上气不接下气正在溃退的败军"，他们"满身尘土，混乱不堪，把所有的道路都堵住了"。但是，艾尔蒙德将军当时就站在麦克阿瑟身旁，看到了同样情景，在他的报告中所描述的却不那么令人绝望。他所见到的部队既不是上气不接下气，也不是溃不成军，四周有零星的迫击炮弹落下，不过距离比较远没有什么危险， 而"士兵们都面带微笑，荷枪实弹，还向我们敬礼"。还有一点也不够清楚，就是在雨断断续续地下了12个小时的情况下，"他们"怎么还会"满身尘土"。不过麦克阿瑟由别人捉刀的很多报告都有一个共同的问题，就是爱夸大其辞，这一点目光比我敏锐的人早已经发现了。

为避免遭受迫在眉睫的灾难，美国已经制订了计划，但现在这个计划每小时都得重新评估，兵力需求的预估也几乎是呈几何级数增长。情报部门给我们提供的消息已经足够了，但是我们没能正确理解，甚至没有引起足够的重视。比如说，我们根本没想到朝鲜人民军是这样一支训练有素、纪律严明、备战充分的军队，因此对这场战争的实际规模毫无思想准备。如今我们方才醒悟，只能清点已被裁减少得可怜的军队，抓紧时间在大难临头前把我们能抢救的一切都抢救出来。

朝鲜的入侵危及了当地美国公民的安全，我们的当务之急是把他们平安撤出。为此，我们一年前准备了一份油饼计划，由东京GHQ与KMAG以及美国大使馆的工作人员共同制订。穆乔大使负责在发生重大紧急情况时将这项计划付诸实施。现在紧急情况一出现，该计划就立即实施了。海军、空军和使馆都行动起来，计划执行得十分平稳、迅速而高效，结果，相关的男女老幼一个不落，甚至连一个受重伤的都没有。但驻远东部队的这个小小胜利，转眼就被接踵而来的重大悲剧掩盖了，以至于华盛顿本该发的表扬电报一直都没有发。

现在总司令的当务之急是凑够兵力和弹药，来打一场比我们准备好的规模大四倍的战争。这个时候就得立即决断赶快行动。我们能够毫不犹豫和怀疑就做出反应，这要归功于我们的总统和军事领导人。从汉城发出的关于韩国领土遭受朝鲜军队入侵的电文，于6月24日周六晚上9时30分左右传到华盛顿。晚间10时之前，电文副本就交到了国务卿艾奇逊手中，他立即打电话给在密苏里州独立城短暂休假的杜鲁门总统。整个周日凌晨，政府各部门值班的官员一直在按照必须通知的人员名单，通知那些需要首先知道朝鲜战争爆发的人。

华盛顿时间比汉城和东京早14小时。

经过相当长的一段对朝鲜置之不理的历史时期之后，美国这次会做出什么不同的反应，实在是难以预料。我们没有做好战争准备，刚听到从世界的那一边传来的坏消息，大多数人心里都会以为第三次世界大战开始了。如果总统在决定第一步应该做什么之前，先花时间和自己所有的顾问进行正式磋商，就不会有人批评他了。但在这样的挑战面前动摇或后退不是杜鲁门总统的性格。数小时之内，他就命令动用“美国海空力量为韩国政府军提供掩护和支援”。6月30日，他批准了麦克阿瑟使用一个团的请求，此后不久又授予麦克阿瑟“全权指挥地面部队”。

这些决定在美国所产生的影响没有立即显现。我认为，绝大多数美国公民，由于媒体和政客的鼓吹加上自己强烈欲望的驱使，深信朝鲜战争充其量不过是个火堆，我们留在那里专门负责这类事务的人很快就能扑灭。但各地的军人们得知这一消息都深感疑虑。他们太了解国会削减预算是怎样把军队减得只剩下一副空架子的。他们长期以来一直关注的并不是苏联的意图，而是苏联的实力。现在大多数军人都担心共产党终于决定要检验一下自己的实力了。

我清楚地记得这个消息是如何传给我的，而它对我的影响又有多深。1950年6月，我作为美国陆军副参谋长刚刚结束了对宾夕法尼亚州国民警卫队第28步兵师的视察，当时正在五角大楼值班。那晚，我和其他许多人一样在睡梦中被床边的电话铃声惊醒，在午夜听到话筒里传出来自华盛顿的一个平静而真实的声音告诉我穆乔大使发来的消息，让我愈发感到不安。我叫醒妻子，把我的担心告诉了她，并且让她穿好衣服，作好回首都的准备，她默默地接受了。我们上车时，卡莱尔兵营的VIP营区一片寂静。整个乡村仍在沉睡，我们就已经摸黑上路了。一路上，我们聊了很久很久，但没有涉及其他任何话题，只是谈到了我们的一个共识，就是纳粹投降后我们所享受的这个短暂的和平时期现在已经结束了。我不禁在想，我们途经的这条道路两旁乃至全国各地还在熟睡的成千上万的人们，当太阳升起的时候他们的命运在毫无征兆的情况下可能会突然发生怎样的改变。

当然，我们能够派往韩国的首批部队就是海军和空军，他们为了把那里的全体美国公民和指定的一些外国人带到安全地区忙得不可开交。以阿瑟·D·斯特鲁布尔中将指挥的第7舰队为骨干的海军，委派其主力第77特混舰队在消灭敌人所有的海军力量之后，封锁朝鲜的海岸线。朝鲜战争的年表记载的大多是地面部队的苦战。这仅仅只因为地面部队得和一个足智多谋而且（相当长的时间内）在数量上占优势的敌人夜以继日地进行殊死战斗。但是，美国海军的士兵们以其独有的勇敢和战斗力，在海上和空中鏖战，他们沿朝鲜海岸线执行封锁任务，奋不顾身、不计回报地完成危险的航道扫雷工作，还经常要在零摄氏度以下的寒冷天气执行水下爆破任务。至于说到空军，如果没有他们，这场战争可能在60天之内就会结束，而整个朝鲜半岛就会落到共产党手中。由于缺少专业的读片人员，大大影响了空中侦察任务的效果。但是，陆军、海军和海军陆战队的飞行员和地勤人员在各种气象条件下昼夜不停地工作，从狭窄的跑道或光滑的甲板上起飞作战，在战争之初就消灭了朝鲜空军，摧毁了朝鲜人民军大部分的装甲部队，并将急需的人员物资运往最危险的地点。由于海军控制了航道，使敌人的部队无法沿海岸从侧翼运动，同时还运送了第8集团军快速集结所必需的大批补给和装备，而空军拥有绝对的制空权。这样，我们的地面部队才终于在朝鲜抢占了一个不太稳固的立足点，并坚守至援军到达。

由于获准使用的那个团（一个加强步兵团）不可能及时从夏威夷赶到前线，麦克阿瑟将军于是下令立即空运一个步兵营到朝鲜临时救急，他命令该营尽可能向前与敌人接火，用阻击战为增援部队争取时间。部队原计划飞往当时仍在友军手中的水原机场，但因恶劣的天气而延误，最终降落在釜山机场。面对正在稳步推进的敌人，他们从釜山出发，沿公路和铁路向前迎了上去。

这支部队就是史密斯特遣队，是以指挥官C·B·史密斯中校的名字命名的。在那些苦战的日子里，这是唯一一支在地面作战的美军。特遣队只有500人——两个步兵连、两个4．2迫击炮排(不得不全部当作炮兵使用)、一个75-mm无后座力炮排，以及6个2．36火箭筒小队。而他们的对手不仅在人数上是他们的100多倍，还配有T-34坦克和炮兵。史密斯特遣队没有预备队，也没有能打穿敌人厚装甲坦克的武器，更没有办法对付敌人的榴弹炮。史密斯特遣队确实下辖第52野战炮营A连，但是，这个连在向前沿运动时掉了队，7月5日行动开始时也没赶上来。

说起来这支装备奇差的小部队确实挺惨的，他们过去所受的训练只是为了执行军事占领任务，而不是为了打仗。他们刚从日本来，一直在日本的和平环境中享受着悠闲安逸的生活，吃惯了美味佳肴，与女友一起消磨时间，甚至自己的皮鞋也要找人来擦。而到了朝鲜，他们可能会随时丧命，不是倒在那些连名字都叫不出来的无遮无挡的山坡上，就是趴在污泥齐腿深、臭气熏天的稻田里，但他们毫无怨言，仍是迈着沉重的步伐向前开进。他们的行动看起来也许徒劳无功，毫无希望。他们所能做的一切最多只不过是在一些高地上坚守阵地，直到敌军几乎完全把他们包围或者自己把弹药打光。然后，他们从自己所不熟悉、可能是全民皆兵的地区后撤，拼命找个地方重新集结部队，再来另一次无望的抵抗。在第一次战斗打响时，特遣队有些发慌，非常混乱。7月5日上午8时，敌人以30辆坦克和一支强大的步兵部队向乌山附近发起了进攻。史密斯特遣队很快就不得不在撤退和被歼之间进行抉择。他们坚守阵地直到弹药耗尽，慌乱撤退中损失惨重。

此后几周的仗都是这么打的，敌人以绝对优势的兵力发动进攻，不断对暴露的两翼进行试探，装甲部队冒着我们的炮火前进，就好象我们用的是吹豆枪一样。由于没有预备队，第24师的士兵们几乎不停地在作战，有时候只能站着打个盹，早就忘记吃最后一顿热饭是什么时候了，但是他们还是毅然决然地坚持，为了争取更多的时间，时间！时间！！ 7月5日晚，第21团1营全体投入战斗，同时第24师的其余部队开始在大田地区构建防御阵地。

麦克阿瑟将军从一开始就制订了宏大而深远的计划：他打算尽量靠前与敌接触；把他能迅速运送过来的部队都用来拖住敌人，并直接利用宽阔的汉江这一天然障碍布防（汉江是朝鲜为数甚少的几条因过深而无法徒步涉水的河流之一）。他准备快速集结起美军两个师的兵力，再加上韩国军队便足以（根据麦克阿瑟最初的判断）拖住敌人，并确保在半岛上保留足够的据点。然后，在手里有足够的兵力时（总司令估计这要花两个月的时间），他就以两个师的兵力实施一次两栖登陆而转入进攻，攻占仁川——汉城地区，切断敌人的交通补给线，之后消灭敌军。

但这个计划是在GHQ搞清敌人实力之前制定的。所以战争一开始，麦克阿瑟将军对兵力的估计就一下子猛增。汉江丝毫没有减慢敌人进攻的脚步，南岸的韩国步兵在猛烈的炮火打击下毫无还手之力，很快便土崩瓦解。朝鲜人民军迅速越过汉江，开始挥师南进。第24师的先导部队沿汉城至釜山间主要公路和双轨铁路的方向实施撤退。我空军重创了敌装甲部队，给敌人的步兵也造成了人员伤亡，同时密切监视着敌军的行动。但是，实施地面阻击的却只是一个师的残余部队，这个师兵员不整，刚刚遭受重创，而且火力也不如对方。

在苦战的17天里，这些疲惫不堪的士兵们打了五次大的阻击战，同时后撤了70英里。7月5日和6日，他们在乌山附近进行了首次阻击；8日，他们又于天安附近再次阻击；11日在全义和乌致院之间；之后从7月13日到15日，他们沿锦江阻击敌人3天。他们最艰苦的一战可能就是在大田市周围发生的，这次战斗使他们失去了勇敢的指挥官威廉·F·迪安少将（他在那里被俘）。就在这里，他们顶着街边两侧房顶上敌人狙击手甚至自动武器的射击，且战且退才穿过了危险的街道。

敌人通常用装甲部队突破我军防御，之后以步兵从两翼迂回，包围炮兵分队，最后向后方实施攻击。因此，每个人——炮手、宪兵、甚至医护兵——到时都得拿起卡宾枪或步枪仓促建立起环形防御圈，并做好夺路后撤的准备。

游击队和受过训练的中国人，夹在数不清的难民中混入我方，不断破坏我们的补给线，后方也不安全。战斗，退却，危险，无休无止，没完没了。巡逻队去寻找和部队失去联系的士兵时，常常发现他们被反剪着双臂已倒地身亡，每个人的后脑都有一个枪眼。正值夏季，时而大雨倾盆，时而烈日炎炎蒸烤着人们的衣服和皮肤，让人口干舌燥。

7月20日，我军弃守大田。几天后，第25师和第1骑兵师从第7步兵师（当时我军驻扎在日本的全部战斗部队）抽调了一部分兵力，战斗力勉强提升至可以作战的最低水平，在从大田——大邱公路和铁路以西——直到浦项以北的日本海海域，长达100英里的战线上展开了多处战斗行动。第24师伤亡惨重，蓬头垢面、疲惫不堪、士气低落，他们四处寻找喘息的机会，但没有找到。很快他们就被调至洛东江西部和南部地区，准备在那里阻止敌人对我军南翼实施迂回。

敌人对我加固的防线不断施压，不久，态势变得非常明显，战线必须进一步收缩以形成足够的防御纵深，防止敌人突破。值得庆幸的是，在这个紧要关头又有增援部队在釜山登陆，加强了我军前线的力量。陆军第5团于8月1日从夏威夷抵达韩国。同日，第2步兵师开始在釜山登陆。第二天，第1暂编海军陆战旅登陆。由于当时形势已十分危急，他们必须分秒必争。

五角大楼冷眼旁观，早就知道这场威胁着南方的灾难，因为空中侦察一直提示我们有一支敌军部队沿半岛西海岸运动的情况，直指最南端的马山。如果敌军在这个地点突破，就可能意味着大难临头，我们不得不放弃整个半岛，而七拼八凑的部队在试图撤至安全地带时有可能遭到血腥屠杀。

但是，第8集团军指挥官沃尔顿·沃克中将已经公开说不会重蹈巴丹半岛的覆辙。7月29日晋州失守后，第8集团军的处境仍在急剧恶化，沃克宣布："决不会再后撤了！……我们必须战斗到底！……我们要守住这条防线！我们要赢得胜利！"

他们确实胜利了，靠的是破釜沉舟的勇气和出色的机动能力。沃克刚刚把他的骨干部队战力加强得差不多的时候，旋即遇到了最严重的威胁——南面迫近的敌军，有可能席卷他的整个防线。第25师迅速巧妙地从敌军兵力还相对薄弱的北面转移到了南面，也就是濒于崩溃的马山——晋州防线。刚上岸的第1暂编海军陆战旅也立即被派到同一防区，使这一线的防御力量大大增强。第1旅下辖海军陆战队第5团和第33海军航空兵大队，由爱德华·A·克雷格准将指挥。该旅到达时兵力不足，缺编情况与其他部队差不多（一个步兵营只有两个连，而不是3个；炮兵连只有4门炮，而不是6门），总兵力为6500人，能在M-26潘兴式坦克协同下作战。这种坦克装备有90毫米火炮，比T-34坦克配置更高。这股防御力量终于使南方化险为夷，挡住了敌人前进的脚步。由于敌人是夜间行军，我们的飞机无法延缓敌人的推进速度。

此时第8集团军已建立起最后的防线，即所谓"釜山防御圈"，这是一个三面临敌的宽大防线，保护着铁路围成的矩形地区，连接大邱、马山、釜山、庆州的铁路是为我们分散配置的部队提供补给的生命线。为保护这条生命线不被敌人切断和免遭炮火袭击，沃克决定尽量扼守洛东江一线，尽管敌人已经在好几个地点远远地突入了防区。

我们根本没有足够的兵力来构建一条坚固的防线。所以，这条防线并不连续，而是由一些分散的据点组成的。就像第8集团军参谋长利文·艾伦将军所说的那样，我们的部队可以由这些据点向外出击，“一次又一次去灭火”。疲惫不堪的部队没有时间休息，没有预备队。六个星期以来，敌人不断向两翼发动强大攻势，同时在中路试探查找我们的薄弱环节。无论拂晓或是午夜，随时都可能要迅速集合起一切可以抽调的人员—从某师抽调一个营，从另一师抽调一个连，从其他部队抽调50或100名士兵，去应对一些突发危险。常常是刚刚解决了一处，不知什么地方又会突然出问题，出现危急情况只能采取零敲碎打的办法对付。参加这次为期六周战斗的部队包括第8集团军所属不满编的四个师、英军第27旅、韩国军残存的所有部队（五个师）、第1暂编海军陆战旅以及海军陆战队、空军和海军能提供的所有作战飞机。在为仁川登陆做准备时，海军陆战队被撤了出去，这使沃克陷入缺少兵力和补给的绝境。不过他凭着自己的坚韧和手下部队的勇猛最终坚持了下来。尽管沃克和第8集团军的许多军官一样，认为GHQ偏向由麦克阿瑟的参谋长艾尔蒙德将军指挥的、正在准备实施仁川登陆的第10军，私下里都有上当的感觉，但是他从来没有以实力不足作为借口而贻误战机。沃克竭尽全力果断地在最需要的地方集结起自己那点儿可怜的兵力，之后当仁川登陆可能使敌军陷入绝境时，他又试图摆脱防御圈。但是，他的部队战斗损耗过大，加上没有合适的装备，根本无法完成强渡洛东江的任务。尽管随着仁川登陆的消息传来，我们轰炸了敌人的战线，但是，有好几天敌人似乎并不知道已方部队在北部遭受了沉重打击。也没有任何迹象表明空军的攻击已经“把朝鲜人民军打服了”(这是空军官方史料中的说法)。隔着宽阔的洛东江这个难以逾越的屏障与沃克对峙的，依旧是那个纪律严明、装备精良、坚定果敢的敌人。

“我们都是野种”， 一提起没拿到合适的工兵装备，沃克在电话里对GHQ就很不客气。“……但是，我希望你不要认为我会因此驻足不前。”他确实没有。然而，战斗仍然像仁川登陆之前一样激烈。敌人觉得沃克当时根本没有能力将自己的装甲部队运到江对岸。沃克曾接到命令于9月15日发起进攻，后来麦克阿瑟又同意他推迟一天行动，以便在仁川登陆的次日再出击。但直到21日，沃克仍然未能突围，而敌人也没有丝毫撤退的迹象。麦克阿瑟对自己的计划无法向前推进深切关注，要他的参谋人员着手制定一个速战速决的行动计划——在汉城正南100英里、位于西海岸的群山实施一次登陆。不过在计划出台前，敌人终于开始无心恋战。仁川登陆成功了，朝鲜人民军面临被全歼的境地。9月23日，艾伦将军通过电话向东京的GHQ报告说：“肯定有什么阴谋。我们已经有一整天没有遭到反击了。”接着，极有可能被切断退路的最南部敌军部队开始北撤。沃克当即下令追击，指示部队不要顾及两翼，立刻向汉城进军。部队终于看到了胜利的曙光，士气高涨，直扑汉城。

9月27日，向北席卷的第1骑兵师在水原附近与向南挺进的美军第7师先头部队会合。陷阱的盖子终于合上了。这时，朝鲜人民军开始溃败，上万名俘虏被源源不断地送进了第8集团军和第10军临时建立起来的战俘营。

麦克阿瑟的表现一如既往的乐观，在胜利还没到手之前就认为已经大获全胜。9月25日，他和艾尔蒙德将军都宣布，汉城“再一次掌握在我们手中”。但第10军的部队，尤其是陆战师却没这么轻松。他们在这之后还进行了三天激烈的巷战，又增加了平民和士兵的伤亡。直到9月28日才最后肃清汉城内所有残敌。之后举行了一次简短而激动人心的庆典，麦克阿瑟将军在庆典上正式将汉城转交给李承晚。

参加这次作战行动的所有部队都获得了荣誉，而殊荣应归于杰出的策划和指挥者麦克阿瑟将军。他在我们的军队领导人中几乎是唯一的一个，知道能够做些什么，而做了之后又能得到些什么。但是，随着战争第一阶段的结束，对史密斯特遣队还有第24师的英勇表现，许多人的心中充满了感激之情。他们是一支装备差、人数少、几乎被人忘却的小部队，其中很多人都是年轻的新兵，完全没有实战经验。正如杜鲁门总统在称赞他们时所说的，他们确实“完成了一次军事史上最出色的后卫战”。总统说，“一小队英勇的年轻人，在几位杰出的将军的指挥下，能挽狂澜于既倒，这才使我们得以积聚起反击的力量”。

虽然我们的空中力量确实不断给予朝鲜人民军沉重的打击，我们才有可能支撑到最后，但是事实并不像某些官方消息强调的那样，我认为，粉碎朝鲜人民军的进攻，使我地面部队轻而易举地吃掉他们的真正原因，既不是这种空中打击，也不是朝鲜人民军最杰出的领导人姜健中将（美国人称他为KING KONG，他被一枚地雷炸死）之死。我们的士兵终于发现，沿釜山防御圈与自己对峙的朝鲜人民军，是如此凶猛、狡猾、残忍和坚决，必须通过地面战斗来打败这个敌人。

1950年11月25日至12月24日，入朝作战的中国人民志愿军发起第二次战役，共歼敌3.6万余人，收复平壤和三八线以北大部分地区，粉碎了敌人“圣诞节结束朝鲜战争”的梦想，从而扭转了朝鲜战局。图为东线志愿军首长在指挥战斗。

图为志愿军战士在柳潭里战斗中冲上山头歼敌守军。

图为志愿军在龙源里战斗中追击美军。

图为志愿军战士在柳潭里战斗中向敌人进攻。

图为志愿军在龙源里战斗胜利后，追击南逃残敌。

图为下碣隅战斗胜利后，志愿军将俘虏押离战场。

图为在下碣隅战斗胜利后，志愿军战士在试用缴获的美军步话机。

图为美军遗弃在下碣隅战场上的尸体。

图为在下碣隅战斗中被志愿军击落的美军飞机。

1950年12月5日，中国人民志愿军收复朝鲜平壤。

图为志愿军和朝鲜人民军在东海岸胜利会师。

第三章　联合国军在进攻

仁川登陆和突出重围

仁川登陆，代号“铬铁行动”，是一次典型的麦克阿瑟式的作战行动，从策划到实施，如同一次大胆的风险极高的赌博，使我们的部队没有被敌人赶进大海，反而重新掌握了在朝鲜的主动权。当别人还没有完全意识到我国已进入战争状态时，麦克阿瑟就已经开始计划这次两栖包围行动，他整个太平洋作战策略——出奇制胜、断敌补给、诱敌深入、前后夹击的特点在这个计划中得到了充分体现，当别人还在考虑我军如何安全撤退时，麦克阿瑟却在谋取胜利。

起初他没有多少支持者。当他向参谋长联席会议简述计划时，我知道不只是我一个人怀疑计划的可行性。有些人直到这次行动的成功已成无可否认的事实之后才服气。但是，麦克阿瑟将军不仅仅是一位军事天才，还是一位雄辩之士。他能以极强的说服力为自己的观点据理力争，以至于坚决反对他的人都能被他说服，转而对他热烈支持。

就在数量上处于劣势的我军经过浴血奋战后撤往釜山防御圈的时候，也就是麦克阿瑟急切地要求给他补充越来越多的兵员和补给的时候，在国内却有了冷静而理性的声音，警告我们不要把已经被削弱缩减的武装力量过多地投入到这次军事行动中去，因为这次行动可能仅仅是一场序幕，小规模冲突可能会很快演变成蔓延欧洲，并迅速席卷整个世界的战争。我们在其他地区还有比朝鲜更重要、更具防御价值的地方需要防卫，而且从当时的情况看，我们几乎没有什么后备兵力。在远东地区我们主要的野战部队是第8集团军，这支占领军实际上并没有防守朝鲜的职责。该集团军分散驻扎在日本各处，负责占领和国内治安的任务，而且几乎没有军事训练区，部队无法保持备战的状态和水平。不过实际上这些部队的战备训练早就降到了次要位置。

尽管麦克阿瑟警告说远东确实很危险，但他还是眼睁睁地看着自己的部队不断地被削减。第8集团军下辖的4个步兵师（包括第1骑兵师）中，每个师的编制都低于规定的12500人的临时编制人数，即使这个临时编制人数也大大低于1.89万人的战时满编人数。每个师都缺少1500支步枪，根本没有90-mm反坦克炮，每师应该有九个步兵营但少了3个，师属炮兵的3个炮连少了一个，而且团属坦克连一个也没有。只是第1骑兵师保留了一个中型坦克营的建制。没有军部，也没有一些重要的兵种如中型和重型炮兵、工兵以及通信兵部队。

海军和空军也面临同样的问题。海军的战舰、各类登陆舰、扫雷舰及扫雷装备等的数量都不足。空军从一开始根本没有喷气式战斗机，其他作战飞机和运载部队的飞机也很少，前面也已经提到，专业人员的缺乏严重影响了空中目视侦察与照相侦察能力。

然而，兵力不足的情况不只在远东地区。在国内，我们的整个总预备队只有第3师加上第82空降师，而第3师被厉行节约的那些人大量裁员，只剩下了一个空架子。

这就是之前的裁军给我们留下的烂摊子。除此之外，我们还陷入了另一个困境，就是除了预备役中那些二战后刚刚复员的老兵之外找不到受过训练的兵员了。而这些老兵大都刚刚安顿下来，有了他们战时一直梦寐以求的称心工作和家庭。他们已经付出过辛苦和血汗，作出了贡献，让他们重返部队，在极其恶劣的环境下重新来过，他们都感到恐惧而无法接受，这是完全可以理解的。政府也不愿意再征召他们入伍。然而，还能到哪里去找人呢?如果让大量年轻人应征入伍并使他们具备参加实战的能力，则要花费一年的时间。但是现在军情紧急，就连部队到前线都必须空运，不可能再有时间训练新兵了。因此只有让退伍军人再次服役这一条路。

麦克阿瑟就是在这种情况下迫切要求越来越大的投入。他先要了一个团的指挥权，后来又估计需要两个满员师。7月7日，他要求派出4个到4个半的满员师并以一个空降团和一个由四个中型坦克营组成的装甲大队作为后备。两天后，他电告参谋长联席会议，说他马上再要一支“至少由四个师组成并配有全部兵种的野战军”。他对五角大楼的上司们很不耐烦，这个心情是可以理解的。而对于把我们当时的全部军事力量投入到一个我们没有选择过的，也许是非常不重要的战区，尽管更多的部队还未展开，但他的上司们还是感到犹豫不决，这也是可以理解的。

还有人对远东的军火需求是否太出格也表示过怀疑，甚至还担心我们是在消耗手中现有的军用物资，浪费我们的军事实力，一旦超出了我们的能力，可能花一两年的时间都补充不上。还有就是杜鲁门先生的方针政策——他迫切希望尽一切可能避免在我们毫无准备的不利局面下引发第三次世界大战——是否已经被东京方面完全理解了，这一点也不是完全清楚。因此决定，派总统的特别代表埃夫里尔·哈里曼前往东京与麦克阿瑟将军商谈。拉里·诺斯塔德将军和我奉命一同前往。

我们离开华盛顿时，五角大楼内有一种意见——当然我也赞同这个意见——强烈反对批准麦克阿瑟抽调第3师的请求。该师实力严重不足，对打仗毫无准备，而且该师调动之后，总预备队就只剩下唯一一支主力部队，第82空降师。至于说派第82空降师，或者为了满足麦克阿瑟的要求给他抽调一个空降团而削弱该师的战斗力，我是打算坚决反对的。但是，我和其他所有人一样，都没考虑到麦克阿瑟超强的说服力、自信心、口才以及陈述一个冒险的军事计划时的娴熟技巧。

会议在东京举行，从8月6日开到8日，这次会议完全是麦克阿瑟的个人胜利。只有哈里曼先生、诺斯塔德将军、阿尔蒙德将军和我与麦克阿瑟一起开会，他用了两个半小时简述了自己关于朝鲜问题的总体规划以及完成它所必需的条件。讲完之后，他的观点赢得了我们所有人的支持。通过麦克阿瑟这次精辟的论述，以及在对“铬铁行动” 即仁川登陆计划进行研究之后，我自己的疑虑已大部消除。在回国的飞机上，哈里曼先生、诺斯塔德将军和我都同意回国后准备支持麦克阿瑟的请求，因为其他方案看起来非常危险。

麦克阿瑟力主冬季到来之前必须在韩国速战速决，以避免恶劣天气对作战的影响。他强调指出，在朝鲜严寒刺骨的冬季，非战斗减员可能会超过一次短期战役预期的战斗伤亡人数。他警告我们说，到11月中旬，我军就会遭受寒风和暴雪的袭击。同时，他现在每天损失1000人，而补充的兵员甚至无法满足他维持部队实力的需要。他还强调，迟迟不能取胜还会使中国和苏联军队公开干预的危险大大增加。但是，为了歼灭在韩国的敌军，必须在9

月25日发起进攻——要有足够的兵力才能确保这次行动稳操胜券。否则，敌人稳住阵脚，得到增援之后，我们再采取行动就会更加困难，付出的代价更高，而且时机也对我们不利。

当然，我们的远东军司令煞费苦心准备的详尽而且很有说服力的论据远不止这些，上面只是对其主要内容的概括。

在这次会议期间，以及前一天我和麦克阿瑟将军共进午餐的那段时间里，将军尊重上级、尊重他的指挥团队、认同自己的职责范围，这是毋庸置疑的，他的忠诚也是显而易见的。

我对此印象非常深刻，在这次会议之后，当我第一次有机会与哈里曼先生和诺斯塔德将军单独在一起时，我也是这么说的。他俩都表示赞同。

哈里曼还补充了一点他自己的看法，“抛开政治和个人原因，我们的政府应当重用麦克阿瑟将军，他的确是国家最宝贵的财富”。

我们回国后都准备做些说服工作，尽快满足麦克阿瑟的要求，立即把第3师调拨给他（抽调波多黎各的第65步兵团加上当时还在巴拿马的第33步兵团的一个营编入第3师，使该师的实力得到一定程度的加强）。

这次东京会议涉及内容十分广泛，我把内容都做了记录，这些会议记录从未复制过，到现在仍由我个人保存。我们进行了非常坦率的会谈，不仅商讨了朝鲜当前的局势，还讨论了总司令个人应对意外事件的各种方案，所幸这些意外都没有发生。麦克阿瑟对台湾尤其热衷。他发誓，如果红色中国愚蠢地去进攻台湾，他就会火速赶赴前线，担负起指挥的责任，“让他们一败涂地，这将成为决定世界命运的决定性一战——对共产主义运动来说将是一场巨大的灾难，必将撼动其在亚洲的根基，可能还会将其击退”。至于红色中国有多大的可能性会干这样的蠢事，他也不能确定。但是他说，“我每晚都祈祷他们会这样做——我会跪下来祈祷”。当然，现在没有人能预言，他梦想成为扑灭共产主义邪恶势力的勇士，是否就是促使他后来不顾后果地向中国边境大举进攻的原因。但是我想，他确实觉得这么做会给他的胜利之梦添彩。

然而，正如我前面说过的，当时麦克阿瑟尊重上级的态度给我留下了深刻的印象。他的表现也没有显示出丝毫的不忠。当时，也没有什么特别的迹象显示会有完全不同的意愿上的冲突，而且是近乎于抗命的那种冲突，会导致这位勇敢的老兵被突然解除职务。他自信、乐观、骄傲、口若悬河、无所畏惧——可是，他又是一个地地道道的军人，看起来似乎随时准备好去执行上级下达的任何命令，绝不挑三拣四、满腹牢骚。

至于仁川登陆，因其计划完美，构思缜密，对最微小的细节都处理得极为谨慎，我立即就表示了支持。但是，我无权做最后的决定；必须要先说服参谋长联席会议中那些一贯抱怀疑态度的人才能使这次行动获得批准。

怀疑这个计划能否成功是有充分根据的，因为要想在仁川取得胜利，必须同时具备天时、好运、人和、出其不意以及勇往直前等所有条件。在整个朝鲜半岛弯弯曲曲的海岸线上，再也找不到比仁川更易守难攻的地点了。仁川天险使敌方几乎无法从海上靠近。退潮时，30英尺的潮水在一英里宽的泥滩上留下了一条狭窄弯曲的航道，好像就是为使我们的坦克登陆舰搁浅成为炮兵的活靶子而形成的。一个在我看来固若金汤的小岛控制着航道。这条航道本身是外界通往港口的唯一途径，肯定已经布了雷，而小岛上也肯定构筑了防御工事。此外，登陆时间选择在台风季，狂风暴雨就可能驱散我们的登陆部队，把他们全部消灭掉。

那也就难怪那些一贯抱怀疑态度的人依旧无法打消疑虑了。海军少将詹姆斯·多伊尔和陆军少将奥利弗·史密斯都是第二次世界大战时两栖登陆作战的专家，可就像这样久经沙场的老兵对仁川登陆的这个想法也根本没什么热情。很多备选方案也拿了出来，其中包括在东海岸的元山实施登陆，或者选择在仁川以南的群山，在群山登陆可以更快地给釜山前线之敌造成压力。但是，麦克阿瑟拒绝采纳这些方案，尽管他后来很感谢参谋人员准备了一份在元山登陆的详细计划。唯有在仁川登陆才是可行的，因为如果想要在冬季到来之前将敌人歼灭，那就只有实施仁川登陆才可能有机会给敌人以必要的沉重打击——切断敌人补给和交通的大动脉，与从釜山防御圈突围的部队会师，把夹在中间的敌人彻底消灭。

仁川登陆在当时还只是一个设想，为了评估其可行性，参谋长联席会议于八月中旬派海军作战部长福雷斯特·谢尔曼上将和陆军参谋长劳顿·柯林斯上将去东京会见麦克阿瑟和他的参谋人员。所有关键人物包括多伊尔上将和史密斯将军在内都出席了会议。会上，麦克阿瑟将军发挥了超高的水平，他不仅展示了支持铬铁行动的有利论据（他指出，除军事利益之外，胜利登陆仁川、平定南方之后能让韩国人有时间收割水稻作物，保证今年有收成，而且解放这个新生国家的首都汉城会振奋精神、鼓舞士气），还彰显其尽早取胜的巨大信心。在会议临近结束时，多伊尔海军上将主动发言说，最起码这次行动“并非不可能成功”。而特纳·乔伊海军上将则完全打消了疑虑。甚至连最持怀疑态度的谢尔曼海军上将，用乔伊的话说，“也几乎被说服了”。麦克阿瑟又花了一天时间私下与谢尔曼进行了一次长谈，终于说服了他。私下会晤之后，谢尔曼说，“但愿我也和他一样有信心”。

当然，仅仅有信心还不够。现在还必须赢得政府的赞同，允许我们的总预备队赤膊上阵，冒险去孤注一掷。还要仔细权衡所有的利与弊：9月15日（选定的登陆日期）只有两小时的涨潮期，登陆舰艇只能利用涨潮，否则就会在泥滩上搁浅；暂编陆战第1旅必须从处境危急的釜山阵地撤出来补充陆战第1师；船只数量不足；包围行动过于向北方纵深突入，不大可能很快解除南线的压力；有一次台风可能正在形成——但突袭是这类行动每次都必不可少的要素，是必然要采用的。朝鲜人绝不会料到美国人会做出这种“无法实现、不切实际的”事情(具有讽刺意义的是，不出一年，麦克阿瑟自己也低估了中国人派遣大量部队越过鸭绿江的可能性——因为“没有哪个判断力正常的指挥官”会干出那种事情)。

国防部长路易斯·约翰逊很快批准了麦克阿瑟的计划。铬铁行动，这次机会可能只有五千分之一的赌博，终于获准付诸实施了。正当釜山防御圈里四面楚歌的美军士兵们每时每刻都想如何在千钧一发之际避开灭顶之灾时，战区司令开始准备实施行动，彻底击溃敌人，确保我们对韩国的控制。这次行动的策略与1759年詹姆斯·沃尔夫在魁北克的突袭非常相似，也是选择了敌人“以为”不可能遭到进攻的地点发动进攻。

铬铁行动的第一步是对港口附近的岛屿进行侦察，这些岛屿控制着狭窄的航道。9月1日夜间，一位年轻的海军上尉，尤金·克拉克被送到仁川附近上了岸，基本上是在夜色的掩护下进行了为期两周的侦察，确定了敌人的炮位，同时测量了海堤的高度。他的侦察任务完成得非常成功，甚至在9月15日拂晓前还打开了一座灯塔上的指示灯，引导着第一批突击舰驶入仁川港。

战斗在拂晓时分打响，美军驱逐舰以及英军和美军的巡洋舰进行了猛烈的炮击，舰长们指挥着驱逐舰冒着敌人的炮火勇敢地在航道上奋力前进。首要任务是压制月尾岛。这个小岛正好横跨在航道上，所有航道交通都在其炮火的有效射程之内。不过，该岛并未像我们担心的那样固若金汤，海军的炮击让岛上的火炮很快就哑巴了。海军陆战队的海盗式战斗机向小岛的滩头阵地猛烈扫射。6点半，陆战第5团3营冲到岸上，打得惊惶失措的守岛敌军四处逃窜，在45分钟之内就占领了月尾岛。接着，在岛上派驻炮兵支援进攻海堤的部队。陆战队员们在好几处架了梯子，登上了比坦克登陆舰船头还要高出四英尺的海堤。还有的地方，坦克登陆舰直接把海堤撞出了大洞，或者由陆战队员用炸药炸开缺口，进攻部队从这些缺口涌向岸上。白天所剩时间太短，攻击进展不大。到天黑时，陆战第1师的先头部队终于牢牢地守住了滩头阵地，准备敌人的反攻。但是，突袭的效果如此有效，完全达到了目的，胜利也来得非常突然，敌人被彻底击溃，再也没有发起过反攻。第二天，经过一场激烈的坦克战，我们占领了汉城的金浦机场。一天后，第7步兵师在仁川登陆，未遭遇任何抵抗，随即迅速向内陆挺进，切断当时还在洛东江一线作战的朝鲜人民军的退路。

然而，重新夺取汉城的战斗还是很激烈的。尽管麦克阿瑟报告说城防在25日已经“掌握在己方部队手中”，海军陆战队的士兵们却仍然在冒着敌人的机枪、反坦克炮和狙击手组成的火力网逐间房屋逐个街道争夺，一直打到28日，当最后一个朝鲜士兵从熊熊燃烧的掩体中仓皇逃走、全城到处硝烟弥漫，战斗终于结束了。

仁川登陆战，无论从构思的大胆、制订计划的专业能力以及实施过程中所表现出来的勇气、魄力和技巧，在军事史上都占有重要的一席之地。和每次重大的军事胜利一样，仁川大捷也带来了意外的新问题——这些问题我们事先并没有充分估计到。在这类重大行动之前，按照惯例，应召集全体军事主官和参谋人员在地图上进行战棋推演。每名指挥官都要简述如何应对可能发生的各种情况，从大败到全胜都要考虑到。可是这一次，就算事先对这样的全胜确实制定过计划，这个计划也是考虑得很不周全的。联合国军为此付出了巨大的代价。由于计划不够周全，大量的朝鲜人民军逃出了包围圈，在北方以成建制的正规军继续与我军作战，或者在南方以大规模的游击战袭扰我军后方。

华盛顿方面对于如何制定扩大战果的详细行动方案上，也表现得优柔寡断，在做决定之前想先弄清一些主要的谜团——中国人对我们的胜利会有什么样的反应？俄国人又会怎样？

大多数制订计划的参谋人员以及沃克将军本人都认为，当时直属东京GHQ指挥的第10军在建立巩固的滩头阵地之后，指挥权会转交给第8集团军。这样，第10军可以更有效地实施机动和得到补给。但是，麦克阿瑟却坚持把第10军置于自己的控制之下，第8集团军因麦克阿瑟的“宠儿”而再度受到轻视的感觉就愈加强烈。虽然他们从未有过公开表示彼此猜忌或不愿合作，但是缺乏密切协作所必需的相互信任却是不争的事实。

仁川大捷的一个更加微妙的后果，是人们认为麦克阿瑟将军的意见绝对正确，而且几乎发展到了迷信的地步。就连他的上级，也好像开始怀疑自己是否应该对麦克阿瑟的任何一个决定有疑问了。结果，麦克阿瑟根本听不到坦率而有真知灼见的批评，而每一个指挥员都应该能有这种机会——尤其当他打算在700英里之外“指挥一场战争”时。许多军事领导已经认识到，面对自己的上级，告诉他你认为他的计划是错误的，那就需要有一种特殊的坚持正义的勇气，我认为这比匹夫之勇更可贵。就像乔治·马歇尔将军常说的那样，这就是你“拿自己的前程去冒险”的时候。但是，不论哪一级别的军事领导人都应该知道，士兵们把自己的生命托付给你，你就要对他们负责，当你意识到要发生一个严重的错误的时候，应该直接说清楚。

麦克阿瑟做出了一个新决定——计划在东海岸的元山采取两栖登陆，这又是一次典型的麦克阿瑟风格的仁川式迂回战术，对此反对的声音很微弱。可即使计划的某些缺陷很明显，很严重，也没有人坚决反对。不过这次行动明显就是麦克阿瑟要第10军仍归GHQ指挥的原因。尽管计划本身有重大缺陷，但这种做法还是有一定道理。

为了成功实施元山登陆计划，必须把驻扎在仁川和釜山的第10军大部运走（陆战第1师要经仁川撤走，第7师则乘火车和汽车由陆路进抵釜山），但在如此的紧要关头，这么做无疑会加重铁路线和这两个设施不足的港口的负担，同时严重干扰了第8集团军的补给线，很快这条补给线就彻底中断了（由于撤退堵塞了公路和铁路，甚至连炮弹都不得不空运到汉城）。

有什么样的理由支持在元山再搞一次仁川式登陆其实都无所谓，当务之急是立即堵住逃跑的朝鲜人。由陆路从汉城至元山有一条路况良好的公路和一条铁路线——当然，公路和铁路确实被炸毁过——这是朝鲜半岛相对平坦的一段。在仁川登陆的部队本可以沿着这条路迅速机动，向北之后再向东到达元山，与沿东海岸向北直进的部队会合。这样就可以堵住迅速逃跑的敌军，不给他们以喘息之机。

然而，直到9月26日，也就是在汉城巷战结束前两天，才开始认真计划如何扩大仁川的战果。麦克阿瑟要求拟订一个计划，“配合陆上追击再来一次两栖包围行动歼灭朝鲜人”。当时提出了两个方案。一个方案是，第8集团军应该往北和西北方向进攻敌人的首都平壤，同时，以两栖攻击占领黄海上的重要港口——镇南浦。另一个方案，第8集团军沿汉城——元山走廊向北和东北方向实施突击，同时以相似的两栖突击方式进攻元山。沃克将军原以为第10军会由他指挥，因而赞同派第10军立即由陆上进攻元山。但是事与愿违。

也有人主张把联合国军部署在平壤到元山一线，将朝鲜半岛从最狭窄处或者说拦腰切断。理论上讲这么做似乎有可操作性。然而，只要对地形稍加研究就会发现，数不清崎岖狭窄的关隘，铁路线迂回曲折且隧道密布（我们的空军曾不停地轰炸过），这一切都是后勤专家的噩梦。把第10军的全部军需补给都交给在几乎无法通行的陡峭山脉另一边的一位指挥官负责的话，想要满足部队对粮食、弹药和汽油的需求就会极端困难，这可能是由GHQ直接指挥第10军最好的理由。

谁都无法否认，我们确实需要有一个像元山这样的港口，大量粮食、弹药和汽油才能由此运输供应那些将要在西部和北部地区行动的部队。其实问题很简单，到底是应该从陆上还是由海上向元山推进。麦克阿瑟将军赞成由海上攻击。在场的海军高层和全部师级指挥官其实都反对两栖包围，但却没有人立场坚定地提出反对意见，这仅仅是因为麦克阿瑟刚刚创造了一个军事上的奇迹，当时还没有人怀疑他的判断力或预见力。哪怕他建议一个营涉水走到元山，大概也会有人准备试试。

越过三八线全歼朝鲜半岛上敌军的计划当然要先得到华盛顿的批准，因为一旦越线就会涉及多方面的问题。共产党中国几乎每天都在广播里说，如果朝鲜遭受入侵它就要参战。还有人认为，一旦我们越过这条象征性的界线，也可能会招致苏联的参战。然而很显然，如果不迅速歼灭朝鲜人民军，而让它爬回老巢得以喘息，要不了多久它还会卷土重来。因此，经过一番深思熟虑，杜鲁门政府同意了参谋长联席会议的建议，授权麦克阿瑟可以进入朝鲜作战。但是有一个附带条件。也许正是这个条件影响了麦克阿瑟，最终使他令人费解地拒不承认已有大批中国军队参战。因为，9月27日通过无线电给麦克阿瑟在三八线以北实施作战的授权要视情况而定，前提就是“苏联或中共主力部队未进入朝鲜，对方没有打算参战的声明，也没有威胁要在朝鲜与我们进行军事对抗”。除此之外，国防部长马歇尔告诉麦克阿瑟：“我们希望你向三八线以北推进时在战术和战略上都畅通无阻。”

现在，大获全胜似乎已唾手可得——就像一只金苹果，象征着麦克阿瑟辉煌的军事生涯中的最高成就。为了夺取胜利，麦克阿瑟是不会允许自己延误或接受别人劝告的，而是一路向北猛追正在消失的敌人。为了加速推进，他在一周之内改变了计划，全然不顾可能暗示着一场灾难的苗头。

1951年1月4日，中国人民志愿军右翼突击集团攻占汉城后，中朝两军指战员在韩国国会大厦前欢庆胜利。

第四章　鸭绿江畔大祸临头

中国人参战陆战第1师且战且退

麦克阿瑟原来的计划是兵分两路越过三八线，扩大仁川大捷的战果，这倒是相当简单合理。但是，其效果却要取决于三个未知因素——天气、地形以及中国人的反应。而且，由于发生了其他意外情况，促使总司令将基本计划修改得面目全非，结果第10军各部过于分散，整个朝鲜崎岖的不利地形使部队根本无法相互支援，甚至无法直接联络，而且极易遭受游击队的骚扰或被敌军集中优势兵力所包围。

至于中国人的干预，麦克阿瑟对他们的威胁简直是视若无睹，显然忽略了中国军队越过鸭绿江最明显的迹象，或者根本就没有引起重视。他计划不等天气变坏，在大雪来临之前打到鸭绿江边，结束战争。但是，一直没有引起他注意的地形却成了他的敌人，他也完全没有充分估计到其影响力到底有多大。不利的地形使左路（西线）和右路（东线）部队根本无法保持联络。

乍看起来，麦克阿瑟已经预料到，那些不可逾越的山脉和无路可通的峡谷会把部队分隔开来，所以才将右翼的第10军归他自己直接指挥，而把左翼，或称西线，交给沃克将军及第8集团军。但实际上根本不是这样，他命令沃克同时负责第10军以及他自己所属部队的后勤补给，这就很清楚了。事实上，把这个繁重的担子压在沃克身上却又不让他负责第10军的作战指挥（其实并不会给他增加什么负担），只能使人对麦克阿瑟牢牢抓住第10军不放的做法更加困惑不解，而且也无法弥合两位指挥官之间的隔阂。

最先提出的计划是要求第8集团军于A日（10月17日，D日的前三天）沿开城—沙里院—平壤一线向西北方向对平壤发起总攻。第10军陆战第1师定于D日准备以两栖攻击夺取元山。先包围元山，然后两支部队沿东西方向相向攻击。会师后就能封住朝鲜人民军的退路，之后再协同作战向清州——龙源——兴南一线推进。

这项计划有两个明显的缺陷。第一，第10军由汉城——仁川地区后撤导致第8集团军无法使用港口和运输设施，继而在数周内物资补给中断。第二，研究一下地形就能知道，同样很明显，这两支部队沿东西方向实施进攻最后会师是根本做不到的。时至今日，我还是觉得，派一个美军师，携带必需的补给品，就像第8集团军之前在釜山防御圈时那样，置两翼于不顾，由陆路进攻元山似乎比较合理，这样，该师就会有绝好的机会夺取元山地区并肃清该地区之敌，远比实际采用的打法迅速有效得多。而当时最近的中共部队还在鸭绿江以北。

不过事情的发展往往出乎人的意料，有一件重大的意外之喜促使计划进一步调整，韩国第1军，本来是几乎都被总部制定计划的人们忘了，但在海军还没给陆战第1师在雷区里开辟出一条通路之前，他们已经派所属第3师沿海岸公路火速北上夺取元山了。如果当时能从汉城经陆路实施攻击并迅速与之会合，就有可能很快肃清整个地区的敌军，北进行动开始的时间也会大大提前。10月11日，韩国军队攻占元山，此时距参谋长联席会议批准并下令执行麦克阿瑟的计划才过去了9天。

然而，敌人在元山港布设了2000枚水雷，10月26日，海军终于完成了一项棘手而危险的任务——扫雷。接着，陆战第1师实施了所谓“非战斗”登陆，也就是未遭遇抵抗的登陆。而韩国第Ⅰ军则抽身北进去夺取朝鲜重要的工业基地兴南——咸兴工业区。

但此时的战事已超出原先的计划，而且还定了许多新的目标。10月17日，麦克阿瑟下令在中国边界以南40至60英里左右画一条线作为新的目标。不久，他又告诉他的下级指挥官这不是最终目标，只能当成中期目标。尽管国务院制订的方针是在中国边界附近只部署韩国部队，但麦克阿瑟一定要将部队向前推进到鸭绿江。显然，如果中国人派兵大举越过边界，麦克阿瑟的部队肯定无法守住那条遥远曲折的防线，但他已无暇顾及。补给港大约在80至120英里之外，山路陡峭狭窄、曲折难行，间或仅有羊肠小道。要把薄弱的兵力沿如此漫长的战线分散布署，还要一直保证他们的粮食弹药补给，或者让他们坚决顶住差不多是在家门口顽强作战的敌人，就算是麦克阿瑟也无能为力。当然，如果能允许我们的飞机摧毁敌人在满洲的基地，或许还能够守住。但是，霍伊特·S·范登堡将军认为，如果接受了这样的任务，就意味着我空军的实力会通过自然耗损和战斗损失而消耗掉，用不了两年我们就只得动用驻欧洲部队的空中力量来对付敌人了。因此五角大楼坚决反对这一行动。麦克阿瑟虽然也知道这一决定，但他仍然坚持部队向中国边界推进，完全无视华盛顿方面关于美军不要过于突前的禁令。

韩国第1军第3师拿下元山之后，沃克将军飞抵那里了解情况，并和这些还归他指挥的韩军取得了联系。此时，在沃克的右翼，韩国第2军已经沿着通往元山的道路进至开城东北方的铁原附近。沃克立即制订计划，让该军继续向元山推进，与韩国第1军会合，然后就像最初计划的那样，一旦夺取平壤，防线就能从东海岸延伸到西海岸横跨半岛。但是，麦克阿瑟直接否决了这个计划，并且通知沃克，海军陆战队一登陆，韩国第1军（韩国王牌军）将从沃克那里抽走，归第10军指挥。

此时，麦克阿瑟又画了一条线，设定了新的目标，放弃了原定将半岛拦腰切断的计划。在沃克的部队拿下平壤之后，麦克阿瑟在第8集团军与第10军之间设立了分界线，并命令其下级指挥员把那条“目标线”仅作为“初始目标”。现在，剩下的唯一目标就是朝中边界了。

10月26日，就是陆战第1师终于在元山登陆的那一天，韩国第2军催促其第6师先头部队一路向鸭绿江前进。在沃克的左翼，美第24师先头部队已跨过清川江，正朝着鸭绿江推进，当时距鸭绿江仅70英里。

联合国军还在其他地点沿多条不同的路线向鸭绿江运动，但他们不能相互支援，甚至连战场联络侦察都无法进行。美第7师最初计划继陆战队之后在元山登陆，后来改为利原。利原在元山以北约150英里，该师于10月29日在那里登陆后，继续向鸭绿江边的惠山推进。韩第1军计划沿海岸公路北上向苏联边境推进。海军陆战队打算沿一条狭窄的单向道路越过中部高原地带进抵江界，随后向鸭绿江边的满浦镇推进。第3师则留在后方守卫元山——兴南——咸兴地区。

行动还没开始，一条令人扫兴的预警消息从寒冷的山区传到东北。最先到达鸭绿江边的联合国军韩国第6师第7团，在遭受到一支势不可当的中共军队打击之后，已掉头向南后撤。这支中共军队就像从地下钻出来的一样，以出色的贴身近战几乎把该团打残。从后面的情况来看，第7团是在无意中冒冒失失地靠近了准备发起进攻的中国军队集结待命的区域。不过中国人当时并没有做好进攻的准备，为了不暴露目标，就把这支先头部队几乎全歼了。

10月26日，在半岛的最东部，韩国第1军第26师由咸兴向长津水库运动时，在水洞遭遇顽强抵抗，抓获18名俘虏，这些俘虏分属中共军队第124师的两个团。几天之后，海军陆战队赶来解韩军之围时，遇到了中国军队的坦克并将之击毁（这是第10军遇到的唯一一批坦克），并从另一个中国师（第126师）抓到一些俘虏。第124师和第126师均属中共第42军。

然而在这段时间，官方报道却一直流露着乐观的情绪。华盛顿方面得到的报告是，两万中共军队进入朝鲜的消息虽已在报纸上被炒得满天飞，但却“未被证实”。10月28日，华盛顿得到了保证说，仍然“没有明确的迹象”表明中国人会进行公开的干预。两天之后，远东司令部报告说，尽管有相左的报道，但中国第39军和第40军已越过边界进入朝鲜的传闻并不可信。小股中国“志愿军”的出现，只被当成了中国在外交博弈中的又一个小动作，对GHQ没有直接影响。

中国人一开始也小心地试探，因为他们肯定无法判断美国会有什么样的反应，是进攻中国本土还是给他们扔一颗原子弹。他们自始至终都坚称，这些在朝鲜的中国军队是志愿军，是出于自愿来保卫朝鲜的。中国军队把自己隐蔽得非常好。他们大都在夜间徒步行军；在白天则避开公路，有时还在森林里放把火以烟雾作掩护来对付空中侦察，或是藏身于地道、矿井或村庄。每个执行任务的中国士兵都能自给自足，他们携带由大米、豆类和玉米做成的食物（他们不想生火暴露自己的位置）以及足够的轻型武器弹药，可以坚持四五天左右——之后会根据战况，或换岗，或撤回主阵地，由新上来的部队接替他们。由于中国人根本没有留下部队运动的迹象，所以最高统帅部有理由怀疑是否有敌人的大部队存在。但是对越来越多的证据所表示的明确含义完全无视的，却还不止最高统帅部一家。

我们整个部队都不愿意重视中国人的威胁，甚至连那些军衔不高的人也是如此。最典型的就是10月底，驻扎在云山及其周边部队的反应。云山位于清川江正北、鸭绿江以南，距鸭绿江约60英里。当时从好几个不同的渠道传来报告，有中国军队大规模集结。一个朝鲜平民报告说：在云山西南9英里的一个山谷里有2000名中国人，打算切断该城南面的主要补给线。后来又有一名地方自卫队队员报告说，在云山西南6英里处有3000名中国人。11月1日中午，在城东南8英里处发现一支敌军，被我空军和炮兵击溃，公路上丢下约100匹死马和数目不详的士兵尸体。稍后，我空军观察员报告，有大量的敌军在云山以北和以南运动；在距云山仅9英里处对其中的一支部队实施了一次空袭，据报告还击毁了21辆运兵车。当天下午，正在一架L-5型飞机上负责炮兵校射的观察员报告，在距云山不到7英里的狭窄小路上，“敌步兵两支大部队正在向南运动”。

但是，美军统帅部仍然不愿相信眼前不断累积的证据。韩军早些时候曾抓到过中国俘虏，但是，情报人员自然而然就怀疑俘虏所供述入朝中国军队的实力和目的是否可信，以为一名士兵不可能知道这样高级的情报。甚至当第1军G-2（情报官）珀西·汤普森上校警告刚调到云山的第1骑兵师，他们可能会碰上中国军队时，这些人根本不相信他，而且反应冷淡。第1骑兵师在向平壤推进时曾遭遇顽强抵抗，并经过一夜激战攻克了这座城市。从此，朝鲜人民军的抵抗似乎已渐渐消失，第1骑兵师虽然也遇到过零星的抵抗，但其目的只是为了延缓他们前进的脚步。其实，第8集团军当时缺少补给，无法同敌人主力打持久战。而且，他们也不想承认在朝鲜还会有谁能和他们一战。打算在云山北部和西部布防的第8骑兵团，也没留意遭遇中国军队的部队和指派给韩国第1师的KMAG军官提供的情况，这些人曾在云山附近与中国人遭遇，但未能把中国人赶走。当时取得的共识是，中国人由北向南运动是为了增援朝鲜人民军。第1骑兵师的指挥官霍巴特·盖伊将军请求允许他把第8骑兵团撤到云山以南几英里的阵地上，但被第1军司令部拒绝。看到这些令人不安的报告还能往心里去的军官，真的是寥寥无几。

负责警卫平壤的部队又开始梦想着快乐的驻防生活了。总的来说他们这些人更关心如何安排好计划在东京举行“归省阅兵”，至于不断传来的中国人干预的消息，他们早就抛在脑后了。

突如其来的毁灭性打击一波接着一波，以至于很多部队还没搞清楚究竟发生了什么事情就被打垮了。中国人首先攻击了驻扎在云山以东约15至30英里温井——熙川地区的韩国第6步兵师，将该师彻底消灭，以至11月1日刚到午后，沃克将军便通知指挥美第1军的弗兰克·米尔伯恩将军，韩国第2军作为一支成建制的部队已不复存在，第1军的右翼也因此暴露给敌人。米尔伯恩将军火速赶到云山以南约20英里处的军隅里，那里是韩国第2军军部。第2军的指挥官告诉他说自己已经和下面的部队完全失去联系，在军隅里附近仅有韩国第7师的三个营还能进行有组织的抵抗。

下午5时许，中国军队在迫击炮和卡车上发射的苏制“喀秋莎”火箭炮（这次战争中最新式的武器）的火力掩护下，开始对云山北部的第8骑兵团发动试探性进攻。随着暮色渐浓，进攻越来越猛烈，并逐步由东向西展开。对于许多美国人来说，这是第一次听到中国军号的喧嚣，这种铜号看上去就像橄榄球比赛边裁常用来吹犯规的喇叭的超大版，其音调混杂着疯狂的吹哨声，像在预示新一阶段战斗的开始。这至少会让许多自以为是的人明白，中国大规模干预根本不是传言。

这场战斗持续了一整夜，不时发生近战，自战争初期以来从未达到如此激烈的程度。不少美军部队上半夜就发觉弹药几乎打光了。晚10时，美第1军自釜山防御圈突围以来首次转入了防御。那一夜，驻守云山的第8骑兵团三面受敌。韩国第15步兵团扼守东面的阵地，但中国军队从北、西、南三个方向同时扑向美军。然而直到撤退的命令下达，美军才发觉退路已被切断。中共军队的一支劲旅在11月1日午前就封锁了主要道路。他们牢牢地控制着阵地，多次击退前去增援云山的第5骑兵团。11月2日凌晨，从云山撤退的美军部队在主要道路上遭遇伏击，被击毁的车辆塞住了道路，坦克兵和步兵四散奔逃，部队陷入一片混乱。

美军士兵或独自一人，或三五成群，拖着伤员，边打边向山上撤退。一

些人绕过路障向东再向南撤进山里。另一些人直接趁着黑夜南逃，找到了去后方的路。许多人被俘，伤亡人数当时已无法统计。

中国人对云山西面第8骑兵团第3营的突袭也许最令人震惊，因为当时第3营认定那里没有敌人活动。11月1日傍晚时分，有些部队曾注意到飞机在南面某处向敌人阵地扫射，那里靠近主要补给线，但并没有人关心这件事。部队指挥官接到撤退命令以后，就让炮兵先撤，第3营殿后掩护骑兵团撤退。第3营驻守在南永河上一座桥的北端，两个班负责守桥。早上3时许，有一支小分队，究竟是一个排还是一个连一直没搞清楚，由南面靠近该桥。守桥部队未疑有他，就让这些人过去了。由于这些人从南边过来，被当成了韩国人，因而没有人注意他们。当这些陌生人在指挥所对面停下来时，其中一个带头的猛吹了一声军号，随即中国人拿着轻武器和手榴弹从四面八方向指挥所发起了攻击。紧接着中国军队就一窝蜂地冲到了河的南岸。在西南方，南永河沿岸，敌军的其他部队正在同第3营一个连激战。最先过桥的中国人直插司令部，他们不停地射击，拼刺刀，投掷手榴弹，还扔炸药包炸毁停放着的车辆。我们的士兵很多都被军号的喧嚣声（这是一种中国式的心理战，让我们既熟悉又难受）或敌人近在耳边的射击声所惊醒。由于在等待撤退信号时睡着了，所以他们爬出各自的掩体后就投入了白刃战，有时要一对一地搏斗将敌人摔倒在地，或用手枪近距离回击。部队就地与敌人展开混战，就像牛仔打印第安人那样，有的躲在吉普车后；有的跑去帮助在地上同敌人单打独斗扭在一起的战友；还有的试图找到防御要点，最后，当迫击炮炮弹开始打到他们中间时，他们便夺路而逃，向南过河进入黑暗的山中寻找友军去了。他们三三两两，其中许多人还受了伤，向南面和东面前进；夜已深，掉队的人员也越来越多。

留在山谷里的士兵想方设法收拢兵力，在若干孤立的防御据点立足，其中有些据点一直坚持到天亮才在空中支援下得到了喘息的机会。被困在指挥所掩体里的那群人，20人里有15人在夜间被中国人的手榴弹炸死。第二天天亮以后，只有66名军官和200名士兵幸存下来还能战斗。营长罗伯特·J·奥蒙德少校被过了桥的敌军扔进指挥所的第一枚手榴弹炸成重伤。仅在掩体周围方圆500码的防御圈内，就有170名伤员。阵亡人数没有统计。

突破包围圈去解救第3营幸存人员的努力都白费了。敌人早已掘壕固守，而我方缺少炮火支援。由于浓烟阴霾遮住了目标，也无法进行空中打击。尽管第3营的幸存人员孤注一掷、勇猛顽强，也没能突破中国人铁桶似的包围圈。幸而美军在白天精心构筑了一个堑壕体系，所以能容纳大量弹药和补给。但他们费了好大劲还是没能逃出包围圈。最后，一架师属联络机空投了一封信，命令该营在夜色掩护下撤退。援军不得不放弃援救行动，第3营只能靠自己了。第3营的步兵与坦克部队一同商定，打算在防御圈内再坚持一夜。但是重型迫击炮的炮火太过猛烈，迫使坦克手先是将坦克开出防御圈以避开敌人火力，最后，他们决定自己先撤到西南方向的安全地带。很明显，由于每辆坦克都已经被击中过两三次，对步兵已毫无用处。步兵只能祝他们好运，回过头来准备迎接敌人的下一次进攻。中国人在黑夜里以迫击炮和步兵协同袭击了第3营的残余部队。被困的士兵们先是将周围已经无法使用的车辆点燃，照亮战场，然后撂倒了大批冲锋的中国人。中国人以大约400人的兵力发起了六次冲锋，但每次都被击退。躲在山里的第2营被3营嘈杂的枪炮声吸引了过来，冲破包围圈加入战斗。弹药越来越少。每次打退冲锋之后，被困的士兵们就爬出去，取回敌人留下的武器和弹药。指挥所掩体一度被敌人攻破，很多伤员被中国人俘虏并带到射程以外。

天亮了，但还是没有空中支援。现在伤员约有250人，剩下的口粮全都分给了他们，而能打仗的也只有200人了。11月4日凌晨，幸存者决定必须设法逃出去，让伤员留下来向中国人投降。该营军医克拉伦斯·R·安德森上尉自愿留下来照顾伤员并负责处理投降事宜。一支侦察小分队发现了一条沿着公路排水沟往上的路，向北穿过一个村庄，然后过河，于是幸存者就出发往东去了。中国人进攻前发射的燃烧弹意外地为幸存者提供了掩护，使他们很快跳出了包围圈并穿过一片没有中国人把守的开阔地。他们冒着倾盆大雨彻夜行军，先是向东再向北，最后转向南和西南方向，眼看就要到达立石了，那里有友军等着他们。但是，还没等到达美军阵地，中国军队就把他们包围了，无奈之下他们只能化整为零，这样逃跑的希望还能大一些。最终只有少数人逃回来，伤亡和被俘人数并没有真实准确地统计出来。一些被俘人员几天之后成功脱逃重新归队，而一些伤员，包括营长奥蒙德少校，在被俘期间死亡，中国人把他们掩埋了。几周后，又有士兵陆续归队，他们有被亲美的朝鲜人藏匿的，也有被俘后逃脱的。11月22日，中国军队释放了27名士兵，其中大都是在云山附近被俘的，所以伤亡及被俘人员最后估计为600名左右，起初我们还曾一直担心会超过1000人。

中国人释放俘虏的做法与朝鲜人对待俘虏的做法——经常是在后脑勺上给一枪——恰恰相反。中国人竟然曾一度将重伤员放在担架上摆在公路旁，然后离开，在我们的医护人员乘卡车到那里接伤员时，他们没有开枪射击。中国人的这类举动其实是由于他们对西方文化的无知，这种无知源于他们受压制的成长环境。中国人在把俘虏放回来之前，会叮嘱他们每个人要把受到的人道主义待遇回去“告诉自己的同志”，并鼓动他们一起“掉转枪口对准当官的”，从而使他们自己摆脱压迫（中国人所受的教育使他们认为所有资本主义的受害者都受到压迫）。也许他们满怀信心地希望看到，我们整师的军队都在他们的感召之下逃离资本主义地狱，去体验红色天堂的自由。

我们要知道，中国军人都是强悍而凶狠的战士，经常是打起仗来不要命。不过我们发现，与朝鲜人相比，在某些方面他们是更加文明的敌人。很多时候，他们把自己仅有的一点食物分给俘虏，对待俘虏很和气，他们这么做很可能是觉得生活在共产主义制度下会更优越。我们在夺回汉城时发觉，我们运过来修复这座遭受轰炸的城市的建筑材料，中国人并未大肆毁坏。但是，他们由永登浦向水原推进时，有组织地点燃了沿途村庄里的房屋。

第8骑兵团在云山总共损失了一半以上建制的兵力和相当多的武器装备，其中有12门105毫米榴弹炮、9辆坦克、125辆以上的卡车和12门无后坐力炮。事后才确认，在这次战役中与韩国第1师及美军第5和第8骑兵团在云山及其附近地区交战的部队，是中国第39军115、116师还有第347团大部。

尽管此次战役后敌人向北撤退了一段距离，这是典型的中国风格，而且第5和第7骑兵团只遇到了轻微抵抗，就于11月11日前在清川江以北建了一个浅滩桥头堡并在此驻守，但是沃克将军很清楚，现在看起来敌人在数量上明显处于优势，但手里的兵力和武器装备都不足，进攻不可能持久。他向东京发电，直承遭到“新出现的组织严密、训练有素的敌军的伏击和突袭，其中有些是中共军队”。

然而，最终来自东京方面的答复表达的却是对沃克未能按计划向前推进的恼怒和不耐烦的态度。尽管第1骑兵师的遭遇证明中国人已经正式参战，但总司令却仍然保持着看好当前形势的乐观情绪。他发电抗议撤销轰炸鸭绿江大桥的命令，电文中还用了灾难一词，提醒参谋长联席会议，如果中国军队跨过鸭绿江，“我军就有可能被最终消灭”。这是11月8日的事。可是到了11月9日，GHQ却又变得情绪很乐观。在给参谋长联席会议的电报中，GHQ认为空军完全有能力阻止敌增援部队越过鸭绿江，联合国军也能消灭当前面临的全部武装抵抗，他们对此很有信心。这就是麦克阿瑟给参谋长联席会议的回答，他们提醒过麦克阿瑟，中国的干预现在看来是既成事实了。怀疑或忽视所有不愿接受的事实，这一全人类的通病，在麦克阿瑟身上表现得尤为突出。比如，他自己的G-2曾估计，中国军队平均每月可能会有20万人跨过鸭绿江。麦克阿瑟自己也曾向参谋长联席会议报告说，“我们面对的是一支全新的新生力量，他们可能会有大量预备队和足够补给支持”，可这话说了还不到两个星期，他又向参谋长联席会议保证全胜是可能的，如果放弃原定计划而没有在朝鲜消灭全部抵抗力量的军队，那将会是“灾难性的”。11月24日，麦克阿瑟由东京飞往朝鲜，给出了要向鸭绿江发动进攻的信号。他当时直截了当地断言，“中国人不会卷入这场战争”，战争将会“在两星期之内结束”。后来这次攻势就被称为“圣诞节前回家”。

虽然麦克阿瑟把这次向鸭绿江推进的行动称为“进攻”，但其实际上不过是一次与敌接触的推进。在还没搞清楚敌人的位置，没能证实敌人是否真的存在，敌军与你自己的部队完全失去接触的时候，是不可能向敌人发起进攻的。很多前线指挥员都深信，强大的中国军队一定在什么地方埋伏着，尽管有一两位指挥员对不顾两翼、不与两侧友邻部队联络而盲目行动的做法是否明智曾明确表示过怀疑，但没有一个人退缩，而且许多人还和总司令一样洋溢着乐观的情绪。本来沃克将军应该最有理由意识到在清川江以北会遇到什么样的抵抗，可就连他也匆忙向总部保证，一旦及时获得充足补给就会继续向前推进，尽管他心中的疑虑并未打消。

五角大楼看到麦克阿瑟的分兵方式后一筹莫展，尤其中国大规模干预的威胁目前看来已是证据充分、迫在眉睫了。但是，无论五角大楼还是前线，对这个传奇的军界名人都有一种近乎迷信般地敬畏。在其他人都错了的时候，他却往往是正确的，虽然他从未承认在判断上犯过错，但这方面的错误也确实相当少。他对批评的反应是更加顽固而狂热地一意孤行，想要劝阻这样一个人完全是徒劳，持这种看法的大有人在。

五角大楼很快就意识到，参谋长联席会议1950年9月27日下达的那道命令，指示总司令麦克阿瑟不要在与苏联接壤的省份或沿中国边境部署除韩国以外的军队，麦克阿瑟是有意不执行。在最后向鸭绿江和图们江推进时，麦克阿瑟下令撤销了不许使用非韩国部队的全部禁令，而在参谋长联席会议向他质询时，他却说这是出于军事需要做出的决定。后来，柯林斯将军对国会委员会说，五角大楼当时担心，怕麦克阿瑟今后还会不服从其他的命令，招致更严重的后果。

但是，不管麦克阿瑟的上级私下里态度如何，在公开场合却没有反对他的声音。我说他们没有反对的声音，是因为并不包括我自己在内。我确实表达了我个人的反对意见，但我无权做更多的事情。我记得很清楚，12月3日，那个让人烦躁的星期天，我的心情也很焦躁。当时，我们坐在参谋长联席会议的作战室里，就朝鲜的糟糕形势耐着性子讨论了数小时之久。国务卿和国防部长大部分时间都参加了讨论，但很明显谁也不愿向这位远东司令官直截了当地下个命令，遏制一下正迅速向灾难发展的事态。可这分明就是我们的职责，决定权就在这间屋子里。于是，我的良知终于战胜了我的谨慎。

获准发言后，我直言不讳——也许过于直率但却感情至深——我觉得我们在争论上浪费的时间实在太多了，现在需要立即采取行动。我坚持认为，我们亏欠了战场上的士兵还有上帝。所以看在上帝的份上，我们得对士兵们的生命负责，停止空谈，赶快行动。当时有20个人坐在大桌子周围，另外20个人靠墙坐着，从这40个人那里我得到的回答就只是完全沉默——不过我还是从坐在我后面的一个海军同僚那里收到了一张纸条，上面潦草地写着“认识你很荣幸”，我也回了一张表示感谢的纸条。

会议终于结束了，但没有做出任何决定。国务卿和国防部长离开了房间，联席会议的参谋长们则留下来彼此又聊了一会儿。我凑到霍伊特·范登堡跟前。在西点军校时我就认识他了，那时他是学员，我是教官。和他说话，我没必要含糊其辞。

“为什么参谋长联席会议不向麦克阿瑟下命令告诉他要做什么呢？”我问他。

范登堡摇了摇头。“那样做有什么好处？他不会服从命令的。我们又能怎么样？”

听到这里，我当时就火了。“谁不服从命令你就解除他的职务啊，对不对？”我大声说道。范登堡当时的表情我永远也忘不了。他张着嘴，一脸困惑和惊愕地望着我，接着一句话也没说就走开了。后来，我再也没有机会和他讨论这件事。

在这种拖沓的讨论中，我的情绪战胜理智已经不是第一次了。此前还有一次我曾经问过，为什么不能用行动代替空谈。那次，我得到的答复也只是沉默。不过我的上司，时任陆军副总参谋长的韦德·H·海斯利普将军跑到我办公室来，笑嘻嘻地对我说，“你说的没错。但总有一天你会为你的愚蠢付出代价”。

尽管如此，我不会后悔我发过脾气，而且永远也不会后悔。我一直觉得，一名指挥官，对于把生命暂时托付给他的士兵们是负有重大责任的，就像这些人对指挥官负有同样的责任一样。而且，这个责任有一部分就是要保

证这些人的生命不会白白牺牲。

好几位在朝鲜前线的指挥员在向鸭绿江靠近时清楚地意识到了前方的危险。他们一方面还不折不扣地服从麦克阿瑟的命令，另一方面竭尽所能防止灾难的发生。的确，如果不是这些指挥官的深谋远虑，比如说有时故意拖延一下，那后来的失败还真有可能会像某些报纸想要说的那样——彻底的一败涂地。

也许沃克将军会比他的同僚们更清楚地意识到，人数上占优的中共军队可能就横在他和中朝边界之间。其他人虽然也心神不定，但中国军队在第一次血战之后已脱离接触，而且似乎又一次销声匿迹了；看不到篝火，雪地上看不到任何足迹，公路上也看不到运送补给的车队，这些摆在眼前的事实在一定程度上对他们产生了误导，让他们盲目乐观起来。可是，我们的情报并不少。现在回头想想，这些情报离目标相当近。我们的问题还是出在对情况的分析上而不是对情况的收集。早在11月10日，GHQ的G-2就已经报告，在咸兴北部高原的水库地区集结的中共军队“也许现在就能夺取主动权，以协同作战的方式向南发动进攻——切断兴南北部和东北部的联合国军”。

但麦克阿瑟的目标是消灭朝鲜人民军最后的残部，平定整个半岛，他就像小比格霍恩战役中的卡斯特将军一样，对可能阻碍他迅速达成目标的情报视而不见，充耳不闻。

按麦克阿瑟的说法，在第10军“抢占一个实施包围的战略要点，将敌占区北部分割成两段”后，第8集团军准备完成一次“大规模的压缩包围”，并“合上老虎钳”。为执行麦克阿瑟的命令，沃克将军的行动必须有勇有谋。在此之前，由于装备不足而且没有专门的预备队，沃克的部队不得不撤至清川江以南。整编后，部队实力勉强达到可以接受的水平，他才率部北上，向调整线开进。他一直都清楚地意识到自己的软肋在右翼，那片荒山野岭使他根本无法同第10军相互支援。他更能感觉到，在他的先头部队与鸭绿江之间有一支强大的敌军。总之，沃克对自己的弱点和敌人的实力都太了解了，因此，他不会像巴顿那样不顾两翼安全而长驱直入。考虑到沃克与麦克阿瑟的关系，我觉得他已经尽到了自己的最大努力。沃克的意图是能始终牢牢控制第8集团军。他的战斗序列包括美第1军（含美第24师、英第27旅和韩国第1师），美第9军（含美第2和第25师以及土耳其旅），韩国第2军（含韩国第6、第7和第8师）以及作为军预备队的第1骑兵师。

朝鲜半岛的地势是往北明显变宽，这意味着沃克本来兵力不足的部队越来越分散，同时第8集团军与其右侧的第10军之间的空隙也越来越宽。沃克所部暴露的右翼本来就很危险，现在只能说是变得更加危险了。右翼只有韩国第2军，这大概是沃克手下最靠不住的部队，让他无法安心。从沃克英年早逝前不久的一些私下谈话中能看出他当时正为与GHQ的关系而深感烦恼。在同某报记者的一次私人谈话中，沃克极力解释，他之所以在二渡清川江时动作有些慢——他的上司还专门为此发来了措辞严厉的电文——是因为想要尽量给他认为以后可能必须采取的撤退行动做些准备工作。他深信，那些准备工作使他挽救了第8集团军大部，从而使之可以再次投入战斗。沃克当时还对记者说，他敢肯定，由于第8集团军在中国人的攻击面前后撤，他很快就会被撤职。

奥利弗·史密斯将军指挥的陆战第1师正好在沃克所部的右侧，该师奉命向朝鲜的最北部和西北部推进，直指江界市和鸭绿江畔的满浦镇。陆战队面前只有一条路可以走，那是一条泥土和碎石铺成的小路，道路狭窄曲折，只能容许一辆汽车通行，一路上除了要爬过悬崖峭壁和山岭，还要越过和朝鲜其他地方一样荒无人烟的地带。其中有一段叫赴战岭，令人心惊胆战的狭窄小路绵延十英里长，海拔2500英尺，一侧是悬崖绝壁，另一侧是万丈深渊。道路的尽头是一个叫柳潭里的破败村庄，位于长津湖水库西南角，水库周围荒凉阴冷，寒风吹过，水面结了一层冰，就好像预示着我军有一场大败。但是，道路在通到柳潭里之前，曲折艰难，蜿蜒直上越过高达4000英尺的德洞关，那里的气温和阿拉斯加差不多。

史密斯将军同沃克一样，意识到了眼前的危险，而且，出发前他就已经知道，完成这次的任务所必需的补给和兵员他一样儿都没有。因此，他在向前推进的过程中时刻关注着部队的安全，全然不顾第10军军部催促他加速前进的命令。发起进攻之前，史密斯已经听说，在距其先头部队西南约70英里的德川附近，沃克的右翼韩国第2军被击溃，只是还不知道严重的程度如何。史密斯的先头部队是位于柳潭里的第5团，该团本身距师的第一目标武坪里还有55英里远。从柳潭里到德川以及从柳潭里到武坪里，整个中间地带荒无人烟，高低不平，几乎无路可走。现在，史密斯大敞着的左翼与以往相比处于更加危险的境地。

不过，史密斯仍然无所畏惧地朝着目标前进，他自己对敌军兵力的判断以及对这条路上几乎无法逾越的地形的了解使他产生过疑虑，但他已经顾不得那么多了。他在向军长报告时也顺便倒了倒苦水，说他已经“将自己的部队集结到一个适合的地区”；已经“采取一切切实可行的措施开通和守卫主要补路线”(仅有一条)；已经在长津湖水库南端建了一个简易机场，以备空投重要物资和运送伤员；而且已经“确保始终能够控制部队前进路线沿途的高地”。结果证明，在这次美国军事史上最成功的撤退行动中，这支杰出的部队之所以能杀出包围圈，全靠这些教科书上的预防措施。

再往右是部署在朝鲜东北地区的第7师，他们计划由利原向鸭绿江边的惠山开进，同时韩军的精锐第1军计划沿海岸公路往北向苏联边界开进。第7师师长大卫·巴尔少将像陆战第1师一样，也只有一条单向道路可选，这条路也同样陡峭狭窄、蜿蜒曲折，只是在前进过程中并未遇到史密斯将军所面对的猛烈抵抗。但在这些部队之间都是无路可走的山地，部队无法相互支援，甚至无法进行巡逻联络。

虽然麦克阿瑟想尽快完成任务的迫切心情是可以理解的，但根据已经掌握的敌人实力情况、麦克阿瑟自己的补给情况、地形及其所部过于分散的现状——即便是齐装满员，也不应该这么办——很难说他的计划和命令有什么道理。

我们来看一看政府里“厉行节俭”的那些人到底对我们的军队干了些什么。我这里有一个例子，可能并不典型，但至少值得注意，是第7师第17团战斗部队的情况，而且这绝不是人员和补给最少时的情况。最初计划将这支部队由海上运至元山——兴南地区，然后令其向西与第8集团军接触。毫无疑问，他们要面对恐怖的荒原和稀少而危险的道路，但如果他们只是横跨半岛，而不是最后奉命朝西北方向的鸭绿江运动，情况还不至于更糟。第17团在鲍威尔上校（他后来成为美国驻新西兰大使）指挥下于10月29日在利原登陆，准备加入到向鸭绿江挺进的行列，而完全不知道韩军三天前在鸭绿江西北段遭到的痛击。第17团的士兵们穿着皮战靴，但只有少数人穿保暖防水套鞋。没有人穿保暖鞋袜，许多人没有手套，而冬装也普遍不足。弹药补给似乎还能满足完成任务的需要，尽管后来也有些不足。食品补给刚能满足要求。这个团本身的实力仅为原来的85%。

他们的目标是约100英里外鸭绿江边的惠山，又是走一条破破烂烂的土路，而且越走越高，还翻过山地。那里只生长着低矮的灌木，由中国刮来的寒风使气温降至华氏零下32摄氏度。在行军途中，有一个营要过河，水流很急，一个四人巡逻小队自告奋勇要为部队找到渡河地点。他们冒着严寒，跳进齐腰深的水中，但几乎马上周身都冻上了冰，于是只能立即把他们送进一顶温暖的帐篷，并用刀把他们的衣服全都割开。

幸好他们只是遇到了中国人微弱的零星抵抗，比陆战第1师后来的遭遇要好得多。因此，尽管由于严寒冻住了车辆，晚上靴子里的汗水结了冰，尽管一直饱受缺吃少穿和手指冻伤之苦，该团还是在11月21日成功地抵达鸭绿江，成为唯一一支最终到达鸭绿江的美国部队。但他们也只有几天的工夫能看看中国一望无垠的冰天雪地。不久，由于各处军情迅速恶化，第10军担心该团的安全，下令让他们立即撤退。

为躲避陷阱而进行的撤退，匆忙但不慌乱。该团日夜兼程，把能够体现出我们最佳领导力所应具备的机智灵活、积极主动和战术素养发挥得淋漓尽致，最终平安地摆脱了困境，只有轻微的损失。他们一度曾在当地控制了一条窄轨铁路，从高地上迅速撤走了人员和装备。他们还曾巧妙地利用二战前日本人架设的矿用高空缆车把团里的重型装备运过了山中一道10英里宽无路可行的峡谷。

中共小股游击队不断地骚扰该团的后撤行动，但海军陆战队航空兵持续近距离的空中支援牵制了敌人。营长们第一次在作战中可以直接同头顶上呼啸而过的航空兵指挥官通话，及时呼叫他们进行精确打击，阻止敌人集结。诚然，中共军队造成的压力主要集中在其他地区。但是，如果指挥员不够勇敢、老练和灵活，该团或许会在天气原因和敌军进攻的双重打击下损失更加惨重。事实上他们撤至一个桥头堡地区时，只付出了轻微伤亡的代价，而且大部分装备都完好无损。

陆战第1师以及第7师的两个营经历要痛苦得多。不过，还是靠史密斯将军的有胆有识和高瞻远瞩，他们才幸免于难。如我前面所述，史密斯不顾第10军的压力，在率部进入长津湖水库附近的不毛之地时，为了保持后撤路线的畅通与安全花了不少时间。他沿途贮备了弹药、汽油和其他补给，控制了一切可以控制的高地，修建了运送伤员用的简易机场，并且只在对前方的情况有相当把握时才会推进。一路上，间或会遇到敌人打一枪换一个地方的游击战术，从抓到的俘虏来判断，都是中国人干的。按医务部医生们的说法，突然出现的严寒比敌人的袭击更吓人。史密斯现在确信，他撤退的路上肯定有某个地方埋伏着一支强大的敌军，他怀疑自己正一步步被拖进陷阱。然而，麦克阿瑟的愿望众所周知，在这个愿望的驱使下，第10军军部仍催促史密斯继续朝着目标——长津湖水库西岸的一片泥茅草屋推进。他抵达那里时已是11月下旬，朝鲜的严冬已经降临，而中国军队正如其早就在无线电广播里说的那样，已准备好对我军实施最强大的打击。

在西线，第8集团军沿黄海再次北渡清川江，头两天只遇到轻微的抵抗。GHQ的乐观似乎有一定道理。但是，沃克仍然反对任何向边界的冒进，而他所担心的事很快就发生了。11月26日，中国军队又一次全力向第8集团军猛扑过来。他们首先从右翼攻击韩国第2军，几乎将沃克的右翼部队消灭干净，只在几小时之内，他们就肃清了韩国军队的残部。尔后，中国军队一边大喊着打倒美国的口号，一边不停地吹着军号，向美第2师发起了攻击。在随后的战斗中，第2师这支英勇的部队一共损失了4000多人以及大量火炮、信号设备和工兵器材。只有保罗·弗里曼上校的第23团经师长同意向西撤到海边才算全身而退。沃克向东京报告，此次进攻估计中国人投入的兵力有20万，形势几近令人绝望。沃克警告说，这不是一次反攻，而是一次大规模进攻。他意识到，联合国军现在有必要适当放慢脚步了。

陆战第1师向东翻过了花岗岩峭壁和阴暗的峡谷，沿着一条曲折的道路从柳潭里穿过下碣隅里和古土里，直抵真兴里以南40英里，此时听说了第8集团军右翼崩溃的消息。雷蒙德·默里中校的第5陆战团从古土里就作为先头部队，紧随其后的是霍默·里森伯格上校（后晋升为中将）的第7陆战团。他们奉命向西进攻，试图缓解沃克受到的压力。史密斯指示他们行军时要保持警惕，当心有埋伏。果然，当这两个团刚一开始行动，就遭到埋伏已久的中国人的猛烈进攻。默里与里森伯格觉得这次行动不会有什么结果，于是没和史密斯商量，也不顾艾尔蒙德的命令，就自行决定停止进攻，转入防御。

陆战团对敌人的埋伏早有准备，尽管进攻猛烈但他们仍能牢牢控制住村边的高地。中共军队第79师和第89师的两个突击营在迫击炮的火力支援下发起了进攻，到了夜间则发展成三个中国师的全面强攻，企图吃掉默里和里森伯格的这两个陆战团。中国人利用黑夜行军，避开了我空军的攻击，因此能派遣压倒优势的兵力对付陆战团。他们成纵队从狭窄的正面上发起进攻，一进入手榴弹的投掷范围，就立即展开。虽然敌军在人数上占优，但陆战队们凭借他们的机智、斗志和火力优势，使战斗并没有呈现一边倒的局面，不过战况还是极为激烈。尽管大多数加兰德半自动步枪和勃朗宁机枪没被冻住还能射击，但在零下18摄氏度的严寒下许多卡宾枪和勃朗宁自动步枪无法正常使用。凌晨2点30分，陆战团某排点着了当地一所茅屋，照亮了周围的战场，因而重创了正在进攻的中国人。但是，一批中国人被打垮，新的一批又冲上来，越过尸体往上爬，继续进攻。

此次以及随后对陆战队发起的一系列进攻，延伸到了南面的一些村庄，称得上是朝鲜战争中最血腥的战斗。陆战师为此付出了高昂的代价，但并未溃退也不是大败。在水库南端的下碣隅里，师长史密斯将军安排妥当，储备了6天的补给，是用飞机空投的轻武器弹药、武器、医疗用品、食品甚至还有饮用水。但最令困境中的陆战团感激的是第1工兵营D连的勇士们，他们在探照灯下苦干了一个通宵，在冻土地上辟出了一个简易机场，从这里可以撤走伤员。他们在12小时内完成了这项工作，有时还得停下来，拿起步枪去支援前面的作战部队。战斗越来越激烈，但推土机依旧照常工作，直到机场完工。

战况实在是太让人绝望了，有9个中国师可以投入向陆战队的进攻，因此，艾尔蒙德将军就像几天前催史密斯将军加速前进那样，只不过这次是敦促他加速撤退。艾尔蒙德准许史密斯丢弃一切妨碍后撤速度的装备。但是，史密斯不想扔掉任何他可能需要的东西。他说，撤退的速度完全由伤员后撤的速度决定。史密斯打算杀出一条退路，因此他需要全部装备，而且他还想把大部分装备带回去。他也确实做到了，而且还把沿途的伤员用卡车运走。最终他只丢下了那些在柳潭里战斗中阵亡士兵的尸体，不过在开始撤退之前，为在那里牺牲的这85名官兵举行了一场战地葬礼。

陆战队撤退秩序井然，许多难民跟着他们一起撤。有一处平台横跨在一个水电站的泄洪道上，紧贴着悬崖边，下面就是峡谷。平台已被中国人毁掉，但史密斯将军早有预见，及时分次空投了一座车辙桥的全套器材，使部队以及推土机等全部人员和装备顺利通过。陆战第1师两个连从真兴里出发，占领并控制了这条路周围居高临下的高地，避免了后撤队伍被切断的可能。

这是一次漫长而曲折的撤退，一路上战斗不断，似乎是在一寸一寸地挪动。当先头部队抵达撤退路线最南端的村庄真兴里时，大部队的末尾还在北面10英里外的古土里。

实际上，与其说这是一次撤退，还不如说是一次进攻，因为每支部队都必须面对敌人的优势兵力，杀出一条退路，与已撤至后方村庄的陆战队会合。这就意味着要经常发动进攻，拿下制高点，使敌人的炮兵无法瞄准沿途撤退的队伍。柳潭里的部队缓慢地撤回到长津湖水库南端的下碣隅里。陆战队不得不在这里的水库冰面上殊死拼杀，去解救第7师麦克林特遣队残部，这支特遣队在中国人的一次突袭之下被分割成了两段，几乎被对手完全吃掉。在这里，第23步兵团的小唐·费思中校获得了国会荣誉勋章，他为了要解救他那支运送五百多伤员的车队而英勇献身。

在经古土里和真兴里回撤的路上，陆战队员与一些步兵和英国突击队员一起连滚带爬，夺路而逃，一路上他们摧毁路障，打退路两侧敌人的进攻，攻占沿途的高地。陆战队航空兵和第5航空队给他们提供持续近距离支援，并空投了必需的补给。有4000多名伤员包括战伤或严重冻伤的人员从下碣隅里的简易机场被空运到安全的地点。

到12月11日，严峻的考验终于结束了。这支经受过战火洗礼又被冻得半死的坚强队伍还拥有大部分武器装备，依然充满斗志，在史密斯将军的率领下扫清了最后的障碍，进入兴南附近的滩头阵地，建立起一个环形防御工事，在海军和空军的协助下，如果有坚守的命令，他们就会一直守下去。

11月28日，在东京举行的一次第10军和第8集团军指挥官会议上，麦克阿瑟答应沃克将军，为避免被敌人从东面包抄，他可以在自己觉得有必要时撤退。第8集团军已经遭受了一次沉重的打击。美军第2师在清川江一带损失惨重，在11月底已宣布丧失战斗力，撤回韩国进行休整，补充各级兵员和武器装备。

此时第8集团军已从容不迫地撤过清川江，接着又井然有序地继续向南撤退。至12月5日，沃克放弃了朝鲜首都平壤，并清剿了该地区。中国人已脱离接触，看来并没有马上追击的想法，可能是因为他们习惯上一次只向部队提供仅够几天战斗之用的补给，而中国士兵还要保持每天6英里左右的行军速度，物资供应不上。目前他们的补给线越拉越长，我空军早已发现并虎视眈眈地盯住了他们。

第8集团军在向三八线撤退，同时第10军开始从兴南周围的滩头阵地撤退。此时的新闻报道或者至少是头条新闻，给人的印象是联合国军打了个大败仗。而实际上，他们是在面对具有压倒优势之敌不断进攻的过程中完成了一次了不起的撤退行动——而且，由于士兵们进行了极其英勇的战斗，尤其是陆战第1师和美军第2师，才使损失降到了最低。

不可否认，这一路上也有部队遭到重创，尤其是韩国第2军，还有些部队几乎被全歼。但是，到12月初，当陆军参谋长柯林斯将军亲临朝鲜考察部队时，他发现士兵们“坦然自若”，第8集团军执行着撤退计划，第10军撤出滩头阵地。

海军在兴南干得有声有色，他们把整个第10军连同装备全部由海上撤走了，尽管这件事没有作为头条新闻刊登，但是从敌方领土上把10.5万名士兵，9.1万名朝鲜难民，1.7万多辆车和几十万吨物资撤出来，这本身在军事上就是不小的胜利。运不走的装备和补给就在海滩上销毁，所以什么都没有留给敌人。

还应该记住的是守卫清川江的美军第2师，确保了第8集团军剩余人员顺利过江，虽遭重创，却在不到一个月的时间又在朝鲜中部重返战场。陆战第1师由朝鲜北部夺路南下时，遭到中国军队至少6个师的沉重打击，但也在不到30天的时间内就重新投入了战斗。

当然，这次失败还是严重的，损失也是惨重的，更糟糕的是，这次失败和损失本来是可以大大减轻的。现在回过头来放马后炮，说总司令在这方面或那方面有过错，或者这个决定本不应该允许执行，或者这项或那项命令根本就不该下达等等，那是再容易不过了。也有人认为，如果麦克阿瑟不被掣肘，如果他获准摧毁鸭绿江大桥并轰炸敌人在中国的基地，那么整个结局可能会好一些。但是我认为判定责任没有多大用处，除非这么做能够帮助我们的国家及领导人今后避免犯同样的错误。

如我前面所说，麦克阿瑟要完成指派给他的任务——其实也是他自己要求的任务——消灭半岛上敌人全部的武装力量，这一迫切的心情是很好理解的。而且也不应该把过多的责任推到他的上级和同僚身上，在仁川的辉煌胜利之后，这些人对麦克阿瑟在军事上的判断甚至明显冒险的兵力部署不愿意提出质疑。麦克阿瑟无疑是我们最伟大的将军之一，而远不止是一个普通的军人。他几乎就是用他自己的人格力量带领战败的日本从封建走向民主，日本也由此开始努力争取尽早恢复在自由世界大家庭中的地位。他的聪明才智、出众的口才、外交手腕以及个人勇气，这一切塑造出了一个英雄的形象。

但是，人性的弱点在麦克阿瑟身上有时似乎体现得过于突出了，当然这也说明他是人不是神。每个军事指挥官都会犯错，而且，可能许多指挥官曾经犯过的错误使我们的国家付出了巨大代价——任何无谓的牺牲都代价高昂，尽管如此，为犯下的大错承担责任，并实事求是地调查错误的原由，仍然是一名军人的职责。但麦克阿瑟却拒绝这样做。可是谁都清楚，我军之所以盲目地分散部署在朝鲜全境，主要原因就在于，越来越多的证据证明中国人大规模介入而麦克阿瑟对此拒不接受。

很明显，麦克阿瑟想当然地认为中国是纸老虎，中国在无线电广播里的警告是虚张声势，甚至冒出个把志愿军也是虚张声势的一部分，他这么想也许有一些道理。但实际情况是，当时不仅仅是俘虏了大量中国人，他们显然属于中共军队战斗序列中我们熟知的部队，而且美军一个团遭受重创，韩国一个师几乎被全歼。倘若不是沉迷于自己的声誉，谁会固执地曲解如此详细的情报和战场上的实际情况呢？而且就算到了鸭绿江和图们江，面对早已集结在那里的大量敌军，我军兵力过于薄弱，补给太过缺乏，根本无法守住鸭绿江——图们江一线，作为总司令，他怎么会不知道呢？后来，有人也在帮麦克阿瑟开脱，认为如果放手让他轰炸中国基地，他的兵力本来是够用的。但这种情况根本无法确定，即便如此，可他事先就知道不会批准他冒全面战争的风险去轰炸那些基地。而且，他本来也不难弄清范登堡的观点：如果我们这样把战争扩大到中国，迫使其空军（而且可能还有部分苏联空军）参战，那我方空军力量就会因战斗损失和自然消耗而削弱，可能需要两年时间才能恢复。与此同时，我们在世界其他地区也就无法履行承诺了。

一些评论员已经忘记，有条不成文的协议使我们在韩国和日本的机场免受中国人的攻击，这样，我们才在朝鲜拥有几乎绝对的制空权。所以，我们也有自己的“特殊庇护所”，否则，朝鲜战争就会是个更惨的悲剧。

事实上，想单靠空军“切断”敌人的补给线是错误的，朝鲜战场上有最好的例证。我们在朝鲜战场上空几乎未遭抵抗，而且在头一年，敌人甚至连地面防空火力也没有，我们可以毫无阻碍地随意攻击敌人的补给线。因此，我们确实摧毁了敌人许多在运送途中的装备和补给，无疑极大地牵制了敌人，使敌人在人员和设备上付出了高昂的代价。可是，敌人的地面部队依然强大，而我们又不得不和他们打地面战，敌人的部队并未遭到损失，还继续占据着至关重要的有利地形。

那些远离战场的人总是试图想采取海上封锁和密集轰炸这类省钱又省力的办法解决问题。但是，打过仗的人一定都知道，海空军固然极为重要，但只有地面战斗才能彻底消灭敌人的武装力量。当然，用核武器进行毁灭性攻击这样的手段则另当别论。在朝鲜这样的国家，“掐断”补给线这类事情根本不可能，或者在丛林地带也是一样。而且，在敌军士兵自给自足的情况下，比如在亚洲，士兵将自己的补给和武器背在身上，还能在夜间行动或者在白天沿飞机看不到的小路徒步行军，如果认为扔炸弹就可把敌人打败，那是自欺欺人。即使不停的轰炸能他们消停一段时间，但要想制服他们并使他们一直屈服，还得在地面上同他们面对面交手。

当然，还有一派主张在可能出现僵局时立即使用核武器，声称要让敌人国土化为灰烬，“使他们退回到石器时代”。对我来说这么做真是邪恶到了极点。只有在一种情况下才能使用核武器，要么是为了报复，要么是为了国家的生存。如果不是为了这种根本原因而发动核战争，那就完全是另一回事了。有人可能会说，我们人类现在并不比当年在丛林中的祖先进化了多少；但是就算人类今天没有任何进步，无论怎样我们与禽兽之间都存在着不同，我认为这是我们要坚守的底线。如果我们为了“胜利”不惜任何代价，把人类的尊严抛诸脑后，那么我想上帝也会非常怀疑我们是否有权利祈求他的庇佑。

让我们再回到朝鲜。仔细回顾一下麦克阿瑟执意向鸭绿江推进而无视大难临头的各种预警迹象的顽固做法时，我禁不住把他和卡斯特在小比格霍恩战役中的行为做一个对比，当指挥官过于自以为是时，他根本就听不进任何其他人的意见。如果说麦克阿瑟没有意识到中国军队的存在或者不了解中国军队的能力，那是没什么说服力的。为促使参谋长联席会议批准摧毁鸭绿江大桥和轰炸满洲基地，麦克阿瑟自己一度曾警告说，鸭绿江一带的中国军队“可能使我的部队遭到覆灭”。如果说麦克阿瑟不了解地形带来的难题，使我军两支分开的部队在朝鲜无法相互支援，也是没有依据的。尽管麦克阿瑟早先就提议，横跨朝鲜半岛拦腰部署一条坚固的防线，而且被他放在GHQ下面直接指挥的第10军一度还打算向西进攻，以缓解第8集团军右翼的压力，但是，恰恰是麦克阿瑟自己，在中国人参战的事实再也无法否认时，辩解说第8集团军和第10军横跨朝鲜会合是不可能的。

第8集团军和第10军遭到中国人的沉重打击之后，参谋长联席会议曾建议麦克阿瑟考虑让两军会合，堵上两军之间的缺口，并建立一道连续的防线。麦克阿瑟却强烈反对。他给出的理由是：他的部队兵力太弱，无法控制如此宽大的正面；距离太长，不可能靠一个港口向两支部队提供补给；将半岛一分为二的太白山脉几乎无路可走等等。这些理由要是用来反对他向鸭绿江冒进应该更合适。

12月3日那天，他告知参谋长联席会议，如果不马上积极采取行动（来支持他的部队或占领敌人在别处的据点），就别指望取得胜利了，“而且可以顺理成章地预测，这样持续稳定地消耗下去最终会导致全军覆没”。有些他的批评者曾私下议论，麦克阿瑟曾希望使我们陷入一种只有进攻中国大陆才能挽救局势的境地，以此来迫使政府参与。我认为这种猜测是没有道理的。我更愿意相信，麦克阿瑟是觉得胜利已尽在掌握，并固执己见认定红色中国就是只纸老虎，所以只相信自己，根本听不进其他任何意见。几个月之前，他刚刚赢得了一场五千比一的赌博。现在他打算再来一次，而这次的赌注下得更大。

在我看来，最具讽刺意味的事情，就是麦克阿瑟动辄压制他的批评者，责怪他们根本“不理解东方思维”，而他自己在判断敌人意图时，却完全被误导。

当然，之所以能发表这些评论，我的优势在于能够回顾和了解诸多事件的经过，比如1950年11月下旬和12月初那段艰苦日子里所发生的事情，这一点其他人是做不到的。当时，只有少数几个人意识到我军分散部署的危险，尽管我向他们道出了我的不安，尽管我在参谋长联席会议不愿直接向麦克阿瑟下达命令时毫无耐心，但我对麦克阿瑟的能力、勇气和战术上的才华横溢也还是满怀敬意的。我最早认识他是在1920年。那时，我是西点军校的一个年轻上尉，而他是校长。从那时起，我就非常敬佩他的领导能力，他的头脑灵活以及他那直奔主题并能迅速浅显易懂地阐明的非凡能力。不管麦克阿瑟有什么样的弱点，他都是一位真正伟大的军人，伟大的政治家和勇敢的领导者，在命运突然决定我被派往朝鲜在他手下供职时，我很高兴获得了机会与我有幸结识的这位少有的天才再度共事。

1951年初，美国侵略者向中朝军队发起大规模进攻。中朝军队在给养等方面极端困难的情况下，英勇顽强地进行了汉江南岸坚守防御战：横城地区反击战，将敌人阻止在三八线附近，并歼敌7.8万人。图为中国人民志愿军总司令彭德怀在朝鲜战场视察某高地。

图为汉江防御战中的中国人民志愿军防御阵地一角。

图为汉江防御战中的中国人民志愿军通讯兵在架设电话线。

图为汉江防御战中中国人民志愿军的炮兵阵地。

图为汉江防御战中中国人民志愿军的机枪阵地。

图为中国人民志愿军战士关崇贵在汉江防御战中用轻机枪向敌机开火。

图为在汉江防御战中被中国人民志愿军战士关崇贵（二级英雄）用轻机枪击落的敌美机残骸。

图为中国人民志愿军在汉江以南的帽落山阵地阻击美军的大举进攻。

图为中国人民志愿军在远东里阻击敌人的进攻。

图为中国人民志愿军在横城反击战缴获的敌汽车。

图为在横城反击战中战败的美军拖着死尸向后撤退。

图为在横城反击战中被中国人民志愿军击毁的美军坦克。

第五章　命令改变

我接手第8集团军——重鼓斗志——转入进攻

每个军人迟早都会懂得，战争其实是件一个人决定的事。你的全部所学，你所接受的全部训练，就是为了那一刻你会突然肩负重任，由你一个人独自决定到底是在原地坚守还是后撤，或是下令进攻，让成千上万的士兵突然面对死亡威胁。

一个突如其来的意外直接把我推到了朝鲜战争前线。

那天我在一位朋友家里做客，正品着餐后的苏打威士忌，谈论着一件肯定不值一提的琐事，这时主人告诉我，J·劳顿·柯林斯将军（时任陆军参谋长）有电话找我。柯林斯将军告诉我，沃克将军在一次吉普车车祸中遇难，按照麦克阿瑟将军早就定好的备选方案（我并不知情），我将接替沃克担任第8集团军司令。没有给我时间筹划，也没什么时间告别。我必须立即报到，不能延误。

这个消息把我那天晚上的兴致搞得一团糟。好在主人夫妇都是军人，他们都知道最好不要问电话的内容。为了平复我妻子很自然的好奇心，我重新回到客厅里，把酒喝完，然后和妻子一起离开了朋友家。

依着我的妻子长期以来的习惯，她会等我主动告诉她柯林斯这么晚打电话来的原因，但我满脑子想的都是我必须尽快做的那些事，所以我决定等第二天一早再说，反正几小时后天就亮了。就算我睡不着，但她还是能睡一会儿的。早上7点，我端着咖啡上楼，把情况告诉了她，她以军人妻子特有的勇气平静地接受了，就像受过严格训练的人一样勇敢。

尽管事态紧急，我也还有很多日常工作必须完成。而且我知道有一件事我必须要花时间去做，那就是去看望沃克将军的遗孀，替沃克将军的老战友和同僚们向她表达深切的慰问和关心。做完这件事，我才能安心去接手我的新工作。

我抓紧时间利用周六的上午去了一趟五角大楼，从我的办公室里取回了一些文件，还打算和当天可能在那里的参谋长们打个招呼。不过只有福雷斯特·谢尔曼在，后来又遇到了我的好友陆军副总参谋长哈姆·海斯利普，我们那天过得挺开心，我也受益良多。我估计妻子此时肯定是希望我还能在家里休一部分圣诞节的假，因为已经是12月23日了，而我自己也实在是不知道何时出发。所以在刚刚获知当晚就要出发时，我根本没心思打电话告诉她，所以只好拜托海斯利普将军替我去说一声。

“这件事可真不好办，马特”，他说，“不过我会去的”。那一刻我对他真是满怀深深的感激之情。

当一个人身处压力陡增的状况下，最微不足道的细节也会深深地印在记忆中。从我接受任命到踏上经塔科马和埃达克飞往东京的飞机，中间只有几个小时，但我手里还有大把的重要事情要做，时间全排满了。幸亏我的同僚们不惜牺牲自己的时间和精力都赶紧过来帮忙，我才把大部分事情都做完了。还有一些事情我只能推后或是拿到飞机上去处理。

绝大多数事情我现在确实已经想不起来了，但我还清楚地记得自己当时曾很得意，因为我觉得自己很有远见，在出发前从阁楼上把那套当年在阿登高地派上过大用场的法兰绒衣服找了出来，但到了朝鲜打开行李发现我竟然把衣服忘在家里了，一时间心情十分沮丧。不过这次疏忽倒是给了我一个机会，让我在最初几天就和一些装备不全的部队一起体会了韩国冬天的寒冷。

由于去远东有时差，要加一天，我在东京羽田机场着陆时已近12月25日午夜时分。我知道国内还是圣诞节的上午，睡觉前我做的最后一件事就是让陆军军人服务社上午帮我给妻子挑选一件圣诞礼物。我把第二天同麦克阿瑟会见时要用的笔记草草收拾到一起，然后上床就寝。这时，我才感到国内的所有工作终于告一段落，无论漆黑一片的对马海峡的那一边可能有什么在等待着我，我也已经准备好了。

第二天上午9点半，我在第一大厦的总司令办公室和麦克阿瑟将军见了面。在座的只有道尔·希基，在阿登战役初期，他曾经英勇地指挥过我那个军第3装甲师的“希基特遣队”。尽管希基热情地参加会见我很高兴，但是，我发现我的全部注意力都集中在道格拉斯·麦克阿瑟这个颇具戏剧性的人物身上。

其实我在担任西点军校教官时就认识了麦克阿瑟，但是这一次见面，我

还是像每一个同他打过交道的人一样，又一次深切地感受到了他那强烈的个性。根本就没有什么人能够和他一起协商问题。麦克阿瑟还是位了不起的演员，言行举止都极具演戏的天赋。可是，他的解说和分析既深刻又易懂，所以，抓住听众的是他的思想，而不是他的风度或仪表。

从我的会议记录能看出来，我们那天上午的谈话详细、具体而坦率，涉及的问题也很广泛。在我来的几个星期之前，麦克阿瑟曾通知过陆军部，他当时的计划是“交替向釜山地区撤退”。但是，和我见面之后，他却立即指示要尽量守住“你们自己力所能及的最前沿阵地”。我必须尽量长久地坚守汉城，这主要是出于心理上和政治上的原因；但是，如果汉城变成了避难所，就没有坚守的必要了。其实坚守汉城、打退敌人的全面进攻已无可能，只是我当时并不知道。

麦克阿瑟告诉我，美军的补给纪律不太好——我不久就亲眼看到了这种情况。他还说，部队严寒天气下的自我保护不够。值得注意的是，麦克阿瑟在会上贬低了战术空中支援的价值。他宣称，战术空军不能隔立战场，也无法阻止敌人运送部队和补给。这大概是某些现役军官以及他们的文职上司们还不了解的。

在这次讨论中，麦克阿瑟最担心出现的情况似乎是，当我们在外交上想要试探一下对手时，在战场上我们却只能处于一种他所说的“使命真空”的状态。他说，“其实军事上的胜利可以加强我们在外交上的地位”。

他指出，共产党中国南部的大门敞开着，在台湾地区的部队如果发动进攻，会大大减轻我们在朝部队的压力。他告诉我，他曾经建议过这样做，但是华盛顿方面没有批准。不过，在谈及此事时，他根本没有指责华盛顿方面，也没有任何暗指的意思。对他而言，那只不过是一个上级的决定，他作为一个军人必须服从而已。

他特别叮嘱我不要低估了中国人。他告诫我说：“他们实际上是很危险的敌人。沃克曾经报告说，中国军队不走大路，翻山越岭插入我纵深发起进攻。其步兵手中的武器运用得比我们充分。敌人常在夜间运动和作战。中国倾全力投入了这场战争”。

在谈及自己的目标时，麦克阿瑟说，他最大的希望是“给予敌人更大的打击，使韩国得以保全”。

最后，麦克阿瑟对我说，“要有主见，有自己的判断。我会全力支持你。我对你有信心”。

接下来轮到我来提问题了。

但是，我准备的问题麦克阿瑟大部分都已经谈了，只剩下几个问题还需要问一下。

如果苏联参战，当然这不大可能发生，我想知道麦克阿瑟会命令第8集团军采取什么行动？他说，如果是那样的话，就算要花几个月的时间，他也要把第8集团军撤到日本。

我又接着问，他会不会觉得万一敌人继续南进，韩国人有叛变的危险。他说危险的确是显而易见的，在那种情况下他们可能会叛变。不过现在还不会有这样的危险。我建议，如果要采取任何重大撤退行动，我们应当尽力先安抚住韩国人，让他们知道我们这样做是为了帮助他们。麦克阿瑟对此表示同意。

我的最后一个问题很直率：“如果我发现局势对我有利，你会反对我进攻吗？”他的回答让我深受鼓舞，非常满意：“第8集团军现在就是你的，马特。你认为怎么好就怎么干吧。”

现在只剩下一件事，就是和相关的人员坐下来，让他们告诉我所要面临的任务的具体细节，以及我所有需要了解的整个部队状况。道尔·希基召集了GCQ总参谋部的主管们，一起坐在一张桌子旁边等着我。在座的还有远东海军司令特纳·C·乔伊中将和远东空军司令乔治·E·斯特拉特迈耶中将。一上午，我就得到了我能想到的各种问题的答案，还有他们认为我需要的全部情报资料。

中午12时，我动身前往东京羽田机场，从那里乘飞机飞往韩国。当天下午4时，我走下飞机，在灿烂的冬日暖阳中微微有些打冷战。大丘机场的停机坪上，我多年的同事和朋友——第8集团军参谋长利文·艾伦少将前来迎接我。

离开东京前，我拟好了两份通告，都是发给第8集团军的。

第一份在东京就发出了，内容仅是表达我对沃克将军的敬意，对他的离世表示哀悼。第二份电报我打算一到韩国就立即发出去，只宣布一件事，就是我将即刻担负起指挥的责任。

到达韩国的第一天就有好几项重要的事情要完成，很多琐碎的细节需要考虑，还要发一些通告。这些事情办完之后，我决定亲自视察手下的部队，弄清究竟需要多久我们才能转入进攻。但是，在视察部队之前，我得想办法让我们的韩军盟友放心，我们是不会突然撤走留下他们单独对付共产党的。我知道我们撤走就意味着一场大屠杀，但如果一个韩国人改弦更张是由于被我们遗弃，只能在共产党统治下保全性命的话，那我是不会责怪他的。（我写给韩军参谋长钟日昆中将的信，见附录3。）

我立即对穆乔大使和李承晚总统进行了礼节性拜访，这是我的职责所在，借此机会同他们磋商后撤行动所带来的问题。穆乔大使也一直在为我们最近的后撤行动对韩国官方产生的影响感到十分担忧。因此，在拜访李承晚时，我首先想到的是要让这位坚定的老战士相信，我到朝鲜来不是为了带领第8集团军撤回日本。他相当冷淡地和我打了个招呼，但我立刻伸出手去，发自内心地对他说："见到您很高兴，总统先生，很高兴能到这里来，我是说留在这里。"其实我也没有时间去琢磨那些客套话。

这位老先生似乎一直在期待着这样一句话。他的脸上顿时露出了日出东方般温暖的笑容，眼睛也湿润了，他两只手握住了我伸出的手。接着，他领着我去见他可爱的妻子。我一边同他们亲热地喝着茶，一边竭力使李承晚相信，我们决不撤离朝鲜半岛，而且集结好部队后马上就会继续进攻。

我之前曾经和美国陆军的两位军长弗兰克·W·米尔本将军和约翰·B·库尔特将军以及第8集团军副参谋长威廉·A·科利尔上校一起开过一次会。在这次会上，我关注的是如何想方设法尽快提高第8集团军的战斗力，因为我决心只要实力允许就立即转入进攻。我们讨论了反坦克地雷与反步兵地雷的使用，正确应用探照灯进行战场照明，改善军与军之间尤其是第9军与其右翼的韩国第3军之间的通信联络，架桥器材的可用性，以及由两个师坚守汉江以北滩头阵地等等诸多问题。我说，我希望这两支美军部队之间能够尽量协调计划和行动。

但是，第8集团军在转入进攻之前，需要恢复战斗意志，要有自尊心，要信任自己的领导，要树立对使命的信心。这些特质是无法间接评估的。因此，我决定立即到前线巡视一下，同前沿指挥所里的战场指挥员们见见面，聊聊天，自己亲身感受一下第8集团军的斗志。斗志这种东西很难用语言来描述或阐明，但一个有经验的指挥员完全可以凭借自己的感官，通过前线士兵的姿势、举止、言谈乃至各种特有的表情感觉到它的存在。

我对穆乔大使的勇气和才干深为敬佩。在和他一起研究作战情况时，我发觉我军右翼暴露在敌军的攻击之下，非常危险，敌人可以向南通过原州再向西南，切断我方主要补给线和通往釜山的铁路。我知道美军第2师在清川江一带遭受重创之后尚在恢复，但形势逼人，于是我下令该师立即开往原州，封锁通向我右后方的道路（结果我们只是比敌人稍稍抢先了一步，及时阻止了敌人的突袭）。不过除此之外，接下来的几天时间我完全用在了第8集团军进攻行动准备程度的评估上。

借助轻型飞机、直升机和吉普车这些交通工具，我先后会见了美第1军、英第29旅、美第25师、美第27步兵团以及韩国第1师的指挥官们。在48小时内，我同各军军长和各师师长（除了当时远在平静的东海岸地区的韩国首都军）一一见面，并且直接了解到他们对发动一次大规模进攻的看法。他们认为，我军此时的任何努力都会失败，可能要付出沉重的代价。就我而言，我也发现部队在心理上和精神上完全没有做好准备，无法实施我一直计划的行动。不过尽管如此，他们依然勇气十足，随时准备接受我交给他们的一切任务，只不过态度过于小心翼翼，缺乏一支充满自信、一心求胜的军队所表现出来的那种特有的热情、机敏和活力。在乘坐吉普车巡视前线时我遇到的第一个士兵，让我对这支部队的印象与我以往所了解的在欧洲作战的部队产生了鲜明的对比。这个士兵的姿态、举止无论从哪方面来说都无懈可击，就是精神面貌——那种敬礼时特有的干脆，那种既麻利又有冲劲的语气和动作，那种自信的笑容，我总觉得这是战斗经验丰富的美国士兵的标志，然而这一切我在他身上都没有看到。

我在沿途停下来与一些遇到的士兵交谈，听到了他们的抱怨。他们的表现也让我深信，这是一支迷失了方向的军队，对自己、对领导都失去了信心，他们不清楚自己在那儿干什么，总是盼着早日能听到归国航船的汽笛声。很显然想要让这支军队恢复斗志有许多工作要做，而有些是我可以立即着手做的。

1951年1月21日，我在和第8集团军的全体官兵的一次直接沟通中，告诉他们“我们为什么在这儿”。见附录4。

他们发出的各种各样的抱怨，并不是兴致高昂的得胜之师发牢骚所惯用的风格，而是带有一种不满又模棱两可的语调：食品不足经常发生，经常不按时而且还不热；想给家里写信但没有信纸；衣服不适合这里的气候条件……这些问题我可以立即解决。我让直升机送来了信纸；命令厨房挪到部队附近，这样可以大量供应热餐；要求立即提高口粮定量的标准和质量。我们严禁部队食用当地食品，因为有许多食品会使那些水土不服的人患上肠道疾病。我注意到许多部队没有手套，战士们的双手在腊月的寒风中冻得通红、皲裂。我对此是有切身体会的，脱掉一只手套或者射击时将手套扔在一旁，然后就再也找不到了，这样的事情很容易发生。当年我在欧洲巡视部队时总是在吉普车中额外多带一些手套，路上遇到缺少手套的人员就送给他们。现在我立即采取措施，发放了足够数量的手套，给战士的双手保暖。

我视察过的每一个指挥所都给我同样的感觉，就是丧失了信心和斗志。中士以上的指挥员都好像反应很迟钝，不愿回答我的问题。即使要从他们嘴里掏出一些牢骚都很费劲，他们闷闷不乐地提供着情况，完全不具备情绪高昂的士兵身上的那种机敏。我不禁把他们的精神面貌和我见到的一个英军中尉对比一番，那个中尉认出我吉普车上的标志后，从一座小山上一溜小跑地下来欢迎我，他潇洒地敬了个礼，报告了自己的姓名、军衔和部队番号。

应当指出，下辖三个师（第3师、第7师和第1陆战师）的第10军当时还未纳入第8集团军的编制。

听说英国旅拿不出更多的人手，只能派这么一点儿士兵防守着前线的一个宽大的阵地，而且，中国军队差不多每隔一小时就要发动一次新的进攻，于是我问他对这种形势怎么看。

“没什么问题，先生”。他回答得挺干脆。接着他又给了我一个令人愉快地微笑，补充道，“这儿就是有点太透风了”。“透风”一词就是他对形势的看法，因为战线上的空隙实在是太宽了，完全可以让一支军队从一个连的前沿通过。

然而，我不能指责我们自己的部队，因为我知道他们有那样的心态是有原因的。他们在兵力和武器严重不足又缺衣少食的情况下被派到了这个不幸的国家，还被分散在一个过于宽大的战场上，无法守住有效的防线，这些不是他们的错。他们想知道为什么到这儿来，打算让他们干什么，这也没有错。如果说我们国家曾经有过哪一场战争可以称为被人遗忘的战争的话，那么朝鲜战争就是。如果说我们曾经打过无准备之战的话，那么朝鲜战争就是。军队的首要目标——随时有效地打有准备之战似乎已经被忘却。我们的武装部队被节约军费搞得无法有效作战，可还要求他们用过时的武器去对付现代化的装甲部队，穿着秋天在国内搞演习的服装却被派到靠近北极的气候条件里作战。我知道美国人往往过于专注自己的谋生之路而毫不关心远在异国的战争，除非那里有他们的直系亲属。就士兵们自身而言，在经历了一场似乎难以结束的战争、付出了相当大的牺牲之后，许多人又重新入伍，而义务兵役往往都只是落到年轻人头上，仅仅是由于他们在国内无足轻重。

有鉴于此，我们的士兵在面对如此难以接受的不公时还能有辉煌的战绩，还能保持勇气和顽强的意志服从指挥，对于培养他们的人来说，绝对是一个奇迹，也是一种荣誉。

我发现在很多情况下领导力严重缺乏，并为此而大声疾呼过。部队不愿放弃某些物质享受，害怕离开为数不多的公路，在没有无线电和电话联络的条件下不愿意行动，甚至在火力很快压倒敌人，并拥有了制空权和周边海域的制海权之后，对敌之时仍然缺乏想象力——这些和士兵们没关系，都是最高决策者的错。我在指出这些问题时恐怕有许多话常常讲得很不客气。

其实我想告诉前线指挥员们的是，现在这支军队如此依赖公路，常常忘记攻占沿途的高地，不去寻求和保持与前线的联络，不熟悉也很少利用地形，不愿意从那该死的汽车上下来，步行深入山地和丛林中，到敌人的驻地去作战。他们的步兵老祖宗如果能看到这些，会气得在坟墓里打滚的。说到通信联络，我告诉指挥员们在不得已的情况下采用以前的一些老办法——如果没有无线电和电话，就用传令兵；如果想不出更好的办法，用烟幕信号也行。

我心里很明白，部队兵力过于单薄，无法横贯整个半岛建立一条稳固的战线。可是，我实在看不懂，他们师与师之间、军与军之间为什么不能互相支援。我们榴弹炮的射程有数英里，所以在许多情况下，每支部队都可以向友邻部队提供相当大的支援，尤其是侧翼部队之间完全可以连成一气，在必要情况下相互提供一定的炮火支援。

敌人确实经常在夜间轻装行军，而且比我们熟悉地形，也习惯了这里的天气和物资匮乏，可以自己解决口粮，而且还能利用在这里的一切运输工具如牛车、骡马甚至骆驼来运送所需要的武器和给养，这些运输工具有不少是中国人从国内带来的，或者用当地劳工背武器和给养甚至有时部队自己也背。不是因为别的，就是因为我们自己太贪图安逸才会对公路如此依赖。我提醒指挥员们，我们也可以下车进山寻找敌人并就地把他们干掉。我努力向他们一遍又一遍地重复一句军队的传统口号：“索敌！制敌！击敌！灭敌！”

我放弃了立即转入进攻的打算，当务之急是要做好准备，几乎可以肯定中国人要在新年发动攻势。我们原以为这次攻势会在圣诞节开始，但至今还没有动静。中国军队比我们人多。但是我们的装甲部队现在比他们强太多了，而且毫无疑问，我们还有制空权。我们兵力不足无法对付敌人的夜袭。但是，我们采取夜间收缩让部队与部队之间紧紧衔接在一起，白天以步坦协同猛烈反击的方法，终于抓住了一次极佳的机会，给通过我军前沿空隙向前推进的敌人以严惩。因此，我一再向指挥员们强调大量占领有利的高地并派驻军队诱使敌人夜袭的重要性。这样，我们就能依靠优势的炮火和空中支援在白天将敌人消灭。

我很清楚我们得放弃一些阵地，但我想要部队先周密勘察并构筑好后方阵地再有秩序地向调整线后撤。这时李承晚派来的本地劳工营帮了大忙，他们修筑好了阵地供我们后撤。

我也知道，为了使部队恢复斗志，至关重要的是让大家都明白部队指挥员对他们的安全很关心，不会拿他们的生命去不必要地冒险，也不会丢下被敌人切断的部队不管。所以，我极力让军长、师长们明白，不能丢下任何部队让敌人打垮和消灭；要奋力解救被切断的部队，除非军事主官本人通过评估后认为，解救行动会损失相当甚至更多的部队。

为了说明我们付出的努力，我举一个例子：我听说某位军长指示一位师长要“不惜一切代价”守住某个阵地。我下令马上把这段话删掉。只有集团军司令亲自向一支大部队下达命令时才有权使用这样的词语。我对他们说，除非我亲自勘察了地形，观察了阵地的情况，并确定有这样做的必要，否则，我决不下达死守阵地的命令。

不过整改措施不能仅仅局限在韩国，因为我们有些主要弱点的根源在于国内的各种失职。我们的军和师级指挥员缺少进取心也反映了国内对我们根本不重视。我写信给乔·柯林斯，敦促他尽其所能让国内的人们明白问题的紧迫性。我告诉他，必须要有坚忍不拔的精神和体魄，才能对付冷酷无情的敌人，他们无视战争规则，为一块寸草不生的野地也要和我们拼到底，甚至还会驱赶无辜的平民走在他们前面挡子弹。我坚持认为应该把这场战争的真相告诉国内的人们。一旦他们知道了真相，就会支持我们加强训练，增加兵员和武器装备，会奉献出更多来保证军队的给养和医疗。最重要的是，我

们要学会对将官狠一点儿，否则永远也无法培养出这支军队所需要的机智灵活、勇于进取的领导力。

军长和师长们表面上服从我的命令，派重兵白天对敌人进行强烈反击，但我发现他们下的工夫不够。结果，我们失去了许多重创敌军的机会。我知道，我必须尽量确保不再发生这种浪费机会的事情。虽然现在部队里肯定没有什么真正的失败情绪，但是，GHQ也好，华盛顿方面也罢，他们有些关于从朝鲜半岛全面撤军的想法可能会逐渐扩散到下边。12月底，参谋长联席会议向麦克阿瑟通报他们的结论，中共军队十分强大，如果他们全力以赴，完全可以迫使联合国军撤出朝鲜。在中国人的新年攻势取得胜利之后，麦克阿瑟同意，如果参谋长联席会议的决定保持不变——不给我们提供大规模增援；不封锁中国海岸；也不空袭中国大陆；不许轰炸满洲基地；不给在台湾的国民党军队“松绑”——那么，在没有压倒一切的政治因素的情况下，“应下令视作战情况尽快撤离朝鲜”。

我从不认为敌人能把我们赶出朝鲜，也不同意撤退。当然，我早就准备好了，部队被派到哪儿，我就带着他们去哪儿——返回日本或者再次越过“三八”线。但不管是什么决定，我认为都应尽量提前做。这样的话，如果下达撤退的命令，我们就能做好充分的准备，秩序井然地撤退，将部队顺利地由港口运走。如果没有时间收集足够的船只尽快将部队顺利转移出去，没有精心准备好的防御圈工事，没有妥善安排和确定优先顺序，意外的突然撤退会付出什么样的代价我可太清楚了。如果撤退的决定做出后过早披露出去，甚至出现谣言，这会对韩国政府产生怎样的影响，我也是清楚的。于是我极力主张，如果真有可能做出撤退决定，一定要尽最大可能严防消息泄露。除此之外，我还考虑到一个真正重要的问题，就是如何安置韩国军队、地方官员以及战俘。我们肯定不能将在过去的艰苦日子里一直英勇地与我们并肩战斗、数量上处于劣势而且武器装备又很差的韩国士兵们，或是李承晚及其政府，丢给虎视眈眈的敌人。我们只能坚决履行我们的义务，保障他们以及政府和民间机构中曾经帮助过我们的全体人员的安全，我自己估算并上报的总人数大约是120万，除此而外，我别无选择。

战俘问题很棘手。如果我们真要撤退，如何处置这些战俘就成了一个问题，我还没有现成的解决办法。但我觉得现在就得把这个问题提上议事日程，还必须强调一下问题的复杂性，为了看管这些战俘，我们要派出很多的部队，还要拨给他们大批食品和物资。这个问题最终到底会变得有多难，我那时当然是没有预料到的。

撤退的事很快就定了下来。杜鲁门总统以其一贯的敏锐做出决定，只有迫于军事上的需要，美军才会撤离朝鲜半岛。他授权麦克阿瑟，不管是为了确保所部的安全，抑或是为了完成其保卫日本的根本任务，在他认为必要时可以撤军。

可是，我们仍要做好远距离后撤的准备，甚至有可能被迫退回釜山。我们对于敌人实力的了解还不够。敌人每天都在广播里吹嘘，说打算把我们推入大海。这一回，我不想组织临时防御圈，也不想搞那种漏洞很多的防御。所以，我派加里森·H·戴维森准将（后晋升为中将，并成为西点军校的负责人）在南面很远处修筑了一道防线，范围覆盖了釜山港地区。戴维森在升为将军军衔之前曾是工兵指挥官，他动用了成千上万的朝鲜劳工，着手规划一个深度防御区，构筑大部分堑壕体系，选择炮兵阵地，竟然还竖起了铁丝网。我乘坐飞机由低空沿着选定的路线飞过，感到很满意。如果我们真的有一天不得不驻扎这一区域，也能在这里稳固地坚守下去。在第一次检查该地区的几周后，我再次乘飞机飞越“戴维森防线”，这项工作的进展速度和效率给我留下了深刻的印象。不过我们确实从未用过这些防御工事，也没有检验过这些工事的牢固程度，毕竟工事都位于我们后方大约二百英里处。但是，我不能说这项工作毫无价值。在最初的兴奋过后，我发现了让人不太满意的地方。附近穷苦的农民几乎把全部沙袋都偷走用来给自己砌墙筑堤，还顺手牵羊拆了大部分铁丝网，对于他们来说，这些都是很宝贵的商品。

在中国军队的进攻迫使我们撤过汉江之后，前面提到的大部分问题才引起了我的重视。在我负责指挥的最初那些天，我的心思几乎全部放在了敌人即将发起的这次攻势上。果然不出所料，新年前夜，敌人在进行大规模炮火准备之后，伴随着刺耳的中国军号、不堪入耳的蹩脚英语尖声恐吓发起了进攻。这一晚送交给我的报告清楚地表明，敌人的进攻极为猛烈，我们可能根本就挡不住。幸好我们已经把后方阵地搞好了，我此时还希望能猛烈反击，严惩敌人。

元旦那天上午，我驱车向北出了汉城，见到了一幅令人沮丧的景象。韩国士兵们乘坐的卡车汇成了车流正滚滚向南，他们没有秩序，没有武器，没有领导，全线溃败。有些士兵是步行或是乘坐各种征用来的车辆逃到这里的。他们只有一个目的——逃得离中国军队越远越好。他们扔掉了自己的步枪和手枪，丢弃了所有的大炮、迫击炮、机枪等重武器。

我知道要想阻止这些胆小鬼们的大规模溃逃肯定是徒劳，更何况我连朝鲜话也不会说。但我还是得试一试。于是我跳下吉普车，站到路当中，在头顶挥动双臂，示意一辆开过来的卡车停下。前几辆卡车没有减速从我身边绕了过去，但是很快我还是成功拦住了一支拉着韩国军官的车队。头一辆卡车没有听懂我的意思，也不服从我的手势。整个车队一会儿就又开动了。现在唯一有效的办法就是在大后方设立游动哨，由我们自己的宪兵在军官指挥下值勤，力图恢复对部队的控制。这种办法果然有用。溃不成军的队伍重新编队，重新武装，补充了给养，并在各自指挥官的带领下被派驻到新的防区。此后，他们中的绝大多数都和训练有素、指挥得当的勇敢的士兵一样，在战场上表现得很好。我丝毫不能责怪从未有过战斗经验的韩国军队，尽管战争爆发的最初几天他们就被敌人的坦克吓跑了。但说实话很少有什么乍一看能比敌人的坦克更可怕的了。坦克的炮口冒着烟，似乎正对着你的脑袋，它咆哮着越过了一切障碍想要追上你，把你消灭掉。我甚至还见到过美军部队在坦克轰鸣着向他们迫近时吓得丢掉步枪，逃进了树林——这还只是在己方领土上举行演习，而且坦克使用的只是空包弹。

美军第19步兵团的一个营在其韩国友邻部队崩溃之后，也陷入了一场混乱的退却中。那天上午，我在师伤员急救站见了这个营的一些伤员，发觉他们情绪十分低落，完全没有美国士兵在只受了点轻伤时经常表现出的那种重返部队的迫切心情。很明显，要重塑我们想要的战斗意志，还有很长的路要走。

第8集团军的撤退基本上还算是井然有序，而且还几乎带上了全部的武器装备。但是，我们现在的处境实在危险。在我们的背后是汉江，不可能徒步涉水而过，江面上满是大块的浮冰，特别是如果汉城以北某处依然汹涌的潮水再波及这里，就有可能把我们仅有的两座浮桥冲散。十多万联合国军和韩国军队连同全部重装备，包括英国的“百夫长”式坦克和美国的8英寸榴弹炮，都挤在汉江北岸狭窄的滩头阵地上。让我们感觉到压力的是，数千名惊慌失措的难民随时有可能会冲散守桥警卫，阻塞桥梁，我们却毫无办法——而敌炮兵如果能在夜间果断推进，很快我军的渡口就会在其射程之内。

在与美军的两位军长、韩国陆军参谋长和美军驻韩军事顾问团团长讨论之后，我们清楚地意识到，敌军正面进攻和大范围侧翼迂回相结合，而我军右翼洞开，这一侧的韩国军队早已仓皇逃走，全军处境很快就会岌岌可危。我还找不到充分依据让我对部队坚守阵地的能力有信心，即使给他们下命令也未必行。因此，我1月3日要求驻韩大使通知李承晚，我们要再次撤离汉城，马上开始从前沿阵地撤退。

我还通知大使以及仍留在汉城的部分韩国政府机构，自下午3时起，桥梁和交通要道除军队之外一律禁止通行。所有官方车辆必须于下午3时以前撤离，3点以后禁止通行。

当然，发布命令是一回事，而让人服从命令又完全是另一回事。我要确保这项命令能够成功贯彻下去，因此加派了日常的宪兵管制。我对第1骑兵师副师长查尔斯·帕尔默准将（后晋升为上将）非常信任，派他亲自在大桥一带代表我全权负责交通管制，采取一切必要措施，保证第8集团军顺利通过。如果让这里成千上万恐慌的难民离开通往安全地带的唯一公路和桥梁，他们究竟会有什么样的反应，谁也无法预料。所以我特别指示帕尔默准将，如果难民拒绝离开公路，就命令宪兵向他们的头顶上方开枪警告；如果还不能阻止人群，万不得已的情况下宪兵可以直接开枪射击。

朝鲜人历来温驯，早就学会了在艰难困苦中生活，他们默默地服从了命令，根本就不需要任何武力威胁。但这千千万万可怜的人们中，一些人用A形框架背着自己的全部家当，未来可能发生的一切会让他们屈服于心中的恐惧，每思及此，都会令我不寒而栗。这个场景会一直深深印在我的脑海中：男女老幼，无论是像故事书里那样长着胡子的族长，还是像小孩子那样趴在儿子背上的老奶奶，他们都神情冷淡地在零摄氏度左右寒冷的黄昏里等候，漫无目的，只是想找个远离战争的地方，除了随身物品他们已经一无所有，这群历尽磨难的人们抛弃一切，只是为了摆脱对战争的恐怖，坚持自己心中对自由的渴求。

我留在了现场，在主桥的北端一直到天黑，看着由步兵、卡车、坦克、自行火炮以及各种运输工具组成的漫长队伍缓缓通过。当巨大的8英寸口径榴弹炮和“百夫长”式坦克开过来的时候，浮桥深深地陷入激流中，我的心一下子提到了嗓子眼儿。队伍通过的时候我的心一直悬着。我知道，一辆全部战斗装备的“百夫长”式坦克重量超过了这座桥的额定吨位。但浮桥还是顶住了，最后一辆沉重的坦克总算安全地开到了南岸。天完全黑了，在我的背后，忍耐许久的大群难民就像传说中苏醒过来的猛兽一样骚动起来，我乘坐自己的吉普车过了桥，钻进了车流之中，驶向设在永登浦的临时过夜的指挥所。

汉江南岸，武器装备完好无损的第8集团军有了回旋的余地，他们占据了坚固的防御阵地，下辖的美军三个军中的两个军（美第10军此时还正在南面集结）和两个韩军，依托有利地形驻守着一道防线。不久，第10军便可加入战斗。美第1陆战师和第2、第3、第7师也将全副武装地重返前线，随时准备对任何想要继续前进的敌人给予严惩。

但是，进攻之前我们还有一些工作要做，一些薄弱环节需要加强，要从失误中汲取教训，要纠正错误的做法，还要恢复部队的自豪感。设在东京的GHQ、国内的整个军事机构以及在日本的后勤司令部，现在都在积极地组织征兵工作，以满足我们的要求。我们的装甲部队和炮兵逐步得到了加强，我们的部队也开始补充了训练有素的兵员。军粮给养的数量和质量都有所提高。战地内科和外科医疗条件达到了最高水平，成为军中翘楚。经过选拔的优秀军官接替了营和团的指挥职务，很快就纠正了我们在训练中最基本的薄弱环节。

我依然非常关注如何恢复军队的斗志，这种品质不能从上面强加给士兵，而必须发自每个士兵的内心。我认为，斗志源于每个人的安全感，是对一个会支持你的集体的归属感，而其他人也同样会得到来自周围的支持。士兵心中常常会有可怕的孤独感，这种感觉有时会在战场上不期而至；也会感觉没人在乎他，或是觉得他只能靠他自己，而良好的训练应该能够帮助士兵们消除这些心理上的障碍。我相信美国士兵比其他国家的士兵更自信。但他们仍然需要帮助，培养信任感，要让他们相信他们属于一个光荣的集体，不管面对什么样的危险，他们的忠诚都会得到回报。

当我接管第8集团军的时候，由于在选址时有一些听起来很合理的原因，所以前沿指挥所设在最西侧的一座大城市里，而第8集团军主力还在交火地区后方150英里的地方。一个战斗指挥所不应设在大城市的大楼里，这样的位置会把指挥人员与部队的战士们人员分隔开来——无论从思想上还是身体上。上级司令部的军官和士兵会因此而很难同他们所服务的部队取得认同。结果，他们之间也就无法获得相互尊重与信任；而这种尊重与信任是取得军事胜利至关重要的条件。

在被迫撤出汉城后的头几个星期，我把自己前沿指挥部的人数控制到最少。其中有两位我出色的助手：一位是沃尔特·温顿，在整个第二次世界大战期间以及后来在加勒比司令部任职期间，我们都曾一道共事；另一位是乔·戴尔，我深感幸运的是他已在朝鲜。再就是我的一个勤务兵、一个专车司机以及一个无线电吉普车司机兼报务员。我知道，对于第1军的米尔本将军来说，集团军司令始终在自己身边他是不会有高兴或舒服的感觉的。但是，我觉得作为权宜之计，我的小指挥部最好还是同他的前沿指挥所一起宿营。米尔本将军对我们很有耐心，也很慷慨。这样的安排就意味着我们无须再从兵力本来就非常薄弱的战斗部队额外抽调任何人员了。我们可以省去警卫和炊事员，还可以随时使用集团军的通信手段和情报网。

在我那天下午看着最后一辆“百夫长”式坦克冒险缓缓开过汉江约6星期之后，我们已经将电话线和其他电信设施全都布置就绪。而且我还在骊州一座光秃秃的绝壁之上开设了集团军的前沿指挥所，骊州在朝鲜半岛东西走向大约三分之一的地方，基本上处于美第9军的后方，与西部美第1军的前沿指挥所和东部前线美第10军的前沿指挥的距离大致相等，当时，两军处在一条线上。从某种意义上讲，这里便成了我的家，让我一直记着指挥第8集团军的这段日子。

我的生活安排其实非常简单。我们和所有部队的待遇都一样，没什么舒适用品，只有那些与敌人实际接触的部队才能在这方面得到一点儿照顾。我们有两顶小帐篷，每顶都是8×12英尺，两顶帐篷连起来就拼成了一套两居室的房子。一顶帐篷里放着我的行军床和睡袋、一张小桌子、一把折叠椅、一个脸盆以及一个小汽油炉，在吉普车上坐了一整天之后，我常常用这个小炉子暖一下冻得半僵的手脚。另一顶帐篷里也放着一张小桌子，小桌边上紧靠着两把折叠椅，桌上放着的胶合板托着一张质量极佳的作战区域地形图，这是美军工程兵部队的陆军制图局为我准备的一份无价之宝。

我可以肯定地说，任何一名士兵，只要他曾经历严寒中的战争，或者曾在野外长时间工作过，都能理解我在自己的栖身之所准备的这些装备。每个真正的士兵都知道，战争本身有非常恐怖的一面，但也有快乐的时光——快乐蕴藏在战友们的友谊中，快乐与骄傲蕴藏在斗志和信念中，斗志在不断高涨，必胜的信念写在了领导有方、训练有素的队伍中的每个人的脸上，即便只是一堆温暖的篝火和一份热乎乎的晚餐，在寒冷和艰难的一天结束时，带来的快乐虽小，但弥足珍贵。我现在每每念及朝鲜，都会回忆起在敞篷吉普车里挨冻的日子，冰冷从吉普车的钢铁地板渗入了我的脚趾，慢慢穿透袜子，我的双脚已变得麻木，仿佛与脚踝之间只有松散的连接——接着就会想起我那个小炉子传来的阵阵温暖，还有当我充满感激地双手端起那杯热气腾腾的茶举到我口旁时的感觉。常常是需要好一会儿我的嘴唇才完全恢复血色，在此之前我只能含糊地表示我的感谢。

在一个被战争弄得满目疮痍的国家，能找到这个地点本身就已经相当不错了。我的帐篷曾经扎在毫无遮蔽的汉江堤岸上，就在快要干涸的河床上面；当飞机声和枪炮声沉寂下来，我周围就只有小动物发出的声音。没有城市的车水马龙，附近也没有村庄，所以空气中没有那种腐烂的卷心菜和人粪混在一起浓重的怪味。我可以安静地坐在那里，专心研究地图，看报告，同助手们一起全神贯注地研究作战计划，并努力设法改善参战士兵们的际遇，提升他们的斗志。在防洪堤宽大的由碎石铺成的肩部，我们很快就修了一条轻型飞机跑道，后来工程兵又扩建了这个机场，这样我的四引擎B17轰炸机就能够在这里降落，我就能进行较长距离的飞行，比如飞往大邱去视察的第8集团军主力，在我指挥第8集团军期间，指挥所一直设在那里。

把新的前沿指挥所与周围隔绝，也许我由此得到的主要好处就是有很多时间可以安安静静地认真研究地图，集中精力制定第8集团军的作战计划。我长期以来就一直坚信，一个称职的指挥官必须准确地了解他的部队会在何种环境下作战，尤其是地形带来的障碍或者是有利条件。为此我在地形图上花了不少时间，对于有争议的地区还辅之以低空侦察，直到我感到自己在夜间也能摸清周围区域的道路才算罢休。我们正在作战和想要控制的区域内的每条公路、每条乡村道路、每座山头、每条溪流，以及每座山岭，对我来说都像自己家后院一样熟悉。因而在考虑派一支部队进驻某个防区时，我就能知道步兵是否要背着武器弹药和口粮去爬2000英尺高的山岭，或者他们是否能把重装备运进去，是否能过河，还有能否找到轮式车辆可以行驶的道路。

就所承担的责任而言，我的职业生涯中哪一次的地位也不能与现在相比。在欧洲服役时，我的部队始终都是大部队的一部分。在诺曼底战役这个有史以来规模最大的单次军事行动中，我是乔·柯林斯第7军的一个师长，而第7军又是布莱德雷第1集团军下辖的一支部队。在阿登战役中，我指挥一个军。可是，我的部队也仅仅是考特尼·霍奇斯将军第1集团军下辖几个军中的一个。霍奇斯的第1集团军则先后属于蒙哥马利元帅的第21集团军群和奥马尔·布莱德雷将军的第12集团军群的战斗序列。在这两次战役中，我在局部范围内的自主空间比较大，但是，总是有上级指挥官紧紧地在我背后支持着我，他们拥有更多的资源，并且有权利用这些资源来全面推动部队的行动。如果我陷入困境，总会有一个上级能让我寻求到帮助。

在朝鲜，我当然也有一位上级——麦克阿瑟将军。作为联合国军总司令，他对我的地面部队以及太平洋战区的海、空军部队拥有绝对指挥权。但如果我真请求增援，他却派不出部队来支援我。而他本人在700英里之外的东京。最初，由于要做的事情太多而时间又太紧迫，我没有时间置身事外来看自己所面临的形势。只是在马不停蹄地忙了好几个星期之后，我才明白了麦克阿瑟12月26日对我说的那句话的全部含义，“第8集团军现在就是你的，马特。你认为怎么好就怎么干吧”。

我心里有数，海军将继续控制着我们周围的海上航路。空军、海军航空兵和海军陆战队航空兵会继续掌握着制空权。但是，不管天气是好是坏，不管白天还是黑夜，不管迈向成功还是天降灾难，这些地面部队——美军、联合国军和韩军——还是要靠我一个人为他们的安全负责。既没有预备队能派过来支援我，也没有哪个上级能从其他战区抽调兵力。现在我手上的部队就是我的全部家当，不会再有更多了。

麦克阿瑟将军赋予了我充分的作战指挥权和一个军事指挥官想要得到的全部权力，而且从未剥夺。那种挑战和机会我想是每个职业军人都梦寐以求的。我清楚地意识到这种委任给我带来的荣誉，但是我不会让骄傲蒙住双眼而不知道这副担子到底有多重。

我给自己设定的第一项任务就是恢复手下部队的斗志。这意味着除了要让大家相信指挥员们对每名士兵的安全都很关心之外，还要让他们相信最高指挥官的决策是正确的。在战斗中，每级指挥员都会全神贯注地完成他自己的任务。不管是指挥一个班、一个排、一个连甚至一直往上到一个军，指挥员分配的任务需要投入全部的专业能力、全部的体力以及他所拥有的全部精神力量。他自己没有时间关心上级如何履行职责。而且对于下级指挥员一从班到营级——来说，他们会觉得上级指挥员的任务相对简单，就是用一只黑色的粗笔在地图上画线，制定目标、行动区域、边界和调整线，而且发布命令的时候也完全不了解天气、地形、给养和通讯问题，或敌人的兵力等等带来的一系列困难，他们这么想是再自然不过的。他们有时候可能会认为，上级就是下达开始的命令，然后让下级指挥员自己想办法把不可能变为可能。

但事实上，越是高级指挥员，在制订计划上投入的时间就越多，在调动部队进入指定位置、侦察、储备弹药和给养、协调其他参战的地面和空中力量等方面花的时间也越多。对于一名称职的指挥员来说，时间是他计划中至关重要的因素。他很清楚，通过准确的预判和正确的试探，就能保护他自己手中最为珍贵的士兵的生命。所以他要尽可能考虑得长远些。他要让战术尽量简单。他会竭尽所能去消除各种影响因素。他会尽可能多地亲自去勘查周围的地形。他会和执行任务的人核对计划中的每项任务。在确保任务中几乎每件事他的下属都能完全接受并对可行性表示认可之后，他才能下达命令。

即便是提前做好了作战计划，战役的进程也可能常常会造成战场条件的改变或是带来新的任务。那整个任务的成败就完全取决于各级指挥员的随机应变、机智果断还有平时的训练情况。只有在那些对自己的部队和上级充满信心，相信自己不可战胜的勇士们的身上，才最能培养出迅速决断并积极执行的能力。注重细节，关心队伍中每个成员的福祉，与任务负责人一起仔细检查核对每项任务。这一切都会帮助部队树立自信心，让他们对组织严密、领导有方的团队产生归属感，感觉到无穷的动力，真正不可战胜。

我还关注一些不起眼的小事，有些事情乍看起来似乎特别微不足道，但对部队的精神建设能起到潜移默化的作用。比如，我第一次在第8集团军主力驻地用膳时，他们用的台布和餐具让我大吃一惊，桌上铺的是棉布床单，盛放食物的是10美分小店里卖的那种简陋餐具。我倒不是担心是不是要吃掉这些亚麻布或油布。但是，在食堂这种世界各地的要人肯定要参观的地方，这样的事反映了部队在整个行动中完全丧失了自尊，同时也证明了这场战争确实是国内有时所称的“被遗忘的战争”。我立即让人把那块糟糕的棉布换成了合用的台布，把餐具换成了像样的瓷器。

我还进行了一项努力，打算让各个军种都能更好地了解兄弟军种为完成各自的任务需要克服哪些困难，不过后来一些更重要的原因限制了这一努力。由于报纸头条经常报道政府机构各部门之间的分歧，对普通百姓有误导，他们可能会认为陆海空三军之间小冲突不断，每天都会有猜疑和争吵。的确，各军种间根深蒂固的分歧偶尔会爆发貌似激烈的冲突。但是每个军种都有一批资深的可敬人士，他们各尽其职为国家的发展和安全作出了贡献，值得为此深深自豪，而这些争吵只是源于他们的忠诚信念和自豪的表现。这些明显的“分歧”由于报纸头条经常刊登最高层人士的各种评论而几乎完全曝光。当然，只是在华盛顿才这样。而在海外战场这种“分歧”几乎从未出现。就算我要往别的地方想，也会每天都被纠正，因为我在朝鲜的这段日子里，每一天指挥第五航空队的艾尔·帕特里奇将军都会给我打电话问“今天有什么要帮忙的”？而海军上将特雷赛利、道尔还有斯特鲁伯只要一有机会也会这么问。

我的计划在一定程度上还是执行了一些，主要是让陆军和海军的高级士官相互交换一下，让水手们在地面部队服役一段时间，来看看背着自己的全部补给在敌人的炮火下爬上崎岖的山顶，在寒夜里一直坚守前沿阵地到底都是个什么样子；让陆军士兵亲眼目睹和体会一下冬季在执行海上巡逻任务时，每个浪头都可能把你打得站立不稳；或者能够认识到黎明前的黑暗里在波涛汹涌的大海上甲板一直倾斜时清除飞行甲板上的积雪有多危险；或者我们的飞行员在各种气象条件下执行封锁或武装侦察任务会面临哪些危险。我们完成得没有预期那么多，因为大量战事影响了计划的实施。但是，那些确实参加了这个项目的士官们相互尊重的意识增强了，这对于整个部队的团体精神起到了促进作用。

然而，需要树立获胜的信心、培养进取精神的不仅仅是基层的士兵们。1

月下旬的一天，参谋部门的一份研究结果令我十分震惊。我要求他们研究一下“1951年2月20日至8月31日第8集团军主力的理想位置”。其实我从一开始就是按照进攻的安排考虑的。到3月份，冬季最难熬的日子就会过去，而六、七、八月3个月云层很厚，通常会出现的暴雨天气，导致大范围出现泥坑，许多道路无法通行，山里的涵洞和桥梁被冲毁，还会降低近距离空中支援的效果。我们需要完善现有的阵地，打回三八线。

不过我收到的经计划部门认可的文件里建议部队分阶段重新部署在小白山脉以南的阵地。据称，这份文件在情报、后勤还有工兵部门、远东海军司令的代表以及第5航空队的气象部门那里都通过了。实际上，这份研究报告（我现在还保存着）极力主张我们彻底放弃继续进攻的想法，在冬季结束之前守住现有阵地，然后，在雨季到来之前撤至原先的釜山防御圈，就是我们当初被包围时的那个立足点，仁川的胜利才把我们解救出来。如果批准这份报告，我们就会丧失全部主动权，这做法太不可思议了。于是，我断然否决了这份建议。

尽管我知道没有增援部队，也意识到此时要在汉江以北地区坚守阵地极为困难，但我还是立即制定了一份计划，由美军的两个军——第1军和第9军——协同分阶段向前推进，旨在摸清两军正面的敌情（美第10军此时尚未到达前方）。这两个军要随时做好准备，如果命令下达就推进到汉江并在那里坚守。

当时在我们的正面估计有17.4万中国军队，但是，他们部署在什么地方，有什么企图，甚至他们究竟在不在我们的正面，我们都难以确定。我们积极地进行巡逻，不断地实施空中侦察，但是，所做的一切都没能帮助我们发现这支大军的踪迹。交到我手上的情报少得可怜，这让我很不满，我觉得必须下决心努力查明敌军是不是在大规模集结，如果真有，我才能下命令让第8集团军发起进攻，这应该是他们受挫以来的首次进攻行动。帕特·帕特里奇为我准备了一架飞得很慢的AH-6型老式高级教练机，他亲自驾驶，我坐在后面。于是，我们开始从己方先头部队一直到敌占区内纵深20英里的区域进行搜索。我们有时擦着树梢低空飞行，还常常在光秃秃的山脊下方飞过。可是，我们几乎连个活物都没有发现，也没有发现篝火冒出的烟、车辙，甚至雪地上践踏过的痕迹这些大部队集结的证据。显然，如果真想解开那些问号，唯一的办法就是深入敌境。但是，这次推进与上次向鸭绿江的鲁莽冒进大不相同。现在所有的地面部队将由一个司令部统一指挥，所有主力都要相互支援，对整个集团军也将严加控制。1月25日，我们开始向前推进。第8集团军不久就证明了自己是我国有史以来最优秀的一支野战军，这一点我已经了然于胸。

大概就在这个时候，我收到了很多从东京和华盛顿发来的电文，都是对我表示赞赏的。但是，这些电文都比不上我勇敢的飞行员尤金·林奇在一次日常飞行时说的一番话让我感到满意。当时我们正看着下方由步兵、炮兵、坦克、卡车和吉普车组成的长龙再次向北开进，去支援前线的部队，尤金·林奇说，“您确实让这支军队愿意为您而战斗了，将军”。他们确实又开始战斗了，但不是为我。他们怀着重新燃起的自豪感，怀着不再重蹈覆辙的决心为自己而战斗。他们以美军一贯的姿态重返前线，要给敌人加倍的惩罚。

随着战事的发展，我们在前方陷入苦战。大约在林肯诞辰纪念日（2月12日）前后，中国军队发起了第四次战役，目的就是他们在电台里说的把我们撵入大海。我们被迫再次后撤，在中国军队的全面打击之下，美第2师遭受重大损失，尤其是火炮，这主要是由于韩国第8师仓皇撤退造成的，该师在敌人的一次夜袭时彻底崩溃，致使美第2师的侧翼洞开。韩国军队在中国军队打击下损失惨重，往往怀着深深的敬畏看待中国士兵，近乎迷信。要用很长时间才能培养起韩国军队挡住敌军夜袭的信心。穿着胶底鞋的中共士兵如果突然出现在韩国军队的阵地上，许多士兵只能仓促应战。

在1月31日到2月18日这段时间里，美第2师发扬了它在两次世界大战中继承下来的优良传统。在那三个星期里打过的许多硬仗恶仗中，打得最巧妙又英勇顽强的是保罗·弗里曼上校（现已晋升为将军）指挥的第23团（勇敢的蒙克莱尔指挥的法国营也在这个团）。在中国部队发动第四次战役的整个过程中，第23团一直在原州西北大约20英里处的砥平里地区作战。中国军队的五个师包围了23团，轮番攻击，试图突破其防御并消灭这支部队。第23团粉碎了敌军的全部进攻，使敌军遭受了极其重大的损失。据报告，在第23团阵地前的敌人尸体达2000具之多。在第1骑兵师的一支装甲特遣部队杀入战场、中共部队停止进攻之后，我立即乘直升机飞抵第23团的阵地，看到了数百具尚未掩埋的敌军尸体。

尽管战况激烈，而且敌人的决心也明显，但是，我对这一仗的结果丝毫没有怀疑。无论是在地面上同先头部队在一起，还是在他们的上方飞行以便更全面地观察情况，我都深信他们肯定能够坚持得住。而且我认为这一次敌人的进攻完全不起作用，我相信我的信念会传给整个部队。

一旦敌人的企图受到遏制，我的下一步就是发动一次限定目标的强攻，以两个师的兵力在汉城以东强渡汉江，切断敌人的补给线，并包围在西部地区集结的敌军。原先，我并没有认识到收复汉城的军事价值，因为我觉得背靠一条无法徒涉的河流无法进行有效的行动。但是，麦克阿瑟将军曾对我指出了重新启用金浦机场和仁川港的重要价值，就是能加强我们的空中支援，还能缓解我们的补给问题。尽管他也同意汉城的军事意义近乎为零，但他明确告诉我，如果我们能重新夺取汉城，就能在心理和外交上占据上风。我接受了他的意见，并将这些建议体现到我的计划之中。但是，我的基本思想依然未变，即地域本身对于我无足轻重，除非占领它有助于消灭敌军，保护自己。

在1月底至2月20日之间这段日子里，我们正全力向前推进，麦克阿瑟将军曾三次光临我的部队视察，每次都对我们的表现和作战计划非常满意。2月20日他第三次视察期间，我们曾在原州会面，当时我在那儿让他看了一份绝密的备忘录，是我那天准备下发给所有军长和韩国军队参谋长的，概括介绍了制订计划的事实依据和全部作战行动的根本目的，特别是当时正在考虑的派两个师再次渡过汉江的行动目的。敌情方面，据报告在平壤一带有四支中国军队，但实力、装备、士气及其意图等方面的情况依然不明。但是，几周来，敌增援部队无疑正由该地区大举南下，加强正在我接触之敌，他们可能会随时在前线出现。除此之外，我们没有其他情报，我本人也没有掌握其他指挥官所不知道的情况。我们的意图是：继续最大限度地杀伤敌人，而尽量减少我们自身的伤亡；保持所有主力部队建制的完整性；小心敌人的诡计或我们自己的冒进，避免落入敌人的陷阱，被其逐个击破。我们的追击要控制在能够获得强大支援的范围内，至少能及时与敌人脱离接触并局部后撤。

我正是基于这种考虑才制定了进攻计划，即将实施的计划代号为“屠夫行动”。我是在2月18日星期日的晚上，也就是总司令视察的前两天亲自动手拟定的这份行动计划，并且已向美第9、第10军军长和第1陆战师师长作了简要介绍。可以说，这次反攻使我从接任第8集团军指挥职务那一刻起就一直在酝酿的计划终于付诸行动。也可以说，计划的酝酿是在自上而下各级指挥官普遍存在撤退思想的情况下进行的。

那你们可以想象，在2月20日，也就是目标日期的前夕，我听到麦克阿瑟将军对聚集在他面前的记者发表的声明时有多么诧异，甚至是惊愕。当时，在第10军作战指挥所里有十几名记者，我倚靠着后面的一张桌子，听麦克阿瑟在他们面前镇定地宣布：“我刚刚下令反攻。” 他并没有过分强调那个人称代词 “我”，不过含意很清楚，他刚从东京飞抵这里，分析了战场的形势，并与下属讨论过，然后才命令第8集团军发起进攻。当然，下命令这回事与直属于远东美军司令部或GHQ的行动根本没有任何关系。关于我的作战意图，麦克阿瑟自然得到过详细的通报。但是，无论其本人还是其参谋人员在“屠夫行动”计划的设想或拟订过程中都没做过什么。

这项声明对我的虚荣心是个意外打击却并不太严重，但它又使我很不愉快地想起了我以往所了解的、但几乎已经忘记了的那个麦克阿瑟。毫无疑问的确是一举两得。事情刚过不久，我就又注意到了总司令另一次企图在公众面前炫耀的做法。这一次，我觉得应该进行干预，因为这种做法有明确的危险。麦克阿瑟一直有这样一个习惯，就是每当一次大规模进攻快要发起之时，他总是要视察其麾下的参战部队，并且用一个形象的说法，叫打响发令枪。一般来说，这种做法值得称道。指挥官亲自到场对部队会是一种鼓舞。

通过自己亲身的所见所闻，指挥官对士兵的情绪必然会有一个很深刻的印象。指挥官通常很少有这种视察或者即便有也是一直到事情过去很久才会为敌人所知。

但是在这种情况下，每当一次大规模作战行动即将开始之际，麦克阿瑟就会由东京飞来出现在前线，这已成为一种惯例。而且飞机本身的那种排场，肯定会被敌人知道。这种情报是否会很快传到敌人那里从而使他们能够采取对策，是我最关心的问题，因为我们即将开始第二阶段的总攻“撕裂者行动”。这次作战如能成功，我们就能打回“三八线”甚至更远。我非常清楚，对我来说这只是反对意见，但可能被当成一种无礼的、不欢迎上级的行为或者侵犯上级特权的行为。可是我觉得必须把问题直言不讳地讲出来，所以就花了好长时间精心准备，字斟句酌，然后发了一封很长的电文，表明了我的看法。这次，总司令表现出他那非凡个性的另一面。他收到电报后马上就明白了，没有误解其真正含义，并立即将这次视察的时间推迟到进攻发起之后。

在继续讲述之前，我想讲一段关于“屠夫行动”的补充说明，挺有意思的。它暗示了政治压力是如何变化的，而一场大规模战争就是在这种政治压力下发起的。当我把选定的“屠夫行动”的代号告知五角大楼之后，陆军参谋长乔·柯林斯马上就很客气地提出了一个反对意见。他指出，从公关角度而言“屠夫”一词肯定会造成一种不舒服的印象。我不明白，战争其实就是要杀死敌人，承认这样一个事实为什么还会有异议。好几年以后我才听说，之所以有这个反对意见，是由于共和党指责杜鲁门政府在朝鲜的目的就是屠杀中国人。鉴于美军伤亡惨重，这样的目标感觉缺乏政治“吸引力”。我听到的另一种解释是，屠杀中国人对于第8集团军司令来说也许是很有吸引力的目标，但是从战略角度来看，并不能阻止北京在未来发动侵略战争。麦克阿瑟在参院听证会上曾经提出，我们应该做的只有“现在就摧毁其发动战争的力量”。其潜台词就是“现代战争的标志是物力不是人力”。

但即使是现在，我还是认为应当告诉国内的人民，战争就意味着杀人。

任何企图欺骗人民，把战争说成是件流血很少、只是稍微有些令人不快的事情，我都从内心里坚决反对。

为了打回去渡过汉江，再次占领汉城并牢牢守住，第8集团军付出了血的代价。我们坚持以最小的代价最大限度杀伤敌人，避免采取一切鲁莽而无计划的推进行动，因为这样的行动有可能使我们被人数上居优势的敌人所包围。但如果我们没有坚持这些做法，那么损失就会大得多。实际上有一些行动的伤亡人数非常少。还有一两次营级或更大一点规模的推进行动，部队甚至根本没有任何伤亡，多亏了计划周密，实施时机得当，部队之间密切配合，尤其是步兵、炮兵和空军还在用老式的协同方法。

中国军队的数量大大超过了联合国军，能够大规模地增援前线部队。但是，我们的火力优势使力量的天平又偏向了我们。可是由于缺乏严格的训练，采取了分散兵力的追击战术，或是放任自己越来越依赖公路，迄今为止我们还一直未能使自己的火力优势得以充分发挥。1951年2月，早就指定交给我们使用的野战炮兵营在美国经过强化训练后，开始编入第1军和第9军，从而使这两个军得以重新采用常规的老式协同行动战术。

我们的火力在集中使用时确实具有令人恐惧的威力，在“屠夫行动”中第9军成功肃清横城——原州地区的敌军就是明证。这两座城市基本上位于横跨半岛的正中位置，在汉江的东北面，沟通南北交通的主要公路线与铁路线在此交汇。第9军沿杨平——胡津一线发动进攻。我们牢牢地控制了这一地区。

这次反攻有一个特点，就是韩国军队的表现有了很大程度的改观，其中有些韩国部队在作战方面可以和第8集团军的任何一支部队媲美。韩国军队的领导层仍然非常匮乏，我们不得不为此付出了高昂的代价。但是，那些指挥得当的韩国部队就完全能用战果来说话。在1951年3月7日开始实施的“撕裂者行动”期间，韩国第2团1营歼灭敌军一个营，而自己无一伤亡。当时巡逻队发现第1连前方有一股敌人，营长孙利洪少校命令两翼包围，实施突袭。第1连从正面攻击，同时第2连从左翼、第3连从右翼发起攻击。敌军发觉后企图撤退。于是，孙少校命令立即发起攻击。韩国军队的进步连他们自己都感到很惊讶。他们勇猛地向前推进，毫不留情地向敌人扫射，自己却无一伤亡。战斗结束之后，战场上只留下了231具敌军尸体。第1营缴获了大量完好的装备，其中包括四门火炮和七门迫击炮。

尽管有很多是小规模作战行动，而且推进往往非常缓慢，但是更引人注目的胜利还在前面。3月中旬，第8集团军在汉城以东出其不意地渡过了宽阔的汉江，并夺取了一座向西能俯瞰山谷里汉城地区之敌主要补给线与交通线的山岭。我亲自制定了这次作战行动的计划并命令付诸实施，而且开始行动时我还亲临现场。起初，我是在地面上与美第25师所属的先头部队在一起，后来是乘坐我的L-19轻型飞机。像以往一样，飞行员还是那个勇敢而不知疲倦的迈克·林奇。

当我们的步兵艰难地沿北汉江的河谷向前推进时，迈克和我在天上到处寻找可以降落的地方，最后总算在干涸平坦的砾石河滩上找到了一个地点降落。于是我走下飞机，来到这次进攻的先头部队士兵中间。这么做总会让我从心底里感到满足，而且我认为这还会起到振奋人心的效果，因为在战况艰苦的时候，他们总是愿意看到“头儿”能来和他们在一起。当然，还可以使我有机会判断作战行动的进展情况，拿到第一手资料，让我知道能够帮部队做些什么。

这次作战行动很快就取得了彻底胜利，几乎无一人伤亡，达成了我预定的目标。前一天晚上我还向一群战地记者简要介绍过：用一把匕首指着敌人的心脏，其实就是指着敌人指挥官的头，迫使其做出选择，要么就在对他来说极为不利的条件下（因为我们控制了制高点）向我发起进攻，要么就放弃韩国首都。3月14日，韩国第1师的一支巡逻队奉命由汉城西面渡过汉江，查明敌人的防御情况。这支巡逻队向北走出几英里远才与敌人交火。当晚另一支巡逻队侦察了汉城的外围防御工事，发现这些工事几乎完全被放弃。3月15日上午，第8集团军开进汉城，这座满目疮痍的古城上空再次升起了韩国国旗。在城里迎接我们的是残存下来的那些衣着褴褛、饥肠辘辘、情绪低落而且惶恐不安的韩国人，大约20万左右，而汉城原来的人口是150万。商业区在空袭和炮火下已经变成一片废墟，所有的电灯都不亮了，路灯倒了，电线悬在那里晃来晃去，路面电车早已停驶。然而还不到两个星期，新的市政府就成立了，这座城市又充满了生机。艾森豪威尔将军在其《受命变革》一书中说，汉城是在詹姆斯·范弗里特将军接手第8集团军之后收复的。这种说法与事实不符。范弗里特将军是在我们收复汉城一个多月之后才接替指挥职务的，而且汉城在收复之后一直掌握在我们手中。

然而，“撕裂者行动”的目的不仅在于收复首都或者占领新的地区。其主要目的在于消灭敌军有生力量，缴获或摧毁其武器装备。就这一点来说，这次行动没有完全成功，因为敌军迅速北撤时只是对我军进行了阻击。与敌人相比，天气和地形给我们造成的困难更大，特别是在中部地区，那里的山峰高耸入云，陡峭的山坡则直入谷底，路窄得几乎连大车也无法通过。敌人坚固的据点都修在了光秃秃的山顶上，只能先包围再强攻才能拿下。

春天消融的冰雪和雨水把公路变得像水稻田一样，补给只得靠士兵们肩扛手提来运送。前线部队只能靠极少的一点必需品在那里凑合，等着给他们空投补给物资。直升机在运送伤员方面也派上了用场，否则，用担架要两天时间才能把伤员先送到吉普救护车上，然后再由救护车运往医院。

朝鲜第10师的残余部队还在位于我战线后方大约10英里处地形复杂的春邦山脉一带活动，这也减慢了我们的推进速度。整个3月中旬，不断有该师的小股部队从后方进入我军阵地，夺路逃往北方。

“撕裂者行动”的一个意外之喜是占领了春川镇，这是个重要的补给点和交通枢纽，位于一个盆地中央，质量良好的公路在这里汇集。根据我们获得到的情报判断，敌人在春川储备了大量补给物资，因为，这里恰好位于对我中部地区发动2月攻势的敌人主力部队后方。我们预计拿下春川要经过一番苦战，而实际情况也的确如此。敌人在这里的做法与战场上的其他地点的做法形成了鲜明对比，在那些地点，我们往往只遭遇敌主要防线最前方用于掩护的小股部队；而这里的敌军则是在深深挖进山坡的碉堡里和我们战斗，飞机与大炮几乎无法摧毁这些工事。美海军陆战队的士兵往往必须通过白刃战才能击溃敌人。起初，我们计划空投187空降团夺取春川。但是“撕裂者行动”在其他战场进展迅速，敌人快速后撤，所以我们很快就判定，这次空降不会有什么收获。我巡逻队于3月19日开始进入春川，他们进城时，迈克·林奇和我正从这座城市的上空飞过。尽管春川也饱经战火，但城市外观看上去却相当完好。街道上没有弹坑，仅有一些废墟的瓦砾杂乱地堆在路上。迈克和我在上空盘旋，最后找到了一条看起来够长够直的街道用来降落。唯一的问题是在街道的一头，高高的电线杆上仍然悬挂着一些电话线。来回试了两三次之后，迈克认为从电线下方穿过完全没问题，可以让飞机安全着陆。于是我们就在这条临时跑道上滑行，停在了这座废弃的城市中。我们在上空盘旋时曾发现一支吉普巡逻队，因此，我立即动身徒步去寻找他们。原来这是第1骑兵师的一支工兵巡逻队，当我走近时，他们正在检查一座重要的桥梁，拆除敌人可能安放在那里的炸药包。他们惊奇地发现桥并没被破坏，周围也没有铁丝网。但是，他们回头发觉集团军司令就躲在身后时，才真的感到很吃惊，几乎是不知所措。迈克和我饶有兴致地看了一会他们混乱的样子，之后我们很失望地发现，敌人什么也没有留给我们，而且，最终未和我军交火就安全脱身了。

“撕裂者行动”最初的目标是汉城东面和北面的一个宽大突出部“爱达荷线”，左翼第1军和最右翼的韩国部队主要是坚守各自的阵地，第9军和第10军渡过汉江，进入阵地对汉城实施包围。由于上述目标已经达成，而我们却未能歼灭足够数量的敌人，所以我扩大了这次作战的规模，命令第1军以临津江为目标，向西运动。临津江向南流到“三八”线之后拐了个弯，曲折地流向西南，注入黄海。在这次行动中，第187团和两个连的突击队空降到汉城西北约20英里处的汶山里附近，希望通过阻止敌军沿汉城——开城公路运动来包围敌军的大部队。然后以派往前方的第1军一支装甲特遣队作为“铁锤”，以空降部队作为“铁砧”将敌人打垮。然而，敌军已经撤走，我们几乎是兵不血刃地直抵临津江。接着，下一步行动就是往东派出空降部队到美第3师对面之敌的背后，夺取那里的高地，再一次试图将敌大部队夹在“铁锤”与“铁砧”当中。这一回是天公不作美。大雨和融化的冬雪使我军坦克陷入困境，坦克只能离开那里，撤回汉城。而等到第187团抵达制高点时，敌人已经向北往更远的地方撤退了。

现在，我们又靠近了“三八”线，再一次面临抉择，是否要再次越过这条在防御和战略上都不重要的神秘界线。这一次，华盛顿认为就是个战术决定。于是，在获得麦克阿瑟将军同意后，我决定继续向前推进。对于我们给敌人造成的打击，我仍然感到不太满意，而且我想让敌人没有时间重新部署和补充兵员。所有迹象表明，敌人正准备发动一次春季攻势，在其当前阵地遥远的大后方集结兵力。在这种情况下，最好还是不给敌人喘息之机，而不是坐等敌人采取行动。因此我们着手准备一次新的进攻，代号为“狂暴行动”，目标是“堪萨斯线”。堪萨斯线是一条新的目标线，基本上与“三八线”平行，在“三八线”以北，只是在左侧沿着曲折的临津江延伸至海边。

这条新的目标线包括了十英里宽的水障——华川水库。这座水库以前为汉城供水供电。但是，敌人有可能炸开水库大坝，让水漫过北汉江堤，对我军北汉江下游的阵地是一个严重的威胁。我们在向新的目标线推进时敌人抵抗的激烈程度并不相同。当地形有利时，他们就掘壕固守。当地形利于我方快速推进时，他们很快就消失得无影无踪。右翼的路面非常难行，道路稀少，多是悬崖绝壁。但是，我军还是在各个防区向前稳步推进。4月9日，我左翼部队全部抵达“堪萨斯线”。在右翼，美第10军和韩国第3军努力克服地形和补给线缺乏造成的困难，继续向目标线挺进。此时，敌人打开了华川水库大坝脚下的几个水闸。最初看起来敌人这么做好像真要给我们造成严重的损失。江面一小时之内就上涨了好几英尺，冲垮了一座浮桥，我们被迫把另一座浮桥拖回岸边，以免再被冲垮。我们立即派出一支特遣队去夺取大坝，控制住开闸设备。但是，由于糟糕的能见度、崎岖不平的地形，敌人顽强的抵抗，以及登陆艇不足，这次尝试失败了。最后我们断定，炸毁水闸可以降低水库的水位，足以使威胁减到最低。而炸毁大坝本身就将是一件巨大的工程了。看起来，敌人花时间准备炸药来炸毁大坝几乎是不可能的了。但看着第1陆战师以及第1骑兵师一部坐着用舷外马达驱动的冲锋舟穿过宽阔的水库，我们还是松了一口气。冲锋舟是费了很大的劲才由卡车运到水库这里的；这让陆战队的士兵们在远离水边的地区打了几个星期仗之后又重新回到了适合他们作战的环境中。但是，一直到4月16日范弗里特来接任之后，大坝才落入我们手中。

在向“堪萨斯线”推进时，我们发现各个地方的敌人都处于防御状态。但尽管如此，还是有迹象表明，敌人的攻势已迫在眉睫。所以我密切注意，加强了对第8集团军的控制，防止任何可能使我军落入圈套的无计划的推进行动。我们的部队信心十足，积极进取。有些战区，部队的推进速度太快，就有因自己的冒进而成了牺牲品的危险。我时常提醒战地指挥员们，我们的基本目标是——以最小的代价给敌人以最大杀伤。

我之前找到了一个适当的场合，就是在“撕裂者行动”结束前夕召开的指挥员会议上，向所有的军长和师长强调：递交给集团军司令的正式报告应具体写明所有友军部队的位置和运动情况。措词含糊不清，马虎大意，没有日期和时间，没有天气、观察哨数目等详尽的细节，这样的报告就会引起混乱，其严重程度丝毫不亚于敌人行动。我在会上举了这样一个例子，我曾观察过几架我方飞机对一座高地发起猛烈攻击。我在附近空域观察的那段时间，攻击一直在持续—大约15至20分钟左右。可是回到指挥所后，我看到来自第1军的一份报告却说，那座高地整个下午一直在第187空降团手里。

我还记得第9军25师递交的一份报告，大意是：“第5步兵团所部遭遇反击，撤了下来。”完全没有详细情况。可是在我了解事实情况之后，却发现实际上不是什么反击，而仅仅是第5步兵团一个连规模的分队对一座高地发起了进攻，因为师长要对高地上的敌军实施炮火打击和空袭，就亲自下令让这支分队从战场撤了下来。

这种潦草的报告，说明我们有了自满情绪，说明我们对部队监管不力，或是参谋人员深入前线部队调查不够，在我的书中对此是毫不原谅的。如果

我想很好地掌控第8集团军，送交我司令部的报告就得要做到全面、真实而具体，不能报喜不报忧，并且能提供足够的细节以使我迅速得出正确的结论。

我还着重强调迅速发起进攻的必要性，以及进攻发起后立即报告的必要性。最大限度的协同就意味着最大限度地坚持正式的时间表和方向。就像足球教练训练他的锋线队员进攻要协调一致！协调一致！协调一致！我坚持我的下级指挥员严格遵守时间表，并始终保持进攻方向。我知道，我们的进攻之所以失败大多是不重视保持进攻的方向造成的，而不是其他的原因。将兵力用在错误的方向上会使整个行动无效，就像一个摔跤选手力量用错了方向一样，非但没有给对方造成多大损害，自己反倒受了伤。

通信联络也是我制定各种计划时的重中之重。我不希望再有任何部队报告长时间“失去联络”。我们有联络飞机，并且配备了受过专门收发电报训练的人员。我再一次迫切希望部队恢复我们的前辈采用过的一些办法，用传令兵或者烟雾信号进行联络。我命令指挥员们仔细研究一下各自有关传达消息的指示。

我们还必须随时做好准备，提高警惕，以防敌人在我后方地区实施空降，这是一个非常现实的危险，中国军队完全有能力做到这一点。各级指挥官都必须在其指定区域内做好准备，应对这种形式的进攻，就像在分配给军或师的地区里仔细划分出一块的防区内负责对付各种地面进攻一样。我命令各个大部队分割自己的责任区域，一直划分到后方分界线为止，以便使各级指挥员都能明确哪里是自己必须防御敌人各种进攻的地区。

这些准备工作在即将到来的作战行动中会收到无法估量的回报。由于采用了与支援部队保持密切联系、按调整线推进以及在夜间收缩以防止敌人渗透等方法，我们没有落入敌人设置的陷阱，而且还能在敌人进行最后一次大规模攻击时削弱他们的进攻力量。我敦促各级指挥员，要意识到学会如何确保勇往直前、歼灭敌人与小心谨慎、保存自己二者之间平衡的重要性。在每次前进的过程中，常常会出现迅速扩大意外战果的机会。要抓住这些战机，同时又要注意使部队始终可以应对因敌军行动或天气变化而突发的严重威胁，这就需要随机应变和深谋远虑。

我们在朝鲜取得初步胜利时，对于扩大意外胜利的战果考虑不足，因此，我们还在商量如何才能更好地调遣部队切断并消灭逃跑的朝鲜军队时，宝贵的时间就白白浪费了。从现在起，我要求，重大的推进行动必须计划周全，各级指挥官不仅要知道如何处理意外之灾，还要知道怎样最大限度地利用意外的胜利。

我们在“狂暴行动”中向“堪萨斯线”推进时，确实打了不少的胜仗，太多的胜利让我不得不考虑如何消除部队的自满情绪。第8集团军脱胎换骨、反击强敌，他们以这样的方式回归一时又令国内信心激增，某些乐天派竟然认为，最终的胜利指日可待。我希望部队能够冷静下来，以免再有“圣诞节回家”或者“国庆节回家”的心态使前线部队对敌人还可能实施的打击毫无准备。我们的职责是防止自信迅速爆棚发展成蛮干。为此，我于4月1日会见了美军三个军中的两位军长和另一个军的参谋长，和他们分享了我的理念。我认为第8集团军要面临的最艰苦的战斗和最严重的危机还在后面。考虑到敌人现在的能力和公开的企图，我感觉每次战斗都需要每一名士兵拿出最大的决心和勇气坚持好几天。这种精神面貌战地指挥官首先要有，并通过各级指挥系统来影响部队。对抗共产主义的斗争有可能会发展成无法估量的规模，我们的军队必须做好准备，面对前所未有的更大的威胁。我们当前最紧迫的任务是，对敌人保持压力，使敌人得不到重整部队的机会，直到我军抵达目标线，可以据此发起最强大的攻势。

由于轻而易举地抵达了临津江，我最初考虑想继续推进至临津江与礼成江之间宽阔的沿岸平原，礼成江从临津江西面、开城北面注入黄海。然而最新情报表明，敌军这一地区部署的兵力比我预想的要少得多，仅有朝鲜的一个师；而在开城以北却发现了两支以前未投入战斗的中国军队，第63军和64军。如果我军渡过临津江，这两支生力军就会对我右翼构成极大的威胁。于是我通知总司令打算改变原计划，以第1军以及第9军的左翼部队向铁原方向运动。铁原是位于“铁三角”西南角的一座城镇。“铁三角”是敌军兵力集结的中心，三角形的三个顶点分别为北部的平康，东南部的金化和西南部的铁原。

这就意味着在“堪萨斯线”的北面要划一条新的目标线——“犹他线”。其实，“犹他线”不过是“堪萨斯线”向北延伸出来的一个突出部，可以使我们占据进攻“铁三角”的有利地形。随着我军的推进，敌人的抵抗也越来越顽强。他们沿其正面阵地把灌木丛和森林都点燃了，企图掩护自己的行动，并干扰我军地面部队的空中支援。但是，在华川水库大坝被攻占，韩国第1军拿下东岸的城镇大浦里之后，敌人的抵抗似乎逐步减弱了，我们几乎未遭任何抵抗便进至“犹他线”。

尽管我们的许多前线部队未能与敌人接触，但是不断有证据显示，中国人正准备发起进攻。炮兵与空军观察员报告，在第9军的防线以北发现一支约四五千人的部队正在向东南移动。中国人在北面不再构筑防御阵地，他们正在把之前给我军前进路线上挖的防坦克陷阱填平。

我并不担心中国人真能像他们吹嘘的那样，把我们赶进大海或者在战场上击败我们。现在我们的军队已经经受住了考验，坚忍不拔而且信心十足，具备丰富的战斗经验，习惯了这里天气的变化无常，而且拥有迄今为止最无与伦比的强大火力。我可以肯定地说，只有苏联的大规模干预才可能迫使我们撤离朝鲜半岛。在1951年的春季，这种干预并不是完全不可能发生的事情。果然，GHQ在3月底向我传递了一个坏消息，似乎也证实了一些我从最近抓获的俘虏口中得到的战地情报。总部送来的这份报告据说消息是来自某欧洲国家的前驻土耳其大使。这位大使是个可信度很高的人，一再坚持说他有可靠的情报，大致内容是：以强悍的维亚切斯拉夫・M・莫洛托夫为首的苏联远东委员会打算4月底在朝鲜发动一次大规模的进攻。根据这份报告，大批苏联空军和蒙古裔的苏联正规军将伪装成志愿军入朝作战；苏联远东军区则受命，要不顾引发全面战争的危险，提供一切必要的援助以确保胜利。

这类情报我不可能证实。于是我向GHQ建议，战区和国家的情报部门应加紧查明真相。我还极力要求，明确向苏联提出郑重警告：任何对朝鲜的干预行为，不管打着何种旗号，都将被看作是战争行为。我一直不知道我的建议究竟产生什么结果。不过从另一方面来看，在第五次的战役发起之后，我们从未发现苏军以任何形式参战的证据。

但是我并不希望第8集团军表现得小心翼翼。因此在前面提到过的指挥员会议上我明确表示，除了那些实际负责制定对敌作战计划的指挥员之外，不允许考虑或讨论后退行动。我告诉与会的军长和师长们，我只在以下可能的情况发生时才会亲自下令立即撤退：

一、苏联人全力出兵进行干预；

二、与此同时，中国军队和朝鲜人民军全力投入战斗；

三、敌人采取所有这些行动所选择的时机能最充分地利用天气条件；

我相信在这种情况下，美国政府会完全同意撤离朝鲜。事实上，就算我们不撤，政府也会命令我们撤。陆军参谋部与海军和空军协商，已经拟好了一份应对这些意外情况的纲要。经我批准，这份纲要就会立即启动，以单独的代号迅速下达部队。计划一经初步批准，就要提交给各军军长去进一步完善。届时，各军军长有权召集各师师长和一些指定的师一级军官一起商议，以便让这些人也能有所准备。但是除专门指定的军官外，不允许扩大计划的讨论范围甚至知道此项计划的人员范围。

如果我们打算撤退的消息走漏了风声，韩国军队就有可能会叛变。但是，如果是我们一手把他们推到那样的环境下，那谁也不能因为他们打算在那种情况下苟且偷生而责怪他们。我还认为(麦克阿瑟也同意我的这一看法)，万一苏联直接出兵干预而我们做出了撤离朝鲜的决定，那撤离朝鲜的命令应等到第8集团军撤至小白山脉以南之后再下达。否则，韩国军队的叛变有可能使我军两翼暴露，这一点如果被敌人抓住，我军就会被包围并遭受严重损失。

与此同时，我们当然不会伸着脖子等着挨打。我们继续朝北面和东面推进，首先进抵“犹他线”，然后再到达这个突出部向东延伸的部分“怀俄明线”。下一步，我们要夺取俯瞰铁原的高地。但是，这一行动还没有开始，敌人就反应过来，阻止了我军的快速推进。第五次战役即将开始。然而此时政治形势的发展突然让战场上的一切战事黯然失色。

1951年4月22日至6月10日，入朝作战的中国人民志愿军向“联合国军”发起了第五次战役，共歼敌8.2万人，将战线稳定在三八线附近地区，粉碎了敌企图在平壤至元山建立新防线的梦想。图为县里地区战斗中的志愿军机枪阵地。

入朝作战的中国人民志愿军为粉碎敌人企图在朝鲜蜂腰部平壤至元山建立新防线的梦想，于1951年4月22日至6月10日，向“联合国军”发起第五次战役。此战役历时50天，共歼敌8.2万人，将战线稳定在三八线附近地区，从此开始了长达两年之久的军事、外交交织的边打边谈的局面。图为志愿军第19兵团司令员杨得志（右）、政委李志民（左）在战役开始前研究作战方案。

图为志愿军战士在朝鲜翻山越岭，追歼逃敌。

1951年5月30日，入朝作战的中国人民志愿军战士傅永甫（上）在旺方山战斗中，用104颗手榴弹炸死炸伤70多个敌人，荣立战功。

图为我西线志愿军在战斗中缴获的美军第24师的装甲指挥车。

图为志愿军与敌人在临津江南岸展开阵地争夺战。

图为参加战役的志愿军反坦克小组。

图为加平战场上志愿军战士英勇冲向敌阵地。

图为志愿军战士向加平之敌发起攻击。

图为志愿军先头部队渡过临津江后，抢占制高点。

图为加平战场上的志愿军阻击阵地。

图为西线志愿军追击在逃的美24师残余。

图为在大水洞战斗中被志愿军击落的敌机残骸。

图为在大水洞战斗中被志愿军击毁的敌大炮。

图为在大水洞战斗中被志愿军击毁的敌坦克。

图为大水洞战斗中被志愿军歼灭的美第二师第38团团部。

第六章　总统与将军

麦克阿瑟被免职——前因后果——中国人被赶了回去

麦克阿瑟将军被免职了！非常意外又无可挽回，而且毫无必要以这种粗暴的方式来公然侮辱将军的自尊！这在全国上下激起了一片愤怒的抗议声。把这样一位毕生都在为国家服务的伟大军人和政治家草率解职，引发了尖锐的意见分歧。当然，分歧在很大程度上带有强烈的政治动机，使得公众难以认清问题的本质。

曾经有些极端分子，毫无疑问今天也还有这种人，他们说参加这场争论的双方都怀有极其阴暗的动机。举个例子，他们说在政府高层中有一个简直是卖国的“必败论”派（莫名其妙地与不久前叛逃到苏联的两名英国外交机构成员有联系）。另一方面，他们又指责麦克阿瑟一心想要把我们卷入亚洲大陆的全面战争中去。我想，最终我们的大多数公民都会弄清楚，这两项指控都是毫无根据的。

我们的政府高官们，不论文职还是军职，他们的爱国之心和忠诚是没有丝毫疑问的。杜鲁门政府并不是要向我们的敌人让步，只是想避免一场全球性浩劫。麦克阿瑟也一直反对在亚洲大陆动用美国地面部队。真正根本的问题既不是杜鲁门先生和麦克阿瑟将军之间在扩大朝鲜战争的看法上分歧较大，也不是这两个人强烈个性的冲突。就像马歇尔将军在参议院委员会的证词中所指出的，这件事其实很简单，就是一位战区司令公开表达了对一项政策的不同意见，而他的上级曾以最清楚的表达方式反复向他传达过这项政策。

我本人对麦克阿瑟一直怀有深深的敬重，这是在多年的密切交往中产生的。我们的交往可以追溯到他在西点军校担任校长的那些日子。当时，我教体育课，直接向他汇报。因为他对体育有狂热的爱好，所以那些年我有幸经常能见到他。后来，直到我到朝鲜赴任之前，与他会面的次数就相当少了。不过我对他的情况一直很关注。因此，我才得以了解他那复杂性格中不会被普遍接受的一些特质：渴望赞美，这导致他在某些场合公然索要或者接受那些本不属于他的荣誉，或者明显是他自己犯的错误他却要推卸责任；爱出风头，这就不断促使他在公众面前故作姿态，特别是在所属地面部队参加每次登陆作战和参加的重大进攻行动发起时，他就俨然以在场实际指挥官的身份出现；他乐于培养自己那种似乎天才人物所必须具备的孤独，结果变成了一种孤立（他在东京的办公室里连电话也没有），这种孤立使他得不到一个指挥员从自己主要下属那里应该得到的批评意见和客观评价；个性倔强甚至是一意孤行，这源于他在别人坚决反对的情况下曾成功地强行通过了许多出色的计划，这使他有时不顾一切所谓常理而坚持按自己的办法行事；对自己的判断能力过于自信，这使他以为自己一贯正确，并且最终发展到几乎不服从领导的地步。

我认为，其中一些性格特质的产生就源于他非凡的才能。从少年时期在得克萨斯军校时，这些才能就已经使他在参加的几乎所有活动中表现突出。他在西点学校时的学术造诣、体育水平和领导成就，他透过现象看本质的能力，他绝佳的个人魅力。他做事雷厉风行，追求目标不屈不挠，这一切最终使得人们不愿意反驳他，甚至不愿意在他面前提出有力的反对意见。他极具说服力的口才，阐述自己观点时如同表演的表达方式，这也往往能使反对者的立场发生变化，对他抱怀疑态度的人转而怀疑他们自己。他堪称是一代战争之王。

所谓他一心想把我们卷进亚洲的一场全面战争的说法，实际上与他的目的背道而驰。事实上他倒是一直认为，“没有哪个脑子正常的人”会主张把地面部队派往中国大陆。他一再大声疾呼，反对在朝鲜的疆域之外使用我们的地面部队。他一再郑重主张用我们强大的海空力量来封锁共产党中国，并且摧毁其“这一代人”进行武装侵略的潜力。

政府的领导人，无论文职还是军职，他们被爱国主义激发出的热忱并不比麦克阿瑟将军少。然而，直到1951年参议院听证会，此时麦克阿瑟已经在离开10多年之后重返祖国，并且要在为期七周的对质中面对自己的批评者和支持者，因为这次听证会上的大辩论中某些激烈争辩的内容后来被传了出去，将军与总统之间真正的分歧点才广为人知。随着分歧最终得到了阐明，大多数公众对总统的批评才平息了下来。但是，对于用如此草率的方式解除麦克阿瑟的职务，公众的反对声音依然存在，而且可能要一直存在下去。

（将军本人直到报社记者告诉他才获悉自己被解职。）

虽然杜鲁门和麦克阿瑟都不想在亚洲打一场地面战争，但杜鲁门及其顾问却完全不同意麦克阿瑟封锁和破坏中国的方案。坦率地讲，麦克阿瑟谋求的是一场防卫战——摧毁中国发动战争的潜力，全然不顾这样做可能会使苏联卷入这场冲突，以至于其最终在欧洲横行。麦克阿瑟表示，由于我们已经与红色中国处于战争状态，采取这一行动是完全有理由的。而在他看来欧洲已经失去了，那里只不过是苏联人的工业后花园而已。麦克阿瑟相信，世界的未来将在亚洲决定。

然而，麦克阿瑟在表述自己的观点时，把国家所面临的抉择描述成是在“胜利”与“僵局”之间的抉择。他把这种抉择说得如此简单，对一个爱国者来说应该选择哪一种似乎就成了毫无疑问的事。这个“胜利”的概念真是以大师精湛的技巧想出来的，让人难以反对。这一直是麦克阿瑟的口号。

“胜利就要干脆彻底！”这是麦克阿瑟在1931年喊出的口号，任何正在进行战争的国家都会把它当作自己的目标。20年后，在对美国国会所作的那次经典演讲中，他还是那副腔调，宣称：“胜利没有替代品！”1962年5月，他最后在对西点军校的毕业班发表演讲时又重申：“你们的使命依然是不变的，明确的，神圣的。那就是要打赢我们的战争……要有胜利的决心，一定要知道在战争中胜利是无可替代的！”

这些话当然是美国陆海空三军将士的信条，是他们的精神食粮和支柱，几乎找不到比这更好的战斗口号来激发美国人的满腔热血了。它表现了破釜沉舟的精神，这种精神曾经鼓舞着我们的军队经过了8年的独立战争、征服西部地区的长期战争、痛苦的国内战争以及他们所参加过的所有其他冲突。依美国人的性格是不倾向于打有限战争的，就像在拳击场上一样，他们不想要别的，就是想要击倒对手。哪个充满活力的美国人会反对像胜利这样闪光的理念呢？反对这种理念就像是支持罪恶、反对美德一样。

可是，我们在朝鲜的步兵都知道，夺取一次“胜利”往往是不够的，还需要再有另一次胜利。拿下一个山头之后，似乎总得再拿下一个，才能稳固战线或者防止敌人监视。而我们大多数公民心目中的所谓“胜利”，可能只不过是麦克阿瑟宏伟计划中的一个开门红而已。

麦克阿瑟所说的胜利不仅仅是指在朝鲜的胜利——消灭朝鲜半岛上的全部敌军，完成国家统一，建立一个民主政府。他所设想的是要在全世界范围内击败共产主义，给共产主义以“重重一击，使其永世不得翻身”，这必将成为逆转红色浪潮的历史性标志。他的“计划”不仅包括向鸭绿江大举进攻，还包括摧毁中国东北的空军基地和工业生产基地，封锁共产党中国的海岸，破坏其工业中心，为蒋介石入侵大陆提供一切必要的支援，以及把中国国民党的军队运往朝鲜以加强我们的地面力量。他由衷地相信这些行动会打破共产党对大陆的控制。他深信中国的老百姓准备随时欢迎蒋反攻回去，而且他还说服自己认为苏联不会介入他想要的这种冲突。但是，如果在向红色中国发动这场防卫战的过程中，苏联的干涉威胁到这场战争的胜利，麦克阿瑟就会极力要求下一步向苏联发动进攻，这种猜测完全是合乎逻辑的。他认为，苏联实力日益增长使得时间对苏联有利。这只不过是他以武力在全世界消灭共产主义为最终目的的必然结果。

如果按照他的计划行动，那势必要冒着引起第三次世界大战的巨大风险，随后西欧就会受到侵占，接下来我们肯定会失去一些久经考验的最坚定的盟友。还应当记住，我们在冒这些风险行动的时候，可悲的是自己的国家还毫无准备，而我们的总预备队削减得只剩下一个做好战斗准备的陆军师。

这就是麦克阿瑟高呼口号时心中设想的 “胜利”。这是个雄心勃勃又危机四伏的方案，需要全国上下付出巨大努力。可是，这个方案并没有立即被麦克阿瑟的上级否决。美国政府最高层——总统、国务卿和国防部长、国家安全委员会、三军部长、参谋长联席会议以及国会领导人——仔细商讨了麦克阿瑟提出的每一个问题。他们首先针对远东战区司令部组建的背景、职责以及亚洲地区局势进行了审查。然后又根据全球形势、美国当前的能力和缺陷、西欧的防务状况以及部分或全部采纳麦克阿瑟的建议会在多大程度上突然引起第三次世界大战的可能性等情况做了进一步考虑。这些官员对建议书进行了严肃认真、周密细致和深思熟虑的研究。

他们不赞成我们的空军通过轰炸迫使红色中国就范。我前面已提到过霍伊特·范登堡将军的看法。他认为，如果我们真要想摧毁中国东北的基地，我们“小本经营的空军”就会因消耗和战斗损失而急剧减少，我们可能需要花两年的时间来重建这支空军才能足以应对在地球上其他地点出现的挑战。除此之外，范登堡将军对于轰炸中国东北这种“隔靴搔痒”的办法毫无兴趣——因为这么做会付出高昂的代价，而敌人军事力量的损失不过皮毛而已。五角大楼也根本不相信中国的工业基础会像麦克阿瑟所想象的能够那么快就被摧毁。轰炸肯定会殃及成千上万无辜的人，而一旦使用原子弹，将会有数以百万计的人蒙难。除非我们炸毁西伯利亚大铁路，这需要我们采取一系列持久的作战行动，可能已经超出了我们的能力，而且必将引发第三次世界大战，否则，共产党中国仍然可以通过这条铁路接收军用物资，而苏联则毫发无损。

此外，杜鲁门政府与参谋长联席会议都很清楚，任何攻击中国东北基地甚至鸭绿江大桥的行为，都将结束那个保证我们在韩国和日本的基地不受攻击并把战争限制在朝鲜半岛的不成文的协议。

至于说封锁中国的海岸线，那就是一种战争行动。只有在确实奏效的情况下封锁才能为中立国家所认可。除非将中国香港，还有大连港和旅顺港都包括在内，否则封锁就无法奏效。可如果我们真的封锁这几个港口，英国和苏联的反应是不会让我们轻松的。

在五角大楼看来，利用蒋的军队入侵中国没有成功的希望，除非他们能得到美国大规模的海空军及后勤方面的支援。按照麦克阿瑟的意思，蒋军是应该得到这些支援的，可问题是我们自己也没有多余的力量，而且如果我们把这些力量用于朝鲜，是可以发挥更有效的作用的。即使入侵大陆可能迫使中国军队撤离朝鲜，从而减轻那里的压力，但几次失败就有可能使蒋的地面部队大规模叛变，这种情况在他们上一次与共产党正面交锋时就曾出现过。

五角大楼极不信任蒋军的战斗力，麦克阿瑟本人不久前也表示对他们的战备状况缺乏信心。他们的训练水平很低。我们必须先向他们提供全部重型武器诸如火炮、装甲车等，并且对他们进行一段时间的武器操作训练，然后才敢靠这些部队去打仗。但是，从前线部队那里抽调这类急需的武器装备是不妥的。另外，我们还必须考虑到李承晚的强烈反对，他不同意把中国军队招到他的国家来，在他看来，韩国的人力还没有充分利用起来。

此外，政府也不赞同麦克阿瑟认为西欧相对次要的观点。西欧的工业技能、人力、技术、各类工厂、可迅速利用的原材料、必要的空军基地，尤其是西欧在血缘和文化方面与美国关系密切，所有这一切都使华盛顿感到必须是欧洲第一，亚洲第二。失去西欧就会立即使局面向有利于苏联的方向发生重大变化，北约就会解体，美国就会遭到孤立。如果真的发生一场双线作战的战争，那我们是来不及进行准备的。

五角大楼经过漫长而艰难的思考，最终还是否决了在南面开辟第二战场牵制中国军队的提议。对于英国和英联邦国家来说，使用蒋的军队是完全不能接受的。把战争扩大到台湾地区将大大增加我们在太平洋地区的任务量。同时，我们为进行朝鲜战争而组建、勉强保持着微妙平衡关系的联盟就会受到一定程度的破坏。

麦克阿瑟将军与政府之间的另一点分歧，是到底要坚持我们在联合国内的集体安全政策还是索性单干？很显然，麦克阿瑟已经下了决心，如果我们的盟友不与我们站在一起共同对付共产党中国和苏联，那我们就应该自己承担起全部责任。然而，美国早就承诺了集体安全的义务。尽管联合国其他成员国实际提供的人力并不太多，但能在联合国的旗帜下作战使我们在朝鲜的行动增添了道义的意味，而这对我们与自由世界其他国家打交道具有无可估量的价值。

那次参议院听证会现在看来颇具历史意义。在听证会进行期间，就算不是全部也是绝大多数当事人重申并再次确认了这些结论，而其实他们此前早就已经得出这些结论了。这些人是：艾奇逊、马歇尔、布莱德雷、谢尔曼、范登堡、柯林斯，还有很多其他人。这些人都宣了誓。他们的证词被记录在案。他们受到了质疑甚至再三盘问。最后，为了保密起见，证词在被删节之后公布于众。这样也给否决麦克阿瑟方案的原因做了一个重要的公共记录。所以，无论是谁，如果再宣称这些官员以及总统和副总统对“胜利”的渴望不如批评他们的人强烈，对国际形势的看法比这些人狭隘，为国家最大利益尽职尽责的决心不如这些人坚定，那看来就十分荒谬了。然而，这些说法却成了攻击政府的罪名，有公开的尖锐批评，也有隐晦的方式；当时，拒绝批准麦克阿瑟的建议被当成了绥靖政策。

所以，不是由于匿名的危险分子们暗地里影响我高级委员会成员的“必败论”政策才使政府拒绝麦克阿瑟提出的方案。而是政府原本就坚持一项根本不同的政策，对“胜利”一词作出不同的解释；根据对世界形势了解更多实际情况而采取了不同的观点。

显然，国家最高层的文职和军事领导人，他们具有更宽阔的视野，对于苏联原子武器的发展状况有比较深厚的情报来源，对于欧洲爆发全面战争可能产生的后果有更全面的估计，因而对于当前的现实和责任也有一个更为清晰的认识。在他们看来，战区司令官寻求的那种“胜利”，即使能在朝鲜取得，我们也可能会因此在其他地方咽下失衡负债的苦果。他们认为自己的观点是正确的，而麦克阿瑟的观点是错误的。事实上这些观点是对是错，在当时无法得到证明，今天也还是无法证明。但是向总统提出建议是他们的职责，所以他们就这么做了，而做决定是总统的职责，因而最终总统做出了决定。

政府的决定连同决定背后的一些想法很快传达给了联合国军司令。此外，为了突出重点，明晰内涵，总统在1951年1月13日亲自写信给麦克阿瑟，向他解释了政府做出决定的想法。

所有分歧最终发展成为观点上的争议。不管麦克阿瑟的洞察力有多么敏锐，他的信念在一定程度上却是建立在对于世界局势缺乏了解的基础上（当然，对于完全在他视野之外的国内政治因素更缺乏了解），还有一部分是建立在他这个战区司令本人明显错误理解情报的基础上。

在参议院听证会上争论整个方案的过程中，参议员林登·约翰逊问麦克阿瑟将军："假如我们选用了你的方案，如果中国人真被赶回到鸭绿江对岸，而他们仍然拒绝签订条约和达成事关他们未来命运的协议，在那种情况下你有什么建议？"

麦克阿瑟根本提不出任何建议。他只是简单地回答，他认为那不过是一个完全不合理的假设。

"他们退回去了"，约翰逊参议员穷追不舍，"我们要采取什么行动"？

"我认为他们不可能继续处于交战状态"，麦克阿瑟答道。

在我看来，麦克阿瑟对事情判断的根据有时不仅仅是一厢情愿，还有对情报的错误分析。这一点在1950年10月初的威克岛会议期间发生的事情可以证明。当时，杜鲁门总统接见了他，并就朝鲜局势问题和他进行了密谈。从那次会见的谈话记录来看，麦克阿瑟估计，即使中国人真的参战，他们有望在朝鲜维持的兵力最多不过五六万人。这意味着联合国军在人数上有二比一的优势。可事实上，中国人在11月底发动进攻时，其兵力估计达到了30万人。麦克阿瑟的误判是导致他发动"圣诞节回家"攻势的原因之一，这次行动几乎让我们遭受灭顶之灾。

麦克阿瑟有时也不太确信我们能否把中国人赶出朝鲜。1951年1月10日，那时敌人迫使我军撤回三八线以南的大规模进攻早已结束，部队正在从中国人发动的新年攻势所受到的挫折中逐渐恢复，麦克阿瑟电告参谋长联席会议，如果美国政府坚持自己的决定（即不派增援部队，不对红色中国实施海上封锁，不许轰炸满洲，以及不让蒋军反攻大陆），那么在他看来，"如果不存在无法左右的政治原因，我军就应以战术情况允许的速度尽快撤离朝鲜半岛"。只是在复苏的联合国军恢复了自信和斗志再次逼近三八线之后，特别是1951年的四五月份粉碎了中国人发动的第五次战役之后，才又听到了要求取得全面的决定性胜利的呼声。

至于我本人，我从来就不相信，如果俄国人不介入战争的话仅凭中国人就能够把我们赶出朝鲜。而且我和第8集团军全体官兵都敢肯定地说，如果接到命令，我们一定能在1951年春季推进到鸭绿江边。然而，这样一次进攻所付出的代价将远远超过我们的所得。我们可能会伤亡惨重，我当时的估计可能会达到十万，因为我们要在朝鲜北部的不利地形上与顽强抵抗的敌人进行战斗，而我们所得到的只不过是若干平方英里的不毛之地，其中大部分地区在今后若干年内还会有大批游击队活动。随着我们自己的补给线拉长，敌人的补给线就会缩短。他们最终就会以强大的兵力，凭借宽阔的鸭绿江和图们江与我们相抗衡。依我看，只是把敌人压回去而不能歼灭其相当可观的一部分兵力，这笔生意实在是很划不来。

战役结束时，我们的战线可能会从110英里拉长到420英里，守卫这条战线的主要责任就会落在我们头上，因为，这远远超出了韩国军队的能力。接着问题就来了：美国人民能赞成保留一支守卫这条战线所必需的数目庞大军队吗？他们能接受为中国东北之战而付出血的代价吗？他们会致力于一场在亚洲大陆这个无底洞所进行的无休止的战争吗？我那时和现在都认为，这些问题的答案就是“不能”。

引发将军与总统之间分歧的另一个问题是，打全面战争还是打有限战争。从某种意义上说，这只不过是把“胜利还是僵局”的问题变成了专业术语而已。我们是应该投入全力以期一劳永逸地击退“红色浪潮”呢，还是尽量克制自己，把战争限制在朝鲜境内？不过应当注意的是，对杜鲁门政府进行的党派性攻击，特别是以已故参议员罗伯特·塔夫脱为首的那些人，并不赞同在亚洲或者欧洲进行一场全面的地面战争。相反，他们似乎只是提供了一种早期“美国堡垒”理论的升级版，不增加我们在德国的驻军；停止向欧洲提供进一步援助；考虑制定一项建立在退出欧亚大陆基础之上的新的全球政策（这是前总统赫伯特·胡佛的建议）；用海上和空中力量保护美国的利益（这一战略设想在麦克阿瑟的计划中甚至运用到了远东地区）。简而言之，就是应该建立一种美国强权下的和平，凭借海上和空中力量保护西方文明，就像曾经保持了两个世纪的英国强权下的和平那样。

在麦克阿瑟被免职很久之后，这个方案才得以实施。艾森豪威尔政府上台后，其基本原则就是用海军力量来控制海洋，用原子弹以“大规模报复”相威胁来保护目前的疆域。现在有人认为，我们再也不能向海外输送大批地面部队了，所以陆军和海军陆战队的地位就可以降低了。财政部长说，只要不是一场大战，我们就能够负担得起；而国防部长断言，如果战争爆发，那肯定是一场大战。

最后，杜鲁门与麦克阿瑟之间的争论使一个当时还没被人们普遍接受的问题玻凸显出来，那就是在确定国家政策的层面上，文职政府超越军方拥有至高无上地位的问题。

在我的记忆里，朝鲜战争之前，美国总统的权威受到现役军官无论何种形式的质疑的先例只有一次。那就是在林肯政府执政期间，乔治·麦克莱伦将军公然无视总司令的命令。杜鲁门先生本人在其《回忆录》中专门做了一下比较，他写道：“林肯常常直接向麦克莱伦（时任整个联邦军队的总指挥）下达命令。可是，这位将军却不予理睬。全国有一半人都知道麦克莱伦怀有政治野心，反对林肯的那些人企图利用这种野心。林肯很宽容。但是最后，他还是被迫把联邦军队最高司令撤职。”（关于对麦克莱伦和麦克阿瑟的详细评论见附录1。）

近一个世纪之后，历史又重演了。据杜鲁门先生讲，实际上在1950年以前麦克阿瑟就不尊重总统的权威，开始还是暗地里的，后来就越来越大胆了。到最后，他就算没有故意不理上级的命令，至少也是明显不尊重。杜鲁门先生把麦克阿瑟的行为称作是“不服从命令”，其他人则使用了稍微文雅的词语，从“蔑视”到“公然反抗”等等不一而足。

就像古往今来国际舞台上的那些其他伟大人物一样，有时麦克阿瑟似乎以为，他那与生俱来的才华，常常被战绩所证明，这使他的判断能力远在他所有的同事乃至上级之上。可是，问题的关键并不是在军事上还是政治上的判断谁更高明，而是以总统为代表的文职政府和以战区司令为代表的军方哪一个有权决定美国应当采取何种行动。在做出决定之前，麦克阿瑟当然有权也有责任就某个预案的正确性发表自己的看法，并提出他自己的建议。但

是，在向他宣布了总统的决定之后他再表示反对的话，那显然既不是他的特权，也不在他的职责允许的范围。在自私的政治党派之争最激烈的时候，在为1950年秋末冬初那场痛苦的失败感到羞愧和失意的时候，相当多的美国公众似乎忘却了这些基本点。

这些就是朝鲜战争期间美国的两位重要人物争论的主要问题，而这次战争引起的军政双方对立的问题最为敏感。从逻辑上讲这个问题根本就不应该出现，毕竟这个问题涉及的原则就像我们政府工作中的所有原则一样，是长期存在且根深蒂固的。如果只是这条原则，没有那些有意无意地围绕着它的使人误解的问题和琐事，我相信，绝大多数美国人是会毫不犹豫地支持总统的。可是，这场争论与其他让人头疼的问题纠缠得太深了，那些问题又没有一个好理解的，其中一个旷日持久的问题是我们的中国政策。其他的还有对原子武器的正确使用，有限战争的全新概念，以及在符合联合国宪章规定的义务前提之下对主权含义做的必要修改等等。

尽管如此，但根本的问题仍然是杜鲁门总统或麦克阿瑟将军究竟谁有权来决定外交政策中的重大问题？马歇尔将军在参议院对此事作证时是这样陈述的：

“这个问题是由于职务存在的固有差异所造成的。作为司令官，他的任务仅限于一个特定的地区和一个特定的对手，而参谋长联席会议、国防部长和总统则要对整个美国的安全负责……并且必须权衡美国在世界某一地区的利益和目标，要与其在世界其他地区的利益和目标保持平衡。”

“在我们的军事史上，存在这种分歧并不新鲜”，马歇尔将军接着说，“要说有什么新鲜的而且还让我们必须罢免麦克阿瑟将军的理由，那就是一位战区司令官公开地对美利坚合众国的外交政策表示不满和反对，这种情况完全是史无前例的。（他）……发展到与美国的既定政策如此不一致的地步，以至于还能否允许他继续行使一个战区指挥官通常所拥有的决定权都很值得怀疑”。

可我认为，允许争论对国家来说还是有好处的，毕竟问题暴露出来了，选举产生的政府首脑对问题做了果断应对，而且这完全是由于他个人内心充满了坚持正义的勇气而不是由于来自政界或军界的任何压力。在未来某个重大的危急时刻，其他人也许还会同样企图向宪法赋予总统及其顾问们制定外交政策的权力发起挑战，此次杜鲁门总统的决定可以充当一项有力的保障，防止以后再次出现这样的情况。

1951年3月20日，参谋长联席会议通知麦克阿瑟，国务院正在拟定一份总统声明，大意是，联合国准备讨论解决朝鲜问题的条件。3月24日，这项声明即将最后定稿，声明表示我们愿意在撤回到战前分界线的基础上解决问题。

可就在3月24日，麦克阿瑟将军擅自发表的一项声明拆了总统的台，激怒了我们的盟友，而且把中国人逼到了觉得如果真要接受邀请进行谈判就会大大丢脸的境地。了解真实情况的人都不会天真地以为麦克阿瑟会不知道自己的声明可能造成什么样的后果，也没有任何公开反对总统的企图。3个多月以前，1950年12月6日，杜鲁门总统向全体官员，包括麦克阿瑟将军在内下达了一项专门指示，禁止发表任何关于国家外交政策的声明。其实这项专门指示有点儿多余，因为根据我国宪法，制定外交政策从来就不是军人的职权，即使有人评价当前政策是“正确”或是“错误”，也影响不了那是民选官员们独有的、专门的和正当职责的规定。只有在独裁政治下，一个军事领导人才会乾纲独断，由他一个人决定国家应采取什么方针与其他主权国家交往。

麦克阿瑟的一句话就破坏了国务院发表声明的计划。因为麦克阿瑟说：“因此，敌人现在一定已经痛苦地意识到，联合国如果决定不再持容忍态度，不把战争限制在朝鲜地区，而是把军事行动扩大到中国沿海地区和国内基地，就注定会使红色中国在军事上面临迅速崩溃的危险。”这番话很明显是建议彻底改变联合国的政策，很难想象有谁还会佯称，像某些人说的那样，这是表达了接受一支军队投降的意愿。即便是要求对方投降，其实麦克阿瑟的话里也包含了这个内容，那也意味着联合国的立场突然变得强硬起来，而且还会使我们出丑，因为我们当时根本没有力量对中国施加压力。

这就是军方与政府之间摊牌的背景。之后摊牌的时刻马上就到了。结局是必然的，在一个民主国家就本该如此。政府享有最高权力而且必须享有这种权力。不过这也是关于朝鲜问题两种思潮之间酝酿已久的一次摊牌。一派坚决主张要“彻底的胜利”；怀着同样真挚情感和爱国热忱的另一派则主张停战，这样能为我们赢得时间来扩充实力并加强盟友的力量。

这次摊牌并没有终止那场人所共知的“大辩论”。虽然问题本身随着麦克阿瑟的免职而得到解决，但主张停火与捍卫“军事胜利”的两派人之间仍在继续辩论，这主要是因为韩国总统李承晚坚决反对举行任何谈判，并常常大声疾呼。他极力倡导武力统一朝鲜的主张，这大大增加了政府在双方旷日持久的停火谈判中遇到的困难。而且这让我的日子也不太好过。可是，我在内心一直对这位勇敢的老人满怀钦佩和同情。他对自己所憎恨的共产主义从不妥协，极其偏袒自己人，在所追求的目标无法实现时仍然锲而不舍，而真正能够打动他的只有他对祖国的深爱。为此他多年流亡在外，回国后殚精竭虑贡献了自己的全部。

考虑到他做出的牺牲以及内心燃烧着的炽热情感，我非常理解他坚决反对谈判的立场和做法。可是，我们这些必须处理军务的人往往会认为他在给我们找麻烦。他一直坚持说，朝鲜有巨大的人力资源储备，只要我们提供武器，他们就能帮我们打仗。可是，每次在中国人进攻中某些韩国军队逃跑时究竟丢弃了价值多少万美元的武器装备，我们知道得太清楚了。李还坚持说，是因为认识到联合国完全致力于“统一朝鲜并严惩共产党侵略者”，他才将自己的部队投入了这场战争。他说，他永远也不会同意阻碍统一的停战协议，因为这些条款就意味着“朝鲜民族的灭亡”。虽然面对联合国为防止朝鲜战争发展成第三次世界大战而做出的停战决定，李最终作出了让步，但是我相信，这位不屈不挠的爱国老人绝不会真的放弃他梦想的目标。果然，在谈判开始之前以及谈判过程中，他毫不妥协的态度，他在美国的支持者们散布强势的有时甚至是自私的舆论，使我们的谈判之路布满荆棘，这让许多人私下里都希望他离我们越远越好。联合国从未承诺要以武力统一朝鲜。只是在仁川登陆之后第一次出现乐观情绪的高涨时，才开始认真考虑越过三八线作战，下决心全歼敌军。而在中国人参战后，联合国军实际上几乎再也没有认真计划过向鸭绿江发起新的推进行动。当第8集团军再次开始向北挺进时，我们的目标只不过是完成指定的任务，“击退敌人的侵略行动，在这一地区恢复和平”，差不多就是恢复战前的态势，对峙的局面在所难免。

就在麦克阿瑟被撤职的前几天，前线似乎很快就要出现僵持局面。我们的攻势还在向前推进，但是我们计划的进攻全都是限制目标型的行动，针对精心挑选的目标，充分研究将要通过路线的地形，而且每次都要非常小心，不能因为我们有进取精神就不顾后果地追击，以致造成本来可以避免的惨重损失。我们可以投入的兵力已经达到了极限，除非我们能得到强大的增援，或者奉命向鸭绿江——图们江一线推进，当然这两种情况没有可能，否则，我们只能打算按目前的方式继续下去。我向麦克阿瑟作了汇报，他也表示赞同。

尽管敌人似乎仍处于防御态势，但我还是提醒各军军长，敌军的位置进可攻退可守，他们有能力随时发起全面进攻。此时，我已接到去东京就职的新任命，而詹姆斯·范·弗里特中将则正在去往接管第8集团军的途中。

我突然晋升为联合国军总司令的消息以最平淡无奇的方式传到了我耳朵里，充满戏剧性的消息往往如此。事实上，当消息传到我这里时，我并没有意识到这意味着什么，因为这个消息是一位战地记者以提问的方式传递给我的。我已经想不起来这位记者的名字，可是我记得他提出的问题实际上是，我是不是不应该接受祝贺。这个问题对我来说其实没什么意义，除非我当时已经知道麦克阿瑟将军被免职，而且还选择我接替他的职务。我只是盯着那位记者，非常坦率地告诉他我不知道他在说什么。当时，我正陪同陆军部长弗兰克·佩斯视察前线，还专门领他看了第936野战炮兵营，这原本是国民警卫队的一支部队，来自他的家乡阿肯色州。我当时更关心这次视察，而不关心什么含糊问题背后的隐晦含意。

第936野炮营是一个155mm榴炮营，刚刚通过了最后的训练考核，并获准参加战斗。我们去视察时，他们接受了一项炮击任务。营长和各连连长邀请佩斯部长来拉牵索，开第一发炮。一些士兵还在这发炮弹外壳上用粉笔写

了句粗话“问候”弹着区的中国人。部长欣然接受邀请开了一炮，然后得意地退到一边等候炮击结果。这时，陪同部长的两位军官，也是我的老朋友埃德·赫尔中将和特德·布鲁克斯中将决定逗逗他。

“您知不知道”，他们特严肃地问他，“作为一名文职非战斗人员您是无权开炮的吗？这回如果您落到中国人手里，那就完蛋了”！

部长那张平时很和蔼的脸上瞬间掠过了一丝惊慌的神情，我们都忍不住放声大笑，他也和我们一起笑了起来。然后我们继续视察。几小时之后，当我理解了记者问我的那个似乎很荒谬的问题的真实含意时，又轮到我感到惊慌了。我奉命去东京，接替我上司的职务。

我最后一次会见麦克阿瑟是4月12日，在东京的美国大使馆图书馆里。这样的会面我并不喜欢。我以前写的一本书里详细描述了这次会面。这里，我只想着强调一件当时让我印象深刻的事——麦克阿瑟并没有表现出怨恨或不满，他像往常一样平静而谦恭，而且，看起来他以很大的宽容接受了这项决定，我认为大多数人处在同样情况下很可能根本做不到。从我当时的记录来看，他的顽强精神看来丝毫没有减退。

我说“最后一次会见”麦克阿瑟，因为这是我与他之间最后一次正式谈话。其实，我在机场还见过他一面，有一个短暂的告别仪式。他握着我的手说：“我希望你在离开东京时能当上陆军参谋长。其实如果允许我选择自己的接班人，我本来也会选你的。”他说这番话的时候完全没有了表演的腔调。寥寥数语，却饱含真情实意，体现了这位伟大的军人政治家的雅量。这句话对我来说也意义重大，它证明了早在4个月之前我离开麦克阿瑟的办公室去接管第8集团军时他对我表示的信任。而就在不久前，当联合国军再度向三八线挺进时，他又一次表示过这种信任。当时，他对我说：“你已经把能做的都做到了。”

13年之后，出了一件令人费解的事。一则麦克阿瑟将军在1954年1月会见普利策奖获得者吉姆·卢卡斯的报道公开发表。此时麦克阿瑟将军已经去世。据卢卡斯先生说，在这次会见中，麦克阿瑟将军把我列在战地指挥官名单末尾。考虑到麦克阿瑟将军在朝鲜对我所说的一切，以及他后来在华盛顿对参议员哈里·凯恩的谈话，这则报道使我迷惑不解，对此我没有得到满意的答案。

他与凯恩的谈话内容如下：

参议员凯恩："依我看，可以说陆军五星上将道格拉斯·麦克阿瑟对李奇微将军是极为尊重的。在回答我最近一次询问时，麦克阿瑟将军说：'在我们的勇士沃克将军不幸遇难后，是我提议并选定李奇微将军担任第8集团军司令的。我认识李奇微将军已经30年了。我想，没有比李奇微将军赴任远东更为合适的选择了。我非常尊重他，不仅因为他是一名真正的军人，还因为他是位很有修养的绅士，是我所熟悉的最杰出的人之一。我认为李奇微将军与我之间那种完美的合作、奉献和忠诚，没有人能比得了。'"（摘自《国会议事录》——美利坚合众国——第82届国会第一次会议的报告与辩论。第97卷，华盛顿，1951年5月10日，星期四——第85号）

对于上面麦克阿瑟回答参议员凯恩时所说的最后一句话，我由衷地赞同。

我与弗兰克·佩斯一起乘坐他的飞机 "星座号"去往东京。当晚，我又借他的飞机返回朝鲜，因为他的飞机比我那架老B—17快得多。可这次飞行差点儿要了我的命，因为那位飞行员不熟悉朝鲜机场。

凌晨1时，他带我们降落时错把一个供轻型飞机起降的简易机场当成了指示他降落的K—2机场。不知道是运气太好还是老天有眼，飞行员躲过了机场旁边的一座山，而他根本没有发现那座山离飞机的翼尖只有几码。接着，飞行员突然发现自己正倾斜着在一条最多只能供C—47运输机临时着陆的跑道上降落。他只能采取紧急制动，以防飞机一头扎进稻田里。飞机向左倾斜着停了下来。乘务长那些上好的瓷器全都摔得粉碎，飞机的四只轮胎也爆了。也就是说，在从数百英里之外弄到新轮胎并把它们运到朝鲜之前，弗兰克·佩斯没法使用自己的专机了。

在我从东京起飞之前，弗兰克·佩斯曾亲切地称赞我说："马特，你让这支军队不仅在军事上创造了奇迹，而且在精神上也创造了奇迹。”这次事故让我把佩斯的这些话更深深地印在了脑海中。而现在，我想，在几分钟之前，我们先是误打误撞地绕过了那座山，之后又在这条小得可怜的跑道上令人毛骨悚然地着了陆，我们的飞行员又创造了一个技术上的奇迹，让我们大家都能毫发无损地降落到地面上。

我们下一步要在前线展开“无畏行动”，穿过调整线“犹他线”向“怀俄明线”继续挺进。我们非常清楚敌军在其后方尤其在铁三角地区的集结情况，因此，我们在供大家讨论的几个备选方案中，加入了一个向“堪萨斯线”撤退的方案。坏天气持续几天就会使许多道路无法通行，影响空中支援，就有可能使我们被迫停止进攻，或者如果敌军十分强大，我们甚至还要把部队撤回来。我通知各军军长，只有接到我的命令才能向指定好的调整线依次撤退。不应采取消极防御，要在运动中积极主动、最大限度地杀伤敌人。

然而，在这些行动开始之前，我已经将第8集团军的指挥权移交给范·弗里特将军，自己飞往东京履新了。但是出于对老上级的礼貌，我坚持不用麦克阿瑟的司令部。直到他彻底离开了东京，我才住进帝国饭店。8天之后，中国军队发动了第五次战役，竭尽全力想要把我们赶入大海，这也注定是他们的最后一次努力。中共动用了强大的兵力发动进攻。其实，如果中国人能早一点儿用计诱使我们派出相当数量的部队实施无计划的追击，他们本来也许会重创我军。然而结果却是，除了某些韩国军队迅速瓦解并丢掉了大量武器装备和大片土地之外，我们的部队出色地完成了防御任务——我早就相信他们能行。由于一个韩国师的溃败，致使其他联合国军部队的翼侧暴露，这些部队也被迫放弃了阵地。因为这件事，我还被迫于4月26日从我的参谋人员中派出一名亲信保罗·史密斯中校（现为少将）向范·弗里特将军传达一项建议，请他派一位将军去见穆乔大使，敦促大使在除了联络官摩尔特将军之外无其他人在场的情况下，向李承晚总统递交一封信，大意是：李的首要问题是保证其军队有得力的领导。这一点李根本就没有做到。所以我要特别直截了当地告诉他，从他的国防部长往下，在指挥上都存在着严重的弱点，韩国主力部队在战斗中一再失利也反复证明了这一点。我觉得应该让他知道，在他确立对军队的有效领导之前，我们不会再和他讨论装备更多韩国部队的问题。他们已经无故丢弃了太多非常紧缺的重要装备。

我相信李肯定收到了这封信，不过却没有回音。相反，他继续向我们施加压力，要求武装“大批没有武器但经验丰富的韩国人”，有些压力是由李的代理人和支持者通过美国报刊向我们施加的。他还坚持说，这些人一直都可以用，可我们就是一直不用。

然而，这只不过是我当时遇到最小的问题之一。而且如前所述，我实在不忍心对这位老斗士有什么不满，毕竟他是在努力完成他的梦想，建立一支由自由战士组成的士气高昂、勇于奉献的军队，就等他一声令下，把侵略者从朝鲜的土地上彻底赶出去。

接任联合国军最高司令职务之后，我考虑最多的是如何处理好我和范·弗里特将军以及其他军长们之间的关系。我不愿意像麦克阿瑟在我指挥第8集团军之前那样大权独揽，而且对于一位远离战场的指挥官来说，有他自己所信赖的得力下属在现场指挥，却仍然想抓住作战指挥权不放，我从来都不认为这是正确的做法。相反，我决定采取当年在欧洲战场上惯用的办法，也就是说，我对集团军司令范·弗里特将军的声望和出色才干表示崇高的敬意，会给予他充分的自主权，与此同时，对他的主要作战方案我仍然保留批准与否决的权力。而且在评估这些作战方案时，我打算每次不仅要亲自与集团军司令本人协商，而且还要分别与第8集团军的军长和师长们进行讨论，这些人我都很熟悉。我希望自己每次都能像具体负责实行这些计划的军官一样了解和熟悉相关情况。了解他们的想法，再掌握全部其他相关情况，有了这第一手资料，我就能够做出正确的决定。对于我做出的决定，作为战区司令我只能自己一个人承担全部责任。

在做决定的过程中，我一直牢记杜鲁门总统和参谋长联席会议向我明确传达的政策性决定，其中最重要的一项就是，要避免采取任何可能导致战争规模扩大而引发世界大战的行动。范·弗里特将军、远东海军司令乔伊海军中将和远东空军司令斯特拉特迈耶将军都接到了关于这一基本指导方针的通知，各位司令都表示完全理解和赞同。

在等待华盛顿方面发布的最新任务和方针的概述之际，为与上述政策性指示保持一致，我对第8集团军和韩国军队的推进采取了适当的限制。我特别指示范·弗里特将军，未经GHQ的预先批准不得在“怀俄明线”以北地区采取大规模作战行动。同时我希望他在批准 “犹他线”以北地区的任何进攻行动时都要提前向我报告。

所有的这一切，我都是为了要特意避免重蹈前任的覆辙。不管怎样，我在战斗指挥上，或者说在任何战场指挥上的一个基本原则是：要有主见，要努力运用战争艺术的基本原则，要力求用你自己的方式和方法完成委派给你的任务。麦克阿瑟将军的那套办法和我的完全不一样。麦克阿瑟除了他的支配性人格之外，其军事经验确实比他手下的任何一名军官都丰富得多。他曾经不顾下级指挥员以及主要参谋人员几乎完全一致的强烈反对，最终取得了一次辉煌的胜利。所以后来他更加相信自己的判断，而更不轻易相信手下的任何一名指挥官，也就不足为怪了。不过除此之外，因为在朝鲜战争最初的6个月里，他对自己下属两名地面部队指挥员中的一名确实缺乏信心，所以他无疑会认为，应该对下级指挥员严加控制，由他本人决定重大作战行动，而他的下级只能在执行的细节问题上有斟酌处理的自由。

相比之下，我完全信任范·弗里特将军这位智勇双全的战地指挥官。此外，我一直觉得，对于下级指挥官提出的看法应当给予最充分的考虑。即便如此，我和任何部门无论文职的还是军职的最高长官一样，也常常需要走钢丝，也就是要维持两方面关系的适度均衡，既要让下级指挥员执行概括性指示时享有充分的自主权，又要对下级的行动进行适当的监督，行使对整个工作的成败负全责的领导人的职权。我在东京任职期间，一直力求维持好这种平衡。

当时有两项最应该优先考虑的任务，在我此时看来，它们几乎同样重要。一项是抓住华盛顿方面的上峰委派给我的主要任务的重点，也就是日本的防卫。这意味着我必须立即审查现有的计划，搞清楚它们能否对付苏联可能发动的进攻，尽管这种意外事件发生的可能性很小。另一项是在我的职权范围之内采取所有切实可行的措施，坚定不移地贯彻杜鲁门总统制定的政策方针，即防止将这场冲突扩大成为一场全面战争。

关于这两项首要任务，我认为需要做的第一件事，就是要求对前几个月由参谋长联席会议下达的或者说源于总统和国防部长所颁布政策的许多指示进行一个总结性的说明。保卫日本以防被攻击这一任务是我国政府单方面委派给我的，除此之外，作为在朝鲜的联合国军总司令我肩负其他任务。这些任务包括：维护联合国军的完整性；继续在朝鲜战斗下去，在我看来，只要有胜利的机会，就会继续打；继续封锁整个朝鲜的海岸线；稳定朝鲜局势，或者如果被迫离开朝鲜，就撤往日本。其他还有一些任务在我们的计划之中，但随着联合国军地面部队在1950年底被迫后撤，已变得毫无意义。

关于作战自主权的问题，我得把我的目的清楚明白地向范·弗里特将军交代清楚，这件事也是非常重要的。这两项任务需要分别采取行动，交替着同时进行。

首先要做的是，适当限制第8集团军和韩国军队的推进，在此期间我们会起草出详细分阶段的命令函，不仅要送交范·弗里特将军，而且还要交给乔伊将军和斯特拉特迈耶将军。这些命令函会明确概括我们的目标和方针。我很快就开始这一行动，明确了范·弗里特到达的当天我曾下达过的口头命令，并增加了这样一条指示：“我希望，未经本司令部预先批准，不得在‘怀俄明线’（临津江与汉江汇合处——铁原——华川水库——大浦里）以北地区采取大规模作战行动。若你认为形势有利，在向‘犹他线’（和‘怀俄明线’有相当一段距离的一条线）以北地区推进之前，请先向我报告。”

第二步就是起草命令函。尽管在收到华盛顿方面对最新任务和方针的总结之前，这些命令函也许无法最后定稿，但我还是立即着手准备。与此同时，我主动与三位司令协商了一下，所以在1951年4月25日，在这些命令函正式下发时，每位司令对信函内容都已表示完全赞同。

命令函里还附了一份备忘录，其目的是为了提供与命令函密切相关的某些理念，这些理念本身就是和命令函同样重要的指示。下面是给范·弗里特将军的命令函和备忘录的摘录。在附录6和附录7中，摘录了给乔伊将军和斯特拉特迈耶将军不同内容的命令函。

备忘录摘录：

“实施目前的作战行动有可能使战争规模升级，进而引发世界大战。这样巨大的危险始终存在，使本战区的所有部队，尤其是那些有能力进攻的部队，肩负了重大的责任。”

“在执行委派给我们的任务时，这种责任是始终存在的。我们不仅要对自己的直接上级负责，还必须要对美国人民负责。每个指挥官要充分意识到自己的行动可能带来的后果；必须使自己的部队对行动同样充满责任感；必须经过多次测试建立起自己满意的有效机构来确保能够控制所部的进攻行动及部队对敌人行动的反应；归根到底，指挥官本人必须下决心杜绝所部可能使当前冲突升级的任何行动，除非这一行动完全符合命令函的精神。只有做到这些，才算是履行了我们的职责。”

“因此，我希望每个负责的指挥官，不论职位高低，每一天，实际上要每时每刻，都必须始终牢记：履行这方面的责任是我们的神圣使命。”

尽管上述内容对地面部队不像对我指挥的海空军部队那么常用，主要是海军一艘舰艇或空军一架飞机的行动都可以造成极其严重的后果，但正如我后来视察第八集团军司令部时向范·弗里特将军口头解释的那样，这些内容却能让他们对这一关键问题引起高度重视。

给第8集团军司令的命令函摘录。

（一）

1. 在情报机关证明情况发生变化之前，你部的作战行动必须基于如下推断：(1)与你对抗之敌决心将你赶出朝鲜半岛或者将你就地歼灭。(2)苏联随时都可能选择动用其陆、海、空军之现有力量进行直接武装干涉，在这一战区与联合国军作战。如苏联进行此类武装干涉，中共和朝鲜人民军的部队就会与之协同作战，而且全部都会选择适当的时机，以求最大限度地利用天气条件及地形的影响。

2．你部还应进一步根据以下推断作战：

(1)你部将依据编制装备表进行配备，达到并维持在规定的水平上。但是，你不会得到大量战斗部队或技术支持部队的增援。(2)你部作战行动的持续时间目前无法预测。(3)你随时有可能奉上级主管之命撤至某个防御阵地，并一直坚守下去。(4)你随时有可能奉上级主管之命全面撤退，目的在于及早撤离朝鲜半岛。

（二）

1．你的任务是击退对你目前所在的大韩民国领土（及那里的人民）进行的侵略，并且与韩国政府合作，在该地区建立并维护秩序。在执行此项任务时，你有权在朝鲜三八线以北地区采取军事行动，包括两栖登陆和空降行动以及地面作战，但所有行动必须遵守下面2(1)之规定，而且，还要遵守以下规定：即在任何情况下，你部无论规模大小，均不得越过韩满边界或韩苏边界。非韩国部队，甚至不得在靠近上述边界的地区作战。

2．执行该任务时，你应遵循以下指示：

(1)只有接到我的命令，你的主力部队才能越过临津江与汉江汇合处——铁原——华川水库——大浦里一线（这条就是“怀俄明线”）。(2)你要指挥部队全力对在朝敌军造成最大限度的人员伤亡和物资损失，同时，始终保持你部主力建制的完整和部队的安全。要不断地逐步削弱中共和朝鲜军队的进攻潜力，这对于实现我们的目标作用很大，而且还可摧毁中国的军事威望。(3)你要在后勤保障和地形条件受限的情况下，尽量避免人员和装备的不当损失，最大限度地实施火力机动，使你部保持进攻精神，掌握主动权。(4)你要抓住敌人的每一处弱点，并充分利用每一次机会向世界表明敌人战斗力的真实水准。(5)(略)。(6)一城一地之得失本身意义不大甚至毫无意义。(7)在远东海空军司令执行委派给他们的任务时，你要向他们提供支援。

(三)

1．这些命令是你制定作战计划的依据，其副本只能给你手下“需要了解情况”的美国军官。但是，命令中为了防止朝鲜战争升级的限制性规定，应在必要的范围内进行传达，以保证你部人人都能理解和遵守。

2．(略)

3．如你想要明确其中之任何一项内容，或建议修改，欢迎你随时与我讨论。

马修 · 李奇微

美国陆军中将

然而，我的新工作职责远远超出了在朝鲜行动的范围。有时候我都怀疑自己是否因为在忙一项任务而忽视了另一项。约翰 · 福斯特 · 杜勒斯国务卿在东京拜访我时，曾对我新增的职责表达了他的感受。

“我希望”，他说：“你不要认为在你的其他职责中负责条约问题的责任是次要的。”（日本条约当时正处于谈判的后期，杜勒斯是该条约的总设计师。）我向他保证不会这样做，而且我会尽快全力以赴地投入这项工作。我指出，在这第一周内，我已有意把有关日本防卫的问题放到了优先的地位，因为国防部曾通知过我，苏联可以在我们很少或没有预警的情况下将其远东的军队投入这一战区与我军作战，他们有这样的能力，而且这种可能性也不容忽视。因此，与我面临的其他问题相比，苏军强大的能力造成的问题最为紧迫。

我知道，要想做好日本的防卫，就必须熟悉这里的地形以及我们在日本的部队和设施的现状。于是，我很快便开始对一些关键地区进行一系列飞行勘察和实地探访。这种活动后来把我每天的空闲时间全都占满了。与此同时，我决心竭尽所能来防止在日本个别地区仍然盛行的那种驻防态度死灰复燃。我还想知道我们部队驻扎的地点，他们的实力如何，指挥官能力怎样，以及如果苏联果真发动突袭我们怎样才能用最好的办法对付它。到达东京后没过几天，我就绕着北海道的整个外围进行了一次飞行勘察，我觉得这里很可能是俄国人的第一个目标。在这次飞行勘察中，我小心翼翼地飞抵尽可能靠近苏联领土的地方——拉彼鲁兹海峡（宗谷海峡）的对面，距苏联只有几英里。我还乘坐自己的B—17飞机对其他地区进行了巡视。有时我让驾驶员贴着树梢飞行，这样就可以对地形进行近距离仔细观察研究，说不定哪一天我们的部队就有可能在这里作战。一次，我带上夫人，请她下到投弹手座舱里，这样我们脚下的山丘和森林她就能一览无遗。很快她就觉得，在有机玻璃罩里掠树梢飞行还不如在上面的座舱里有趣。在上面的话看上去我们距地面还要远一些。

尽管我知道苏联的进攻不大可能发生，而且我也决心贯彻杜鲁门总统的指示，避免采取任何可能会把我国卷入一场世界战争的行动，但我还是全力以赴地设法使我的部队保持战备状态，准备对付敌人可能采取的行动，而不是我们以为他们会采取的行动。

保卫日本是国家赋予我的责任。作为驻朝鲜的联合国军总司令，我还有其他的新任务：继续在朝鲜打下去，只要我认为还有胜利的希望；继续封锁整个朝鲜的海岸线；稳定朝鲜的局势，或者如果被迫离开朝鲜，就把联合国军撤到日本。

在我上任后随之而来的还有各种各样的行政事务，其中有一件让我自己很满意的事，就是我认为一直以来忽视了道尔·希基少将这位杰出的军官，虽属无意，但我这次终于改过。1950年9月，艾尔蒙德少将离开东京去指挥第10军参加仁川作战之后，希基少将被任命为“GHQ代理参谋长”。从那时起，麦克阿瑟将军在公文中仍然称艾尔蒙德为“GHQ参谋长”和“第10军军长”，显然这很符合他的个人特质。他赏识艾尔蒙德的才干，我也完全赞同艾尔蒙德是当之无愧的，可肩负了一个重要司令部参谋长全部重任的希基，实际上却好像只是个临时补缺的人。我敢肯定这种安排无论是艾尔蒙德还是希基都不会满意。但是，要质疑此类事情，作为部属确实需要有很大的勇气。至少我是在麦克阿瑟将军离开东京之后不久才发布命令，任命希基接替艾尔蒙德为GHQ参谋长。艾尔蒙德被免去这一职务，继续担任第10军军长。

在我的新岗位上这类让人失落或满足的琐事还有很多。有件事提起来常常让我又好气又好笑，那就是第一大厦我的新住所的建筑风格问题。第一大厦的台阶根本就不是给美国兵修的，一步跨一级嫌矮，一下子跨两级又太高。爬楼梯就像是在铁路上踩着枕木往前走一样。要是一根接一根地踩着走就只能像小孩子那样迈着小碎步，之所以说像踩枕木就是因为“一步迈一个太短，一步迈两个又太长”。 怎么样上楼梯，才能不把我自己搞得像伍德豪斯笔下“一个人的庄严队伍”那样，成了上任头一天就让我心烦的问题。后来我用一连串的跳跃动作把上楼梯的问题解决了。要是哪天有个摄影记者在我上楼的时候抓拍下来的话，照片上的我肯定像是个猴急的新郎或迟到的学生一样在往楼上窜。但这种锻炼不能完全弥补我无法去朝鲜爬山的缺憾。在指挥第8集团军的那段日子里，视察一支驻扎在山上的先头部队已经成了我必不可少的健身项目，可以想象在东京这样下去我的体型会越来越宽，肚子也会越来越大。幸好大使馆提供了一个不错的游泳池，很快我也找个理由建了一个羽毛球场。我的工作人员中有两个以前是西点第一流的橄榄球运动员，这样我毫不费力就找到了陪练和搭档，接下来我要做的就是努力让自己不发胖。

当然，尽管这类事情可能会给我心里添点儿乱，但我们大家的注意力主要还是集中在联合国军在朝鲜的作战行动和机遇上。我知道，艰苦的日子还在后头，特别是由于越来越糟糕的天气削弱了我们的火力优势。然而，我对部队的能力仍然有充分的信心，他们可以应对中国军队的任何威胁，对于这一点，甚至在中国发起第五次战役之后我都从未有过丝毫的怀疑。

只是韩国军队的所作所为着实让我头疼。挥师向前的中国军队再次将一支又一支的韩军打得抱头鼠窜，这些部队在溃败中又丢弃了大量昂贵而又难以替代的武器装备。中国人又用他们惯用的手段，趁着月光，在各种轻重火炮和迫击炮的掩护下发动了进攻。这次进攻从朝鲜中部山区开始，拂晓时在整个朝鲜半岛全面展开。我们曾预计，这次敌人可能会广泛应用坦克，但我现在回想起来，他们根本就没有用过坦克。相反，敌人采取了自己熟悉的战术，以大量步兵实施夜间进攻，几乎是紧随着炮击之后一边发起冲锋，一边猛投手榴弹，不顾伤亡，这让韩国军队很难适应。战场上又到处响起刺耳的军号声和尖叫声，而敌人的步兵穿着胶鞋悄无声息地摸到了黑暗的山坡上，潜入了我军阵地。

我们的防线除了中央防区之外，其余各处都防守得固若金汤，顶住了敌人的首次进攻。在中央防区，韩国第6师居中，美军第24师在左翼，第1陆战师在右翼。中国人猛攻韩国军队，使之仓皇向后溃退到“犹他线”以南。随后敌人突入了这一缺口，企图包围两翼的美军部队。第24师和第1陆战师守住了阵地，但是范・弗里特将军面对这一危险，立即命令第1军和第9军逐步撤往“堪萨斯线”，以放弃最近占领的全部阵地作为交换，赢得了宝贵的时间并严惩敌军。其他部队则迅速堵上了韩6师撤退留下的缺口，没有给敌人留下可乘之机。

整个前沿战斗都非常激烈，中国人损失惨重。我们针对这类进攻所做的精心准备终于开始有所回报。如果没有这些准备工作，前几周的轻松推进也许就会使我们落入敌人的陷阱。因为，大量中国军队突入、穿过或者包围了我中央防区的阵地。第一天晚上10点，第9军阵地后方1000米处发现了中国军队，他们向当天下午刚刚移到此处的我炮兵部队开了火。但是，人员齐备的环形防御阵地让敌人付出了沉重代价。以第92装甲野战炮兵营为例，他们阵地周围的战斗打得特别艰苦，黎明前的几个小时，阵地上到处是中国人。可是，莱昂・拉瓦中校已注意到了防御问题，他们并没有惊慌失措。中国人在被击退前就已经有179人阵亡，而第92炮兵营仅损失15人。在三天的战斗中，仅第9军就发射了一万五千发炮弹。

4月26日，敌人切断了连接汉城与朝鲜中部的春川及东海岸的坎松之间的宽阔公路。范・弗里特立即将第9军撤至洪川江。中国军队已经利用一个午夜涉过了水浅的临津江，准备在南岸建立一些小的桥头阵地，同时其他中国部队沿铁原与汉城之间的公路向南运动。第1军有条不紊地撤退，途中还重创了敌人，最后一直撤到了“堪萨斯线”，打算在那里固守。但是，敌人的一次突然袭击把韩国第1师赶到了“堪萨斯线”以南，导致英军第29旅的左翼暴露。尽管第1军一再设法援救格洛斯特郡团第1营，但该营仍被敌军切断，而后被击溃。卡恩斯中校（他在该团已服役26年）和他的士兵们在自己的阵地上英勇顽强地坚守了数日，直至弹药全部用尽。最后该营仅有少数士兵返回到联合国军这边。

中国人切断以汉城为起点东西走向的主要公路之后，就集结兵力准备向汉城发起大规模进攻。他们曾吹嘘过汉城很快就要回到他们手中。位于汉城正北的议政府面临被中国人包围的危险，我们只好弃城。随后，范·弗里特着手构筑一道新防线固守汉城，将敌人阻止在汉江以北。美军第3师在距城界四英里处踞守。

4月29日中国人展开了对汉城最有威胁的一次突袭，6000名中国士兵企图乘小船在汉城西面渡过汉江，他们可以由此沿金浦半岛南下，绕过汉城城防。我们的制空权就在这里发挥了巨大威力。当敌人还在江面上时，我们的飞行员向他们俯冲过去，将敌大部歼灭。小股残敌侥幸到达了南岸，但根本不敌驻守在此的韩国第5陆战营。敌人的另一企图是在汉江与北汉江汇合处打开一条通路，越过汉江，迂回包围汉城，结果被美军第24师和25师挫败。

随着敌人强渡汉江的企图以失败告终，我军构筑起了一道新的防线（称为“无名防线”，因为一直没有给它命名），从汉城北部经韩国中部的四方隅，一直延伸到位于三八线以北、日本海沿岸的一座海滨小镇大浦里，横穿整个朝鲜半岛。炮兵和空军轰炸极大地支援了地面部队，使敌人的疯狂进攻在距离目标很远时就已受阻。从4月21日到29日，联合国军的飞行员们执行了7420次飞行任务，我方连续不断的炮击使整个战场的地面上弹坑密布。

宁可用光铁与火，也尽量不消耗血与肉，这就是范·弗里特的目标，而他的部队也充分利用了我军在空中力量和火炮上的绝对优势。敌人一时露出疲态，第8集团军就立即转入进攻，不给敌人以喘息之机。我们很清楚，敌人的补给还在源源不断地由中国东北运往铁三角地区——这处平原完全被犬牙交错的花岗岩山岭所包围，其顶端是平康，底边是从铁原到金化。我们的计划是，如果有可能就推回到“堪萨斯线”，威胁铁三角地区，可能的话甚至攻占这一地区，至少也要充分利用一下更为有利的防御地形。我们的坦克巡逻队在五月初曾突入敌纵深地区，向“无名防线”以北穿插12英里，袭扰了正在撤退的中国军队。企图向金浦半岛渗透的小股敌军部队很快被肃清，韩国第1师向临津江攻击前进。第1骑兵师重新夺回了议政府，关闭了通往汉城的门户，同时其他部队也从汉城的北部和东部将敌人击退。在通往春川的路上爆发了激烈的战斗，敌人在此挖深壕固守，我军遭遇了顽强抵抗。在重夺春川之前，美海军陆战队只得采取近距离作战来肃清该地区。最右翼的部队也同时向前推进。似乎有一段时间我们可以发动一次进攻重返“堪萨斯线”。可在五月的第二个星期，敌人此前的零星抵抗到处都开始变得强烈起来。据我军的观察员报告：敌人正在修建新的机场设施，估计其空军大约有一千架飞机。尽管我们进行了空袭，但运送补给的队伍仍从遥远的北方稳步南下，而且每天都能发现敌人的大部队在运动。于是范·弗里特将军决定推迟进攻，加强自己的防御，准备对付敌人这一轮新的进攻。沿着“无名防线”拉了500多英里长的带刺铁丝网。埋设了大量地雷，并在雷区加装了电触发引爆的汽油桶和凝固汽油弹。仔细测定了射界，这样密集的火力此前在朝鲜还从来没用到过，我们准备让敌人尝尝厉害。

5月15日黄昏后，中国人恢复了进攻，动用了大约21个师的兵力，在侧翼还有朝鲜的九个师，其进攻的目标是我军防线的中央，尤其是美第10军和韩国第3军的防区。在进攻发起后第二天的晚些时候，防守春川右侧高地的韩国第5师和第7师在中国人的沉重打击下彻底崩溃，狼狈不堪地后撤。于是，堵住防线的缺口又是一场激烈的争夺战。范·弗里特把美第2师和第1陆战师调到右翼，去挡住敌人从西边的突破；同时命令第9军把前沿向右延伸，以便加强第2师和陆战师留下的薄弱环节。他指挥两个步兵团进入阵地，阻击进攻中冲在最前面的敌军，同时命令一个团和美第2师迅速北上，抗击西面突出部之敌。这24小时让人神经极其紧张，因为中国人一窝蜂地涌

入了突出部，打算包围我军阵地。第2师的士兵们在主要补给线被切断的情况下，曾一度在中国人和朝鲜人的四面包围下顽强战斗。不过，美军第9步兵团仍然向北攻击；美第2师的法国营和荷兰营加上美第23和第38步兵团，为了重新取得主要补给线的控制权而向南攻击。而第2师则牢牢守住了阵地。第38野炮营在24小时之内发射了一万多发105mm炮弹，成了朝鲜战争中最强有力的炮击行动之一，帮助步兵阻挡住了敌人的进攻，使敌人伤亡惨重。5月18日，中国人发动新攻势的第三天，艾尔蒙德将军命令第2师南撤约五英里处构筑一道新的防线。第2师师长克拉克·拉夫纳将军成功地实施了后撤行动。在这次为期三天的战斗中，第2师伤亡和失踪者共计900人，而中国和朝鲜的损失估计为3.5万人。

中央防区东段和沿海地区的其他韩国部队面临敌军的强大压力，远远地撤到“无名防线”以南地区，在日本海沿岸的韩国第1军后撤了大约35英里，抵达江陵村。在西部防区，敌人试图沿北汉江突击，迂回包围汉城。但是，美第25师和韩国第6师经过三天的激战，将中国人挡在了汉城以东约20英里处的一个村庄磨石隅里的南面。敌人还向汉城发动过直接进攻，但力量过于微弱，很快就被击退。于是，中国人不得不再一次停下来喘口气，而此时距离他们自己所吹嘘的目标还有很远。在东部和中央防区，他们已然向南推进，付出了高昂的代价才占领了大片地区。但是，中国人的诱敌之计均未得逞。除了从韩国军队手中夺取的大量武器装备外，他们能够炫耀的只有付出血的代价才换来的大片不毛之地，就如同但丁在他的《神曲·地狱篇》中所描述的那种景象，再有就是一些遭受狂轰滥炸后到处是残垣断壁的村庄。然而，对韩国败兵所丢弃的这些武器装备却不可小视。那可是好几个整师的装备。但从华盛顿的媒体和国内其他地方还是出现了许多传闻，对我的司令部与韩国政府之间存在的摩擦表示不满——但是，摩擦都是源于那些没完没了的传闻，而且又都是出自李的办公室。传闻说韩国现有大量受过训练的兵源，只要美国适当地给一些武器和装备，就能缩减驻朝鲜联合国军的数量。这种事对国内的读者来说自然有很大的诱惑。但这纯粹是基于不切实际的幻想。除非李能让已经武装起来的韩国军队在战场上表现得好一些，或者激烈的战事能够停下来，否则，既不会有多余的人员，也不会有多余的资源能为了他设想的扩充计划而进行指导和训练。

5月9日，在穆乔大使和范·弗里特将军的陪同下，我拜会了韩国总统李承晚。当时除了李本人之外没有其他人在场，我就向他直陈需要提高韩国军队的领导力。我们对韩国陆军参谋长钟将军一直是完全信任的。然而，战斗的需要，加上文职官员的政治干涉，对他没有倾全力支持，使他几乎不可能培养出韩国军队所需要的和应该有的那种高水平的战地指挥官。我认为，那天下午我们与李承晚总统这位老战士的坦率交谈毫无含义不清之处。我甚至还可能向他过多地透露了军事形势。可是，他的司令部还在不断地编造故事，说什么韩国还有未开发的兵源，但我们就是拒绝使用之类的。这件事已经成为政治问题而不是单纯的军事问题了。因此我要求范·弗里特注意，他和他的高级军官们——他的参谋长和三位美军军长应避免发表关于纯军事领域之外任何问题的公开声明。以后总会有时间把所有的韩国师从战场上撤下来进行训练，使之成为一流的战斗部队。但是目前我们必须尽一切可能防止这个烦人的政治问题继续恶化。

此时中国人的进攻又一次渐渐停了下来，现在该我们再次发动进攻了。新到的联合国军的两个营即将完成最后的战前训练，编入第8集团军。由于范·弗里特的炮火饱和轰炸战术造成的暂时性弹药“短缺”已不再是什么重要因素。但是同时还要留意敌我双方的后勤情况。进攻行动推进得越远，我们的补给线就拉得越长，而敌人的补给线就会相应地缩短，还会使我们遭受重大伤亡。韩国仍然仅有一个一流的港口可供卸载军用物资，而且还是唯一可供吃水深的船只停泊的港口，就是釜山港，可还位于韩国最南端。汉城的港口仁川，由于受到黄海巨大潮水落差的限制，货物要从远离海滩的船上先卸到登陆艇上才能运上岸。

炮连从未有过弹药短缺。只是由于弹药消耗突然大幅度增加，在朝鲜的弹药贮备曾一度低于规定标准。

但是，威胁铁三角甚至在可能时攻占该地区，确是明智之举。这里以前曾是从中国延伸过来的一条优质铁路线的终点，也是供应敌人前线粮食和补给的多条优质公路的枢纽。大家可能还记得，“怀俄明线”，也就是“堪萨斯线”的突出部，就是针对铁三角的底线而划定的。对我们来说，控制华川水库也至关重要，汉城的水电供应以前就依靠这个水库，而且这里还是敌人补给线的心脏。因此这次新的进攻不考虑那么多了，就是要重新打过三八线去，并尽我们所能摧毁敌人的潜在力量。

5月19日，我飞往朝鲜，在塞末附近的第10军指挥所会见了范·弗里特、艾尔蒙德和第9军军长霍格。这几位指挥官作了简要汇报之后，我把自己对这次会谈的理解归纳如下：

一、第8集团军将于5月20日发起进攻，各军任务如下：

1. 第10军要应对和阻止敌人在其右翼形成突破，并协同第9军右翼部队发起进攻，并保护第9军右翼。

2. 第9军应进攻并夺占春川盆地以西的高地。

3. 第1军应沿汉城——铁原一线发起进攻，并负责保护第9军的左（西）翼。第8集团军司令必须密切注意这次进攻的进展情况。

当天下午和第二天上午，我视察了所有其他美军部队和部分韩国部队的军、师指挥所。我巡视前线的最后一件事是拜访钟将军，再次向他强调，必须要保证他的各级指挥官都能认清形势的严重性，要付出不寻常的努力让韩国部队在战场的表现能像军人。

那天晚上，我在第5航空队指挥所会见帕特·帕特里奇时，听到了一个不幸的消息。当天下午，远东空军司令乔治·斯特拉特迈耶心脏病发作，他这次病得很严重，被迫离职住了几个星期的医院。之后，只能将他送回国内，再后来他就退役了。他是一位极其勇敢、经验丰富和足智多谋的指挥官。不过，突然发生变化是战争中的普遍情况，尽管我也对这一命运的改变深感遗憾，但我还是相当满意空军能果断地委任奥托·（奥佩）韦兰空军中将来接替斯特拉特迈耶的职务。我早就认识韦兰，曾经和他一起在泛美防务委员会共过事，还一同参加过里约热内卢条约的谈判工作。在我远东任职的后一段时间，他应该是我最乐于合作、或者说是我最得力的战友了。

发动进攻前决定改变兵力部署，华川水库的很大一部分地区划给了第9军，而在此之前，第9军的作战区域分界线是在水库边上。第10军达成其最初目标后，现在可以向东北方向运动，阻击沿海岸北撤的敌人。韩国第1军将沿海岸向北推进，再向西北方向进攻，击溃该部与第10军之间的敌人。韩国第3军因遭到中国人的沉重打击而被撤销建制，所属部队分别编入第10军和韩国第1军。

联合国军于5月20日开始进攻，在美国空军的近距离空中支援下向前推进，敌人的抵抗越来越弱。尽管按我们当时的兵力或许有能力直抵鸭绿江，可这次进攻并没打算打到那里。不过范·弗里特仍指挥部队向前挺进，穿过第一道调整线“托皮卡线”，这道调整线从西部位于黄海潮汐平原的汶山，经麟蹄直到濒临日本海的坎松以南约十英里的黄浦里。然后，部队继续向“堪萨斯线”和北面与铁三角底边平行的“怀俄明线”前进。像往常一样，地形对敌人有利，在道路狭窄或者无路可行以及我们的补给只能靠人力运上山岭的这些地区，他们的抵抗是很猛烈的。5月份的最后一周，天气又把敌人给救了。受糟糕的天气影响，我方装甲部队不得不放慢了前进的速度，因为许多道路几乎完全被毁坏，我们的飞机也无法起飞。结果，敌人再次以空间换时间全身而退，其大部分部队和补给都完好无损。不过到那个月底，韩国境内的敌军再次被全部消灭了。估计阵亡的敌军有17000人，还有相同数目的敌军俘虏。在这次进攻中，韩国军队伤亡异常惨重，死伤、失踪或因病减员达11000人左右。

随着我军返回甚至还越过了堪萨斯线，又轮到我们防御了。范·弗里特再次着手构筑防线，尽可能使之坚不可摧，在整个前沿拉了多层带刺铁丝网，阵地前布满了地雷和燃烧桶。各处尽可能都挖了带顶的掩体。还设置了路障，标绘出炮火集中射击的目标。尽管瓢泼大雨再加上敌人的猛烈抵抗，但是向铁三角底边实施的进攻行动还是一直持续到6月份。美军第3师和第25

师向前猛打猛冲，用火焰喷射器把中国人从圆木搭成的掩体中赶出来。6月11日我军攻占铁三角西端的铁原，敌人没有继续抵抗便放弃了东端的金化。随后，两支步坦协同的特遣部队迅速穿过铁三角地区到达平康，而此时平康也已没有守军了。可是，我军发现敌人还占据着城北的制高点，于是这两支特遣部队又撤了回来。从此，双方都不再采取大规模行动去占领铁三角的平原地带了。

另一个敌人很看重的地区是一个我们称作“大酒杯”的古老的火山口，位于麟蹄以北大约25英里处，距东海岸也有25英里，靠近美第10军与韩国第1军的防区分界线。火山口的边缘就如同刀锋一般，高出火山口坑底数百英尺，周围覆盖着密密的树林。敌人在周边挖了坚固的战壕，并且配备了火炮和迫击炮，装备精良。为了赢得这一地区的控制权，我们在此后几个月中付出血的代价。第8集团军占领这一地区后，就可以缩短我们的防线，更好地观察敌人，而且减少了敌人对这一区域发动强大突袭的机会。我们一旦攻占了这一地区，就绝不会把它放弃掉。

此时，第一年的战斗已经结束，联合国军实现了最初的目标——把韩国从敌人手中解放出来，重新确立并守住分界线。我军在三八线以北构筑了防线，横贯整个半岛，最西部除外，因为这里向南流的临津江是最有利的防线，整个防线足以抵挡住敌人的任何进攻，除非敌人能得到大规模增援。

但是，为了夺取和驻守重要地区附近的制高点，我军遭到了敌人的顽强抵抗。和我们一样，敌人也构筑了强大的防线，并且在前沿外构筑了掩护阵地，而这道防线他们也是要坚守的。因此，我在6月25日收到来自参谋长联席会议的电报，内容是说可能很快启动与共产党的停火谈判，这还是很受欢迎的。我立即派我的参谋小色莱斯中校前去与范·弗里特协商，他随身带了一张我的参谋人员们准备的地图，图上显示了我军当前的前沿阵地的位置、“堪萨斯线”的位置、理论上“堪萨斯线”警戒线的位置，以及可以支援“堪萨斯线”阵地的理论上停火线的位置。我要求范·弗里特告诉我，他认为让第8集团军夺取其当前的前沿阵地与理论上停火线之间的制高点是否可行，有没有必要。

根据范·弗里特后来的陈述——大意是我阻止了他夺取全面胜利，回顾一下他对这个问题的答复还是很有趣的。当时他的看法是不赞成此时让第8集团军发动进攻去夺占制高点。他觉得在东线发动进攻会使美军付出重大的伤亡代价，而得到的只不过是一些土地。而在西线发动进攻虽然相对容易，但范·弗里特认为这样会使他过度暴露于敌人的进攻之下。他认为发动进攻伤亡太大，而且会相对增大第8集团军招致敌人攻击的可能性，不能把宝押在可能会停火的机会上。他还极力要求，如果当真进行停火谈判，那么接下来就应该把礼成江以西、三八线以南的那部分朝鲜领土考虑在内。我们虽然无意占领这一地区，但我们可以在谈判桌上用它来做个交易，换取我们想获得的东部地区。他还表示，第1陆战师的正面之敌是朝鲜的两个军，他们占据着坚固的防御阵地，作战顽强，兵力充足，似乎比中国军队更不好对付。我完全赞同他的这些意见，于是我们决定在原地坚守，等待谈判结果。

6月23日，星期日，苏联外交部副部长、苏联驻联合国代表雅各布·马利克首次发出了停战的呼吁。这使得政治和宣传方面的活动日益增多，还给我招来了一大批重要的客人。中共方面很快表示支持马立克的建议。在美国国内也开始出现了很多呼吁和平的声音。6月29日，我在东京迎接福雷斯特·谢尔曼海军上将来到GHQ。在他之后是阿奇·亚历山大，我在五角大楼工作期间，他是陆军部副部长，我和他有过多次令人愉快的交往。此后不久，纽约州州长托马斯·杜威也飞过来和我们分享一些他对外交事务的强烈意见。

6月30日，遵照来自华盛顿方面的上级指示，我通过广播向中国最高统帅部发表声明：如果真像报道所说的那样准备停火，联合国军司令部愿意派出代表讨论停战问题。双方取得联系和约定会谈地点仅花了几天的时间。会谈地点设在开城，一个紧挨着三八线南面的西部沿海城镇。我任命特纳·乔伊海军中将担任联合国军代表团团长。共产党方面的首席谈判代表是朝鲜人民军参谋长南日中将。但是，对方掌握实权的显然是中国人民“志愿军”参谋长解方将军。

对于共产党的那套策略我并不陌生，他们总是试图通过无休止的、毫无意义的争论把对手搞得精疲力竭。我在联合国工作了两年半，对此已经有了大把的经验。但是我还是没有料到这种令人厌烦的无聊谈判后来会拖了那么长时间。尽管双方很快认同在谈判期间敌对行动还得继续下去，但在我看来，既然停火的希望依稀可见，那我还是应该尽可能把我方的损失降到最小。于是我通知我军指挥员，不要实施大规模进攻行动，要力求通过加强巡逻和局部进攻来保持主动。局部进攻的目的在于夺取扩大我方观察范围、缩小敌方观察范围的关键的有利地形。

在开战一周年到来之际，我以为和平可能即将来临。然而现实与梦想之间的距离却是两年的时间以及许多人的生命和鲜血。

1953年5月13日至7月27日，中国人民志愿军在朝鲜战场向敌人发起夏季反击战役，共歼敌12.3万余人，收复240平方公里土地，迫使敌人同我签订停战协定。图为中国人民志愿军西海岸指挥部司令员邓华（左二）视察海防。

1950年6月25日，朝鲜战争爆发。1950年10月25日，中国人民志愿军赴朝鲜参战。1953年7月27日，美国被迫与朝中方面签订停战协定。1958年10月，中国人民志愿军全部撤出朝鲜。1958年，朝鲜宣布完成城市、农村生产关系的社会主义改造，建立了社会主义经济制度。这是1950年9月5日被美军飞机炸成废墟的朝鲜平壤市的一个住宅区。

为促进停战实现，中朝两国军队于1953年7月13日至27日，在中线开展金城战役。图为7月13日，西集团军越过金城川的铁路，突破敌人长期固守的金城川防线。（1992年6月翻拍于北京）

1953年5月13日至7月27日，中国人民志愿军在朝鲜战场向敌人发起夏季反击战役，共歼敌12.3万余人，收复240平方公里土地，迫使敌人同我签订停战协定。图为金城战役中志愿军火箭炮部队向敌阵地发起猛烈轰击。

图为金城战役中志愿军火箭炮部队向敌阵地发起猛烈轰击。

图为在金城战役中志愿军某部占领轿岩山。

图为金城战役中志愿军某部三营指挥员在部署作战任务。

图为金城战役中志愿军后勤部队向前线阵地运送弹药补给。

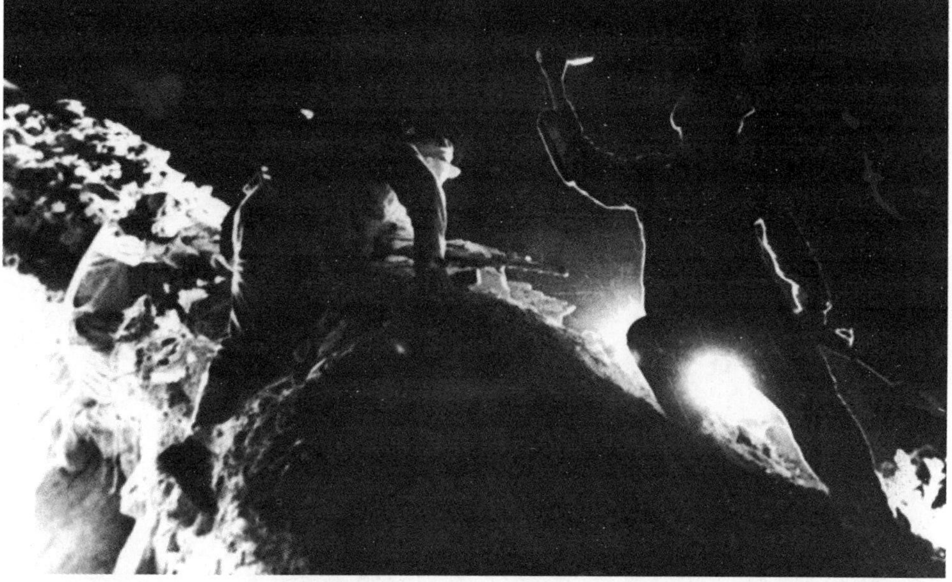

图为金城战役中志愿军战士夜袭敌人阵地。

图为金城战役中志愿军战士在坦克的掩护下冲向敌阵地。

图为金城战役中志愿军首长在出击誓师大会上给突击队授旗。

图为志愿军战士向金城以西522.1高地发起进攻，仅用15分钟就突破了敌人固守的阵地。

图为金城战役中占领敌阵地的志愿军某部欢庆胜利。

图为志愿军在金城战役中缴获的敌人武器。

图为志愿军在金城战役中缴获的美军自行推进炮。

图为金城战役中攻上883.7高地的志愿军战士在搜歼残敌。

第七章　停战谈判和相持

在山岭上苦战——敌人的本性

战争的第二个夏天，在开城的一座看上去很像19世纪新英格兰高中的洛可可式“茶馆”里，谈判代表们正在无休止地进行着单调无聊的谈判。与此同时，我们的步兵正在许多无路可行的山头上奋战，他们艰难地攀上花岗岩山，反反复复地与敌人展开阵地争夺。这些拉锯战大都发生在“酒杯”或铁三角地区周围，其中试图攻占俯瞰“酒杯”深谷那些高地的战斗也许最为血腥。

在这个宽阔而肥沃的山谷西部，层峦叠嶂，草丰林茂。主峰我们称为1179高地，朝鲜人称之为丁山。山顶是个半球形，就像小孩子画的图画，山坡和山脊如同被刀锋削过一般陡峭。1179高地海拔3900英尺，由朝鲜人的一个团守卫。范·弗里特将军知道，他必须把敌人从这个高地赶走，才能防止敌人对“堪萨斯线”的监视，同时迫使中国炮兵后退到无法威胁我军阵地的地方。韩国海军陆战队曾试图把敌人从这个必争之地赶走，但没能成功，于是范·弗里特命令第2师依靠炮火和近距离空中支援拿下高地。

这是一场十分血腥的消耗战。士兵们只能顺着树木繁茂的山坡曲折迂回上山，最后还要徒手攀爬陡峭的石壁才能接近敌人。大汗淋漓的朝鲜劳工是运送武器弹药和食品的唯一手段，他们每次要用原始的A字形框架运送重量足以压垮一匹小马的物品。为了能在山坡上架设无后坐力炮，铺设通信线路和建立救护站，步兵们全身上下挂满了各种器材。经过4天寸土必争的战斗，敌人终于阵脚大乱，我们一举拿下了1179高地。

“酒杯”的西边就是后来被称作“喋血岭”的地方，为了从敌人手里夺取并守住这个山头，我们付出了高昂的代价。第一次拿下“喋血岭”是在八月份，之后交由韩国第5师一部驻守。一天夜间，中国人发动了一次大规模反击，韩国守军被击溃。随后，美军第2师第9步兵团向该地发起了猛攻，但由于敌人依托坚固工事并得到炮兵的有力支援，我军陷入拉锯式的苦战。敌人在这个阵地上足足坚持了5天，直到美军第1陆战师和第2师沿着“酒杯”的周边同时向北发起进攻，才最终攻占了“喋血岭”。

这年夏天，敌人的防御力量明显增强。尽管我们总能不断地炸毁敌人的铁路和桥梁，破坏其铁路调车场和公路交通，但是敌人的补给物资仍然源源不断地从中国运来。中国炮兵的活动大大增加，这迫使我们减慢了所有地面行动的速度。敌人的防空火力越来越猛烈，我们的轰炸机就开始有损失了。毫无疑问，如果没有空中力量的支援，我们的许多进攻行动可能根本无法实现，但无论怎样强调空中力量的价值，它都根本无法阻止敌人运进必要的武器装备。空中打击可以减慢敌人的速度，让敌人只能在夜晚行动，但并不能隔离战场。

在“喋血岭”和毗邻的“伤心岭”上的战斗也许是迄今为止最为血腥、最为艰苦的战斗。需要我们拿出最大的体力、耐力和无畏的勇气。步兵们像印第安人那样作战，他们在山坡上匍匐前进，费力地拖着自己的步枪、弹药还有迫击炮弹，有时还要对防御工事内的敌人实施近距离爆破。

敌人以东方人的顽强巩固自己在山中的工事，有时甚至依靠手工作业来挖掘坑道，从山的反斜面一直通到正斜面，这样就能在遭到空袭和炮击时撤离正面阵地，躲到山的反斜面，使得空袭或重炮很难奏效。敌人挖的坑道长达1000米，既便于迅速后退躲避轰炸，又能很快向前运动回击地面进攻。坑道的正斜面出口通常都经过精心巧妙的伪装，必须要有非常敏锐的观察力才能发现这些出口。不过，一旦发现这些出口，我方的直瞄火炮就能直接命中摧毁。我们的炮兵用推土机把8英寸榴弹炮拖进发射阵地，对这些目标的射击命中率相当高。对这些宝贵的武器来说，这真是一种新颖而有效的用途。

在7月1日以前，敌人集结的总兵力估计已达到46万人，进攻能力也有了相应的提高。当时，我要求范·弗里特提交一份向朝鲜半岛的腰部即平壤——元山一线推进的作战计划。我们在首次越过三八线后的那几个星期曾经考虑这项计划，就是所谓的 “压倒”行动。如果敌人撤退，或者华盛顿方面改变命令，又或者敌人投入的兵力大大增强，这一计划就可能会下令执行。然而，我并没有批准这一计划，因为我觉得最好还是等着看看停战谈判的结果再说。7月和8月期间，地面部队的战斗伤亡数字下降得令人吃惊，因为地面部队的各级指挥官都不愿意去攻占新的阵地了，他们担心停战后可能又得放弃这些阵地。

与此同时，范·弗里特决定采取更积极的防御，尤其在“酒杯”周围地区，那里还有很多高地仍然在敌人手里。在朝鲜，和其他的地面作战情况一样，为了保障当前阵地的安全，通常还得再拿下一个阵地。在“酒杯”周围，山头一座连着一座像是要倒向古老火山口的中间洼地。“酒杯”正西方就是后来众所周知的“喋血岭”，朝鲜派了几个师在那里守卫，组织起了严密的防御。美第10军第2师的步兵分队在这里遭遇了整个战役中最为激烈的抵抗，他们发现自己经常是离开了刚攻占的一个山头，过了几小时之后，又得重新再打回去。第2师曾在连续24小时之内先后向一个山头发起过多达11次进攻，但是仍无法肃清那里的敌人。不过，到九月底，“喋血岭”和整个“酒杯”地区都已牢牢地掌握在我们手中。

在争夺山岭期间，我收到范·弗里特的一份作战计划，他提出在同一防区内发动一次更为大胆的进攻，目的是进一步缩短我们的战线。这就是“魔爪行动”。我立即批准了这个方案。然而，最新的伤亡情况（小规模作战行动造成的）显然使范·弗里特认识到这一行动得不偿失。于是，他改变计划，将第8集团军的进攻重点转向西部，那里本来是属于美第1军的防区。如果一切顺利而停战谈判又毫无进展的话，他就会请求批准在东海岸大约介于其右翼与元山之间实施一次两栖登陆作战。我虽然没有批准这次两栖登陆计划（范·弗里特手下的军长们都不赞同这一计划），但还是同意他发动一些对有限目标的进攻以占领重要的有利地形。因此，范·弗里特提出这样一份计划，打算攻占并坚守“酒杯”以西约四英里的那一片山岭，也就是后来众所周知的“伤心岭”。

美军第2师奉命击退这一带的朝鲜守军，敌人构筑了坚固的工事，碉堡和火力点都进行了精心的伪装。当时正值夏末，要想从密密的树叶中发现这些火力点真是难上加难。而且，朝鲜军队作战还极其顽强。对“伤心岭”的攻击一开始采取的是小规模进攻，尽管第2师的部队作战非常英勇，但进攻很快就陷入停滞，在遭受重大伤亡之后，仍然无法接近目标。

我一直特别关注第2师所蒙受的损失。除了11月底和12月初还有2月份和

5月份在军隅里所遭受的重大损失之外，在中国人最后一次进攻期间，这个师每周甚至每天的战斗伤亡率都比较高，尤其是在战斗中阵亡的比例，这个师比第八集团军其他各师都要高。我曾找机会与当时指挥该师的拉夫纳将军讨论过这个问题，而且也与范·弗里特谈过。在九月中，罗伯特·杨格少将接任第2师师长时，我告诉他说，我希望他亲自过问这件事。

此后不久，曾率部在“伤心岭”上浴血奋战的詹姆斯·亚当斯上校直截了当地向杨格将军报告说，按目前的规模继续打下去就是自杀。对于一名战地指挥官来说，能得出这样的结论并把自己的意见向上级表达，这需要有很大的勇气。而我一直认为这种勇气，在一个指挥官身上甚至比血气之勇更为重要。一支战斗部队从来就不缺少血气之勇，但有时候恰恰缺少道德之勇。

当时，杨格将军审时度势，认为小规模进攻战术是行不通的。于是，他把进攻方式改为整个师的协同进攻，实施充分的炮火准备，还有强大的近距离空中支援。结果，第2师终于在10月15日攻占了“伤心岭”，而且再也没有丢失过这块阵地。

在整个这次行动中，近距离空中支援以及空投食品、弹药和医疗用品的做法具有难以估量的价值。我知道，空军弟兄似乎只要求有一点点晴空和阳光就会起飞，步兵经常对他们勇猛无畏的行动满怀感谢。

在朝鲜，夏季的天气像战场上的敌人一样危险。突如其来的暴雨常常会冲毁狭窄道路紧贴着悬崖边的全部路肩，使运输车队进退维谷。山洪暴发往往把浮桥冲向下游，士兵光着身子气喘吁吁地抓着救生索，在咆哮的洪水中奋力打捞一些贵重的装备器材。

作战过程中，范·弗里特曾向GHQ递交过一些作战方案，他主张由美第1军和第9军发起大规模进攻行动，紧接着在东海岸实施一次两栖突击。如果这些行动当时得到批准并能成功执行，那第8集团军的先头部队是有可能进抵平壤——高桥一线的。高桥是坐落在东海岸的一个小镇，位于元山以南大约25英里。范·弗里特要我对 “棍棒行动”和“牧马人行动”这两个方案快下决心，可是几天之后，他自己却决定放弃这两个方案，转而支持在美第

9军战区内实施一个既不冒进更不冒险的方案。这次进攻定名为“突击队行动”，于10月3日批准并发起，结果和第2师在东部地区的情况一样，遭到了顽强抵抗和连续反攻。不过，我们还是于10月19日达成了此次进攻的目标，建立了“詹姆斯敦线”，这是“堪萨斯线”一个新的突出部，并解除了敌人对铁原－汉城铁路线的威胁。

美军第2师和第9军实施的这些进攻行动增加了美军的伤亡，招致了国内尤其是国会的强烈不满。他们认为，总的形势没有得到足够的改善，并不值得付出如此重大的伤亡。陆军部长弗兰克·佩斯不得不写信将后方的看法告诉我。可事实是这些行动大大改善了我们的防御态势，也使当时中止了停战谈判的共产党人强烈意识到，还是回到谈判桌上为好。此后，前线又重新恢复了相对平静。1951年11月的阵亡人数较10月总共下降了一半左右，而12月较11月又下降三分之二左右。

停战谈判恢复之后，我指示范·弗里特采取积极防御，并授权他沿着当前战线的走向夺取有利地形，但是进攻行动仅限于夺取对方的前哨阵地，而且投入的兵力最多不超过一个师。由于有谣言（从来就靠不住）在传共产党现在希望早日停火，作战行动就变成了一系列的小规模行动和巡逻。双方在各自占领的阵地构筑好了强大的防御纵深。哪一方都没有发动全面进攻的想法。我们就打算利用这个看起来不错的时机着手解决一直以来令人烦恼的问题，那就是在韩国，尤其是在晋州西北山区活动的大量游击队。共产党军队撤退之后，游击队一直在那里坚持抵抗。范·弗里特委派朴顺玉中将指挥两个韩国师执行“灭鼠者行动”，旨在消除这一潜在的威胁。截止到1952年1月底，将近两万名流寇（包括土匪和有组织的游击队）被击毙或俘虏，烦恼的问题就此圆满解决。

范·弗里特在此期间提交了一些向有限目标进攻的计划，我都命令暂时搁置。停战谈判进展的种种迹象，促使我没有批准这些会使战斗伤亡人数急剧上升却又不能取得相应战果的计划。我征求过范·弗里特下属们的意见，他们对其中的大部分也都不赞同。

不过，在此期间我们一直在进行一次大规模空中作战，称为“绞杀战”。这次作战的目的显然是切断敌人通向北方的铁路和公路补给线。但我们的空军根本不可能为了炸毁敌人铁路使之一直瘫痪而持续不断地进行轰炸，这也是显而易见的。尽管空军、海军以及海军陆战队航空兵做得已经极为出色了，但敌人的力量还是在不断增强。韦兰将军和我终于清楚地意识到，我们必须要让战局发生重大变化，从而迫使敌人的补给和弹药的消耗急剧增加，否则他们就有可能发动一次大规模春季攻势。

我方空军的作战行动，加上沿海地区海军战列舰和驱逐舰的炮火打击，至少让敌人在火力上处于下风，所以就算谈不上削弱，起码也是抑制了敌人。不过敌人炮兵的实力一直飞速增长。仅从以下数字就可以看出抑制敌人炮兵增长趋势的重要性，从1952年4月到6月，落在我方的大炮和迫击炮炮弹数量由2388发增加到6800余发。

但是，在我任上最后的这个冬季，停战谈判还在拖拖拉拉，大多数时间整个朝鲜半岛处于一种相持状态，这令我有时间处理一些在形势危急时根本顾不上处理的优先级比较低的事务。

不过，还有一件十分重要的工作我并未提到。当我还在指挥第8集团军时，当时的美军第25师师长威廉·基恩少将曾谨慎而认真地向我提出了一项关于整合白人和黑人部队的建议。无论是和平时期在本宁堡，还是后来在朝鲜期间，基恩都曾有充分的机会观察了解黑人部队的情况。在朝鲜，全部由黑人组成的第24步兵团是他的部队。他认为从人性和军事这两方面观点来看，用这样的方法把士兵们隔离开，不能说是不当，而是完全无能的行为。

这一建议正好与我的观点完全一致。于是，我打算在1951年3月中旬请求麦克阿瑟将军批准立即开始整编，而他也想试探一下华盛顿方面的意思。我手下美军第9和第15步兵团都编有一个黑人营。此外，我们还有许多其他的战斗部队和保障部队除军官之外全都由黑人组成。由于当时我们正忙着搞一次大规模进攻，所以我在去GHQ任职之前一直没有采取任何行动。那时，我曾有机会与当时主管作战和训练的陆军副参谋长麦克斯韦尔·泰勒将军讨论过此事。他是代表陆军部长和陆军参谋长来东京作正式访问的。我告诉他，如果上级批准，我就准备先从全部由黑人组成的最大的战斗部队第24步兵团以及分属第9和第15步兵团的两个步兵营开始，将黑人部队彻底整编。然后，我们可以把规模较小的全部由黑人组成的炮兵和装甲兵战斗部队打散重编。最后，我们再如法炮制部署在朝鲜和日本的众多小型补给勤务分队。与基恩将军一样，我确信，只有这样我们才能保证我们的部队具有一支能征善战的军队所应具有的那种精神面貌，每个士兵都因为自立而非常自豪，因为他们都相信自己和周围的伙伴相比并不逊色，比敌人更胜一筹。而且我一直这么看，如果非美国的自由公民和不信仰基督的自由公民不适合与同伴交往或者不适合接受领导，那他们就都应该学会用这种方法放低自己。

泰勒将军对此举由衷赞同，他认为现在是采取这一措施的绝佳时机，今后必将对整个正规军产生深远的影响。6月初，在国防部长马歇尔访问韩国和东京期间，我和他讨论了这一计划，之后他将这份计划带回了华盛顿。计划最终获得了批准，我立即在自己的战区付诸实施。此后，美国陆军全部进行了这项拖了很久的改革，在士气和国民的接受度上达到了全部预期的效果。

前线战事相对稳定，使我和范·弗里特把注意力转向一些其他的问题。这些问题一直困扰了我们好几个月，但由于接二连三地在军事上出现危机，我们不得不暂时放在一边。最大的问题可能就算是韩国军队严重缺乏领导，由于语言的障碍和外交礼仪的限制，我们无法完全替代这种领导。现在压力已经减轻，我们终于可以着手实施一项全面的训练计划，训练出韩国自己的指挥层，而他们又能培养出同样优秀的韩国士兵。由于存在政治偏见和修复复杂政治关系的需要，使得韩国军人丢掉了太多的优良品质，我们必须在人力和物力上付出无法估量的代价才能挽回。韩国军队一直是被政客们随心所欲地调动，一直就是被用来剿灭“土匪”，或者维护某些大佬个人利益的。年轻的军官们发现，对那些文盲上级的批评、反对甚至提些不同的看法都是不可能的。那些受到百分之百政治“训练”的指挥官在敌人的压力下往往最先崩溃，而他们自己的恐慌情绪又会很快传递给下面的部队。部队中许多士兵也没受过必要的训练，根本无法在危急情况下本能而积极地做出反应。

他们还尤其缺乏使用火炮的训练。火炮的广泛使用是朝鲜战争的一大特点。在这场战争中，我们不得不用火力来弥补人力的不足。远东司令部长期以来一直不同意增加韩军的炮兵部队。他们认为朝鲜地形复杂，通过崎岖的道路和陡峭的山岭进行弹药补充极其困难，加之韩军缺少受过训练的炮兵，火炮数量也不足，这些原因足以反对扩充韩国炮兵。可是，随着战斗进程放缓和武器装备运输的增加，我们既有时间也有装备在这方面加强韩军的实力。而且我强烈地感觉到，韩国军队必须拥有远程火炮，这样就能在我兵力薄弱的防线上保证师与师之间的相互支援。

1951年9月，我批准在年底以前正式组建四个韩军155mm榴弹炮营。各炮营组建完毕后，将分别隶属美军的一个军，进行8周的强化训练。此后不久，我又批准组建3个105mm榴弹炮指挥连以及6个105mm榴弹炮营，这项工作也要在1951年年底以前启动。我的目的是最终能组建足够数量的105mm和155mm榴弹炮连，让10个韩国师每个师都能配齐4个炮兵营，包括3个105mm榴弹炮营和1个155mm榴弹炮营。1952年初，我收到了华盛顿方面的答复，批准我继续实施这项计划。此时，在美国炮兵学校学习的韩国军官即将回国，这为我的扩充计划助了一臂之力。

对韩国军官认真进行再培训在前线的收效十分显著。现在，我们在东部和中东部防区的许多进攻几乎完全是由韩国部队完成的。在“酒杯”的两侧，当西部我军派出战斗巡逻队牵制敌预备队而我海军提供重炮火力支援时，美第10军和韩国第1军抢占了更为有利的防御地形，而这些作战行动几乎是韩国部队独立实施的。这一年的晚些时候，在西部防区内第9军把战线向前推进三至四英里的战斗中，韩国第1师打得十分英勇。

韩国的后勤部队也作出了非常重大的贡献。我曾批准范·弗里特为这支部队增加6万劳工和搬运工。他们甘愿身背满载补给的A形框架攀登陡峭的山坡，修筑碉堡、装填沙袋和加固战壕和坑道，总之他们干的就是那些在枪林弹雨中为作战部队运输、供应还有修筑防御工事这些吃力的工作，我们能收复并固守“堪萨斯线”，他们居功甚伟。

谈判持续的时间很漫长，通常会把它当成一个相持的阶段，但我们不应该认为那一阶段的仗会因此打得不那么残酷。每天都有伤亡，但与那几次大规模战役时相比，谢天谢地，现在的伤亡小得多了。但是这仍然提醒我们，无论在谈判桌上赢得了什么，我们都付出了高昂的代价。现在，我们在一条横贯朝鲜半岛较短的战线上展开，总兵力不足60万，其中美军占23万，但是兵力仍然太分散，无法控制整条战线。敌人的兵力当然大大超过了我们，要不是我们拥有强大的火力，总能得到近距离空中支援，并且牢牢地控制着制海权，中国人可能早就把我们打垮了。大炮确立了我们的优势，我们能够集中无数炮弹打击整个战线上的任何一点。而且，我们还摸索出一套战术来摆脱狭窄曲折的道路和荒山野岭，充分发挥自身优势，帮助我军一举扭转战局。但范·弗里特此时的目的是，控制制高点，把敌人赶到开阔地，然后用大炮歼灭。

当然，中国人喜欢夜战，因为夜间我们的飞机不能起飞，观察员就无法进行观察。我们的防御部署确实不够“深入而全面”，因为防御阵地太过分散而且兵力不足，不过我们在距主阵地前沿约有步枪射程那么远设了一道警戒线。守卫这道警戒线的士兵担负的任务是，将大批敌人吸引到指定地点，我们的重炮就能将其消灭。在这道警戒线上，孤零零的碉堡四周堆放着沙袋，拉着铁丝网，可以在各个方向上进行防御，碉堡中的士兵经常会惊愕地看到敌人在黑夜中悄然出现在我方阵地上，或者会突然发现四五个穿着胶底鞋的中国人已悄然地走到了他们与前哨警戒线之间。这时，信号弹就会从敌方战线上升起，疯狂的军号声突然响起，我方哨兵很快隐蔽，几乎来不及发出口令，战斗就打响了。

记得为了保证有更多的战场照明使我们在夜间也能瞄准敌人射击，我们曾做出了不懈的努力。照明弹使用得越来越多，而且我们还试用了各种各样的设备，其中包括大功率探照灯，这种探照灯可以借助低垂的云层将光线反射下来，二战时我们在欧洲战场就曾这么做过，效果不错。这些措施确确实实帮助在孤零零的前哨警戒线上守卫的士兵们减轻了负担。没有战场照明，他们常常要一连熬上好几个小时紧张地盯着黑暗中看不清形状的东西，而且，他们有时在花岗石山岭上没有什么保护，只能躲在一堆碎石头后面隐蔽。夜袭一如既往地不可思议，如在梦中，先是中国军号如同葬礼上安息号般的哀号，或者就是50来个中国人用英语大声喊话，再就是用来吓唬西方人的死亡威胁和其他叫喊声。还好我们久经沙场的部队此时早已习惯，有时他们还出去缴获中国军号，然后用缴获的军号把敌人的指挥信号系统搞乱。

与此同时，谈判还在继续，尽管中间一度中断很长一段时间，因为敌人坚持要我们对一些杜撰的“事件”负责，而我们则反驳说这些 “事件”从未发生过。在战争的第一年年底，我们眼看就要实现的停战像鬼火一样越飘越远，一个月接一个月没完没了地往后拖。我知道，国内许多人已开始认为，士兵们的鲜血和生命都被浪费在战场上，而顽固的谈判人员却非要想在谈判桌上的争辩中占到上风。但是，谈判桌正是战场延续。无论最终达成何种协议，都必然会是军事上的真实反映。而且，阻止敌人将战线进一步南移，用我们的实力给他们一个教训，这本来就是士兵们的艰巨任务。

谈判确实是件挺折磨人的事。不断重复已经说过的观点，玩弄华丽的辞藻高谈阔论，无聊的谩骂和攻击，有时简直让人宁愿回到战场上去打仗。但是，我还是决心要证明联合国军的诚意和坚定立场。我打定主意在谈判中决不失掉耐心或自制，也决不向敌人的强横或停止谈判的威胁屈服。关于谈判本身的情况已经讲过很多次了，而且也很详细。不过，还有一些有关的问题需要再提一下。

联合国方面在谈判中犯了不少严重错误，这是无法否认的。我认为，所有这些错误都源于两种主要的错误想法，而这两种错误想法的根源一方面在于我们的无知和轻信，另一方面在于我们当时未能充分领会在停火一两年之后我方代表团团长海军上将乔伊指出的如下事实："共产党人既不盲目出席会议，也不仓促地进行谈判。他们往往先要进行一番精心的准备。他们关心的是如何保全'面子'，还有就是注重有利的谈判条件带来的实惠，这就使共产党人总是对谈判发生的自然环境进行周密的考量。"

他们抓住我们的各种失误所进行的宣传，特别是在亚洲人之中进行宣传，无疑收获甚丰。我认为我们的官员，无论文职还是军职，如果以后可能不得不在谈判桌上忍受难耐的长篇谎言和谩骂，应当接受这一前车之鉴，做好心理准备。

谈判之初，我在给海军上将乔伊的信中指出："对共产党人来说，你的客气就等于是让步，而让步又是软弱的必然表现。我建议你控制好说话方式，谨慎表示谅解和尊重，不要使用容易引起阴险的共产党人误解的语言和方式。"

对于从未领教过共产党谈判策略的西方人来说，事先根本不可能设想出事实会被歪曲到何种程度，真相又是如何被颠倒的。和共产党谈判最要紧的就是耐心，不过恐怕就连约伯也会感到几乎无法忍受的。

在谈判的开始阶段我们曾做过一次让步，但很快便为此感到懊悔。那是在我第一次提出开始会谈时，我们建议将会谈地点设在一艘在元山港停泊、悬挂着丹麦国旗的"日德兰迪亚"号医务船上。当时看来，这种"中立区"虽然处在双方大炮射程之内，但还算是折中的方案。可是，共产党根本不理这项建议。他们接受会谈，但提出把开城——三八线以南理论上的"无人区"作为会谈地点。华盛顿方面指示我立即接受这项建议，为早日结束战争并证明我们的诚意而做出进一步努力。

可是谈判开始后，根本就没有中立的氛围。开城当时在共产党的手里。他们的武装警卫人员遍布停战谈判区。我方代表坐在挂着停战白旗的吉普车中的样子被对方拍了下来，作为投降的镜头供亚洲记者使用。我方新闻记者和摄影记者却被挡在现场之外。我立即要求纠正这种不公的现象，通知中国人，除非谈判区真正中立，并且我方记者也能到场，否则我方代表不再回来谈判。敌方谈判代表完全以共产党的方式耗时间，要我们等着他们上级的决定。但当他们得知，我根本不打算让代表团返回谈判桌，除非我方新闻记者获准到场采访之后，他们立即作出了让步。

即便如此，这个谈判地点的气氛还是从未令人满意过。

有一次，我们突然发现一支中国武装部队，他们携带着机枪和60mm迫击炮，径直从我们的吉普车前走过，我们只能对此提出严重抗议。之前我曾中止过谈判，直到对方答应在谈判地点周围实现非军事化，而此次事件是对双方默契的公然破坏。海军上将乔伊立即提出了抗议，但得到的答复是，破坏默契的部队只不过是个宪兵连。要我们相信宪兵连必须配备机枪和60毫米迫击炮进行巡逻，这未免也太过分了。因此，我立即广播了一份声明指出，会谈已经中止，除非我们能达成一项有关非军事化的令人满意的协议。

共产党人坚持了5天，最后还是请我们在适当安保措施下恢复谈判。可是我很快又得知，他们的英语广播说的是“请求”我们恢复谈判，而日语广播用的却是“要求”我们恢复谈判。我宣布，由于他们的答复含糊其辞，因此我拒绝批准恢复谈判。这样一来，共产党的请求更加有礼貌，而且双方还达成了一项专门协议。

然而此后不久就又出事了。8月17日，中国的一支安保巡逻队在中立区遭到伏击，队长被打死。中国方面要求我们赔偿并道歉。我方调查结果显示，这次伏击确有其事，但开枪的部队着装杂乱，没戴钢盔，显然是不受联合国军控制的非正规部队。我们拒绝了中国方面的要求，继续谈判。但此事刚刚过去5天，一个深夜，大雨瓢泼，中国人又要求我方联络官立即前去核实一架联合国军飞机轰炸中立区的事件。我方首席联络官美国空军上校安德鲁·金尼及其助手陪同敌方联络官前往所谓的轰炸现场，借助手电检查了证据。金尼发现地上有一些像是填埋了手榴弹大小的爆炸物炸成的小坑，还发现一些看上去像是飞机机身的金属碎片以及一个可能是飞机副油箱的扭曲变形的金属物体。然而，地上并没有弹坑，也没有烧焦的痕迹，如果使用过凝固汽油弹是会留下这种痕迹的。在中国代表住所西北面的地上还发现一枚火

箭的尾翼。总之，没有人受伤，没有产生任何破坏，也没有烧焦的痕迹，有的只是一架飞机用着陆灯对准下方照射、“袭击”了该地区的故事。可是，共产党代表却拒绝等天亮再进行较深入的调查。他要我们立即“认罪”并道歉，还要向全世界公开联合国军的“罪行”。这个要求被我方拒绝，谈判又意外中断。后来他们又恢复谈判时，我拒绝让代表返回开城，而坚持今后的会谈在板门店举行，板门店是个小村庄，确实位于中立区，而且距我方战线较近。

谈判过程中曾出现过太多的小障碍。我方谈判人员运用常识和良好的幽默感顺利地克服了这些障碍。

还记得谈判开始阶段，共产党的首席联络官不愿商量谈判开始的日期，这事虽然微不足道但却有可能使整个会谈还未开始就得告吹。他说，这个问题已由上级定下来了，他这一级无权讨论，就到此为止吧。正在主持双方联络官最初谈判的金尼知道日期根本就没人定，但是他又无法证明这一点。中国方面的首席联络官、朝鲜人民军的张上校说，日期问题不用讨论。得了，没有日期就没法会谈，金尼进退两难。当时金尼的一位助手悄悄地告诉他，只需随便说个日子就行，就好像是双方已经商定好了的。金尼真的这样做了，张果然接受了这个日期，于是谈判继续进行。

实际上，在比较低的这一级，谈判似乎更为现实。显然，中国的校级军官们认为，没有必要老是为了“记录在案”而说话，也没有必要为了本国新闻界的需要而在演讲中肆意辱骂对方。因此，他们这一级的会谈总是更为实际和实用。不过糟糕的是，这种作风一点也没有传到上面。

共产党谈判代表们的个性立即就引起了我方代表的注意，他们在此之前大多从未与共产党领导人面对面地打过交道。共产党代表留给他们最突出的印象就是几乎毫无幽默感。他们的脸上不露一丝笑容，只是在口头争论中占了便宜时才会发出轻蔑的冷笑。很明显，没有哪个共产党谈判代表敢放声大笑，即使有一次一位美国军官的椅子被压塌了，人直接坐在了地板上，共产党的代表们也没笑。这就是说，在共产党的领导人之中，尤其是朝鲜人，根本没有笑声，显然他们决心要比克里姆林宫更加共产党化。不过，中国的联络官柴上校倒是常常难以抑制自己的笑声。当美国军官突然坐空时，他不禁哈哈大笑起来。表现得最有自制力的人无疑是朝鲜的李相朝将军，他那铁石般的相貌特征使我方下级军官看得出神。一天，几只苍蝇落到了李的脸上，其中有一只爬过了他的眉间，顺着他的鼻子往下爬。可是，李脸上的肌肉纹丝不动。他的眼睛和嘴巴竟然毫无反应。

“他到底想证明什么呀？”我们的军官相互问道。李也许就像和我们的祖辈打过仗的印第安人一样，是想向白种人显示他的意志坚如磐石以及对目标的百折不回。不过，现今这个时代的西方人已经变得非常老于世故，再也不会为之所动了。

10月10日，敌人终于对我恢复谈判的要求做出了回应。我相信，当时我军在前沿所有战略地区成功攻占并守住全部高地，这样的胜利一定会让敌人知道，他们是无法将我们击退的，最好还是准备解决眼前的问题。可是，敌人在谈判桌上却一如既往的强硬，显然是希望通过谈判得到在战场上得不到的东西。

谈判几乎刚一恢复就被联合国军对板门店的一次空袭打断了——这一次不是杜撰的空袭，但确实是一次空袭事件，因此我们承担了责任并表示了歉意。然而，这件事还是使谈判中断了两个星期，更进一步增加了我们的挫败感。其实我们只是寻求一个相当简单的协议——停火；粗略地沿当前战线设立一个横贯朝鲜半岛的缓冲区；协议规定各方只能停留在缓冲区己方一侧，并且不得进入对方海岸3英里以内；停止调入军队与军用物资，不得增加现有部队数量；成立一个国际委员会负责监督停火，但不一定设在联合国下面。

但中国方面对和解或谈判不感兴趣。他们就是想在宣传上做文章。而我们也许根本就不理解，那些在我们看来太过明显的杜撰和欺骗，在亚洲人看来可能完全成了另一回事。我认为，中国确信，只要耗尽我们的耐心，通过在战俘中做工作，他们就可以为谈判桌上提供有力的宣传武器，从而在某种程度上达到他们的目的。

我在前面说过，早在谈判之初，我就提醒过在耐心方面已经经受严峻考验的海军上将乔伊，使用礼貌的语言会被共产党看成是让步的表现，是对其屈服的表现。我要求乔伊在与共产党打交道时也要毫不含糊地像他们一样强硬。

就像当时预料到的那样，谈判一开始最棘手的问题就是停火线的位置。共产党代表坚持以三八线为界，而我们在政府的全力支持下坚持停火线应更符合当前的实际军事控制线。我们准备放弃临津江以北、礼成江以西地区——这一带位于三八线以南，但无法防守。但在其他地区，我们希望基本上就按照目前战线的位置建立缓冲区。如果我们把部队撤至三八线，沿着这条根本无法防守的停火线部署，那实际上就是投降。只有遵循当前的战线去划分停火线看来还比较现实。我们还认为，应加强我海、空军方面的优势，这种优势只有在实现停火和撤军的情况下才可能放弃。

谈判还在持续，中国军队采取了一些行动，企图把我们推回三八线，这样就能使他们建议的停火线离实际军事控制线稍微接近一些。但此时我们的防御体系已经十分强大，敌人根本无法突破。尽管在谈判双方举行会晤期间发生过几次朝鲜战争中最血腥的战斗，但我在东京任职的最后这段时间里，战线位置并未发生重大改变。

当然，还是有人强烈要求我们再次向鸭绿江推进，把中国人从朝鲜完全彻底地扫荡干净，不过范·弗里特不在其中。对当时战局有着清醒认识的人，谁也不会相信就凭我们手中可以支配的这点儿有限兵力能赢得什么全面胜利。接替我担任联合国军最高司令官的马克·克拉克将军，在停战协定签字一年多之后发表的一篇文章中这样写道："我们从来就没有过足够的兵力；而敌人却兵力充足，不仅能挡住我们的进攻，而且还总能小有斩获。想要彻底击败敌人，就要有更多受过训练的陆军师，还有更多提供支援的海、空军力量，就要承受重大的伤亡，就必须要打破我们强加给自己的不得进攻鸭绿江以北敌人避难所的禁令。"也许还要加上下面的内容：打破这道禁令，日本就会处在敌人攻击的威胁之下；如果发生这种情况，就会立即使战争的规模显著扩大。在当时没有哪个负责任的美国领导人能够让美国公众同意这种做法。

我在远东司令部的剩余任期之内，大部分时间所关心的是与共产党方面的谈判。这场谈判冗长乏味、气氛沉闷，令人失望和恼火。所以我对早日结束这场杀戮很快失去了信心。汶山是临津江畔距板门店仅14英里的一个小村庄，设在汶山郊外一个苹果园内的大本营已经发展成了一座永久性的军事设施。那里有一个排球场，一个棒球场，几个掷蹄铁套圈游戏区，甚至还有一个双向飞碟射击场。还有一顶放映电影的帐篷，一个俱乐部，几个分别供士兵、低级军官和高级军官专用的食堂。新添了一个直升机简易机场和一顶开会用的帐篷。新闻记者安置在一英里之外一列停在铁路专线上的“新闻列车”里。有时就会觉得，这些设施似乎会继续用很多年。

战俘骚乱与停战谈判有着密切的关系，后来成为整个战争中最使人头痛的与战斗无关的问题之一。这个问题一度险些破坏了整个谈判。共产党意在向亚洲人民说明美国的残暴压迫，只有中国才有能力抗衡。因为骚乱发生时正值我在东京的任期即将结束，所以我深感时间紧迫，需要尽快解决这些问题，以免都留给我的继任者克拉克将军。但是，这些问题没有现成的解决方案。战俘骚乱既不是自发的，也不是突然抽风，只是由中共与朝鲜的最高统帅部利用战俘问题对我方谈判代表施加压力并在宣传上大做文章。

中国人民赴朝慰问团总团和第一分团在总团长王子宜率领下，1956年2月6日上午乘专车到达平壤。随中国人民赴朝慰问团到平壤的中国戏曲学校京剧团2月7日在平壤牡丹峰剧场举行首次慰问演出。朝鲜民主主义人民共和国首相金日成元帅出席观看了演出。图为金日成元帅在舞台上和演员们会见。

孟昭瑞 摄

中国人民第二届赴朝慰问团于1952年10月26日向朝鲜民主主义人民共和国金日成首相致敬。图为慰问团总团长刘景范代表全中国人民向金日成将军和他领导下的朝鲜军民，致以崇高的敬意和亲切的慰问。

1952年10月3日，当地朝鲜人民带着鲜花扎成的花圈和各种祭品，成群结队，赶来参加罗盛教烈士纪念碑纪念亭落成奠礼。

陆柱国是军委总政文化部创作员。著有《上甘岭》、《风雪东线》、《决斗》等，青年文学创作者。

章梅　摄

陈沂副总团长在朝鲜前线中国人民志愿军某部高射炮阵地进行慰问，受到战士们的欢迎。

孟昭瑞　摄

1952年10月14日至11月25日，在朝鲜上甘岭战役中志愿军第15军军长秦基伟（右）听取英雄八连指导员王士根汇报上甘岭坑道内坚持战斗的情况。

1952年10月14日至11月25日，在朝鲜上甘岭战役期间志愿军战士突破敌人的火力封锁，将弹药补给等送往上甘岭前沿阵地。

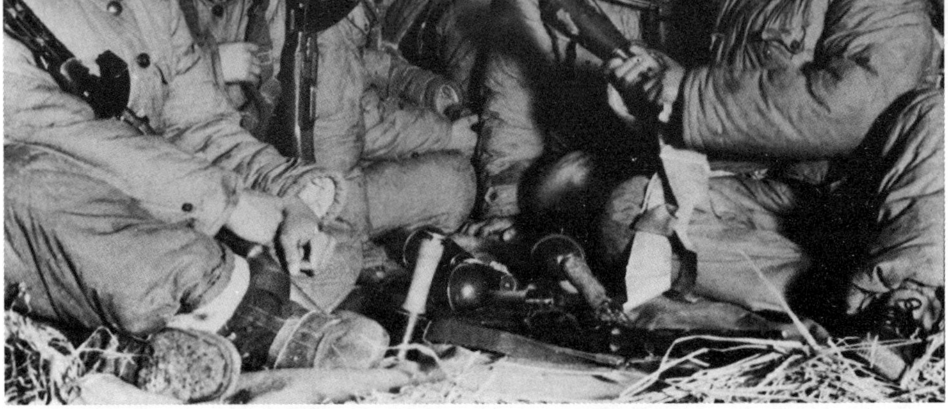

1952年10月14日至11月25日，在朝鲜上甘岭战役中二级战斗英雄邓章德（右）向战友讲解手雷的使用方法。

1952年10月14日至11月25日，志愿军高射炮部队在朝鲜上甘岭连续43天的战斗中，共击落敌机200余架。

1952年10月14日至11月25日，在朝鲜上甘岭战役中，志愿军某部七连战士易才学炸掉敌人火力点多处，荣获二级战斗英雄称号。

1952年10月14日至11月25日，在朝鲜上甘岭战役中志愿军指战员在强大炮火的支援下，攻上537.7高地北山。

1952年10月14日至11月25日，在朝鲜上甘岭战役中志愿军后勤运输人员背着百余斤的弹药补给跋涉在山林中。

1952年10月14日至11月25日，在朝鲜上甘岭战役中志愿军某部一连班长王彦林（右）率领全班反击537.7高地北山之敌，连续攻占9个山头，扫除25个火力点，先后歼敌250余名，荣立特等功，荣获二级战斗英雄称号。

1952年10月14日至11月25日，在朝鲜上甘岭战役中坚守在坑道内的志愿军战士，自己动手改善卫生条件。

1952年10月14日至11月25日，在朝鲜上甘岭战役中志愿军战士借助简单掩体消灭敌人。

1952年10月14日至11月25日，在朝鲜上甘岭战役中坚守在坑道中的志愿军战士积蓄坑道岩壁上的渗水，以解决缺水问题。

1952年10月14日至11月25日，在朝鲜上甘岭战役中，坚守在坑道中的志愿军战士积蓄坑道岩壁上的渗水以解决缺水问题。

1952年10月14日至11月25日，在朝鲜上甘岭战役中坚守在坑道中的志愿军战士利用战斗间隙包饺子改善生活。

1952年10月14日至11月25日，在朝鲜上甘岭战役中坚守在坑道中的志愿军战士正在交流防御敌人毒气弹的方法。

黄继光，中国人民志愿军著名战斗英雄。他1951年参加中国人民志愿军赴朝作战。在上甘岭战役中，当部队被敌火力压制前进受阻时，他挺身而出，连续摧毁敌多个火力点，身负重伤，继续顽强爬向最后一个火力点，用胸膛堵住向我疯狂扫射的敌机枪眼，以生命为战友开辟了前进道路。

在1952年秋季的上甘岭战役中，志愿军与6万多敌人浴血激战43天，打退其900多次进攻，坚守住了阵地，毙伤俘敌2.5万余人。上甘岭战役的胜利，标志着志愿军在整个正面战场完全掌握了主动权。这是坚守在坑道里的战士夜间出击。

新华社 发

1952年10月14日，抗美援朝最著名的战役上甘岭战役打响。此役，美军先后投入6万余人的兵力，出动3000架次飞机和170余辆坦克，进攻不到3.7平方公里的上甘岭阵地。在44天的激战中，中国人民志愿军共歼敌2.5万余人。这是在上甘岭战役中的中国人民志愿军高射炮部队在夜间猛烈射击来犯敌机。

这是守卫上甘岭阵地的志愿军高射炮部队的炮手。

第八章　最后几个月

战俘骚乱——克拉克接替了我的职务——签署停战协定

早在1951年1月6日，我就十分关注如何处置我们所羁押的战俘，在给麦克阿瑟将军的信中也曾谈及这一问题。我所担忧的问题是，在交火地区附近大约有14万战俘，我们不得不为他们提供饮食、看守以及治疗。光是看守战俘营就占用了我们相当大的一部分兵力（这些兵力我们几乎抽不出来）。为了满足战俘们衣食住的需求，还要动用大量本已十分紧缺的运输工具来运送补给物资。如果我们被迫撤离朝鲜半岛，那么转移战俘也是件烦人的事。如果还要留在这里，那么我们相当一部分的后勤工作将不得不为他们的衣食、医疗，甚至饮用水需求而服务。

麦克阿瑟回信告诉我说，他已经建议将战俘转移到美国本土。这些战俘不能送往日本，不仅是考虑到他们在日本很可能会激怒公众，还因为把他们安顿在那里可能会引起指控说日本也参战了。华盛顿方面并没有就转移战俘迅速作出决定，最终的计划是把战俘关押在朝鲜半岛南部沿海较大岛屿上的集中营里。最先选择的是济州岛，但是岛上有大约25万居民。如果像原先计划的那样把战俘转移到这个岛上，那么，战俘以及韩国的各类军事和文职人员，再加上担任集中营看守任务的部队，是岛上人口的两倍以上。如果不支出大量的时间和金钱，该岛根本无力应付这种人员的大量涌入。因此，我极力反对此举。

后来又决定将战俘运往巨济岛。这个岛比济州小得多，位于釜山西南几英里。这个选择也只是一个无奈之举。因为，从巨济岛本身的情况来看，但凡一个神志清楚的人大概都不会选它建造营地。岛上遍布山石，几乎没有可供修建集中营的平地。结果，巨济岛很快就塞满了人，大大超出了该岛本来所能负担的数量。除了不断增加的成千上万名战俘之外，还有数以百计的警卫和其他看守，集中营里战俘的数量要比进行正常的监管或规定的数量多得多。因此，共产党人发现能比较容易地执行一些我们当时毫无察觉的计划，煽动战俘示威游行，组织闹事、暴动和越狱，以及镇压非共产党员战俘等等。我们能够抽调出来负责战俘营工作的人员素质不够，警惕性不高，不能及时察觉这些阴谋，或者识别并隔离主谋。

在巨济岛建立了四块用带刺铁丝网圈起来的场地，每一场地又划分成8个集中营，每个集中营计划接收6000名俘虏。但是到1952年，战俘人数已经超出该岛所能承受的数量，于是不得不把他们关押到另一个靠南的小岛峰岩岛上，还有一部分运到了最早曾考虑过后来又否决的济州岛。尽管关押战俘们的营地相互之间离得很近，不太安全，而且选派的看守人数不足，但是直到停战谈判开始时，所有的集中营并没有发生过什么大乱子。后来，在我们对其阴谋一点儿都没有察觉的情况下，以南日为代表的朝鲜最高统帅部策划制造了一系列事端，破坏联合国的形象。

为了能恰当地制造这些事端并掌握好时机，必须要建立一个由纪律严明的“部队”组成的整体网络，能迅速而毫不犹豫地执行各项命令。这就要求有一个严密的联络系统。由于战俘营范围非常狭小，场地之间相距又非常近，想要联络当然并不困难。战俘营里的共产党领导人许多是故意投降的，以便能将其上级的指示传达下去，他们想尽各种办法把消息从一个营地传到另一个营地。来自他们最高统帅部的各项命令和指示由刚刚投降的俘虏带进来，会拴在石头上从一个营房扔到另一个营房。有时为了把命令传到更远的地方，他们会采用唱歌的方式，或者将命令偷偷夹在补给品中，或者利用其他信号进行传递。总的说来，这个联络系统通过煞费苦心的组织，几乎可以克服任何阻碍将命令传达下去。

医院的病房成了共产党领导人举行高层会议的理想场所，他们为了与下级或同党接头，制订出新的行动方案的细节，常常会装病住院。为了保证他们的“队伍”内部能服从命令，他们制订了一套正规的惩戒制度，对叛党分子进行处罚，甚至包括死刑。就这样，非共产党分子就完全被吓唬住了，而更有影响力或不听话的非共产党分子就被除掉了。

正当谈判在帐篷内磕磕绊绊地进行时，战俘营里开始闹事了，这是为了响应南日的指示，同时也是为了配合谈判中几乎每天都提到的对“西方帝国主义”罪行的谴责，而我方代表早已经听觉疲劳了。但是，共产党的记者却急切地抓住这些内容，然后很尽职尽责地在一些报刊上报道。

第8集团军严格按照1949年《日内瓦公约》对下辖的战俘营进行管理，公约中有明确定义，由于俘虏们已不再继续作战，因而他们应受到人道待遇。同时，《日内瓦公约》还规定，俘虏无论自愿与否都应服从“拘留国武装部队中实施的各项法律、规定和命令”，拘留国“在战俘违反此类法律、规定和命令的情况下，采取法律或纪律措施是正当的”。朝鲜和共产党中国从未声明他们愿意遵守这一公约，也不像我们那样允许国际红十字会代表视察。我们已经注意到朝鲜人对待俘虏的态度，他们常常反剪俘虏的双臂，然后向俘虏后脑勺开枪。我发现中国人更人道一些，但是我们却不了解他们会如何对待被我们俘虏的人。也许我们就应该预见到，以共产党的行事风格，他们会认为这些人完全可以牺牲掉，这些人的价值无非就是还有可能为共产主义的最后胜利作出点儿贡献。但是事实上我们事先并没想到。日内瓦公约主要涉及的是俘虏的权利问题。我们并没有想到还需要专门考虑拘留国的权利问题，而拘留国其实可以采取有力措施对付战俘营内一些人的叛乱。

麻烦真的来了。1952年1月，由于我们想把俘虏分为同意和拒绝遣返回国这两种，麻烦初露端倪。为了把迫于共产党压力而服役当兵或当劳工的朝鲜平民区分出来，前一年曾经进行过一次审查。当时我们根本没遇到任何抗拒。3.5万名俘虏被归为平民予以释放。

集中营里会不时发生各种偶然的闹事行为，但看守人员都能够处理。然而1952年伊始，谈判双方正在讨论俘虏的遣返问题。华盛顿方面的立场是，我们决不同意将任何不愿意去共产党中国的俘虏遣送回去。共产党方面则坚持，为了富有成效地讨论这个问题，他们需要知道有多少俘虏能够送回国去，有多少俘虏会取得某种避难权。为此，我们又着手进行另一次甄别。这一次，我们遇到了暴力抵抗。后来我们才得知，这是直接来自板门店的命令，共产党的领导人为了他们在谈判桌上的地位，需要战俘们强烈表现出赞成遣返。

有一个营地的战俘们用各式各样自己独创的临时武器，镐把、用带刺铁丝做的连枷、秘密收集金属片然后打磨而成的刀斧，甚至还有帐篷杆做成的长矛等武装起来，袭击了美军第27步兵团派来在韩国审查委员会清点人数时维持秩序的一个营。由于意识到了避免造成任何死亡事件的重要性，士兵们仅使用震荡手雷来阻止暴乱分子。最后，指挥官不得不命令部队向暴徒们开枪，这样战俘们才撤了回去。在这场骚乱中，一名美国人被杀。有几名战俘被打死，另外还有100多人受伤。

正是在这次暴乱之后，我们才决定将战俘营疏散到济州岛和峰岩岛，并增加看守和警卫。可是，我们仍然没有真正理解这一事件的错综复杂和深刻本质。

整个春季，战俘营中的各种事端成倍增加。战俘们举行集会，打着写有反美口号的标语，升起朝鲜国旗，还进行各种挑衅。

到四月底，巨济岛上的17个战俘营里还有7个没有完成甄别工作。这7个战俘营闹得最厉害。显然，只有我们强行进入并对战俘严加管束，双方一定得付出生命的代价之后，才能正常地统计同意和反对遣返的人数。范·弗里特又增派了美军一个营去协助平息这几个战俘营的骚乱，还命令另外几支战斗部队进驻釜山，准备在突然发生严重骚乱时迅速转往巨济岛。他当时提醒我说，如果在进行反抗的集中营中动用武力，那么已经完成甄别工作的集中营肯定会加入到反抗的行列中去。

根据后来了解的情况，现在再回首往事，有人可能会说，如果当时使用武力解决这件破事可能会更好一些。毫无疑问，尽管会见血，但这件事情用武力可以解决。也许，如果当时我们的情报部门能像后来那样，及早发现战俘营中有如此错综复杂、牵涉面很广的阴谋，想要利用战俘的反抗情绪，那我或许就会采取另外一种不同的立场了。

但实际发生的情况是，由于停战谈判的形势看来有了好转，我请求参谋长联席会议同意暂时停止甄别，就把那几个采取抗拒行动的集中营中的所有人都算作赞成遣返的人。参谋长联席会议立即表示同意，同时表示，这些战俘营中任何强烈反对遣返的战俘，在实际交换战俘之前，甚至在交换开始之后都还有机会表达他们的意愿。

我很高兴，在和平即将来临之际，并未因此而出现无谓的牺牲。然而，我的本意并不是要集中营放松纪律或管理。战俘问题还是我最关心的事情，尽管具体的处置权已交给集团军司令。这是集团军司令的主要职责之一，我很快就提醒他要去履行。

5月初，我的宪兵司令视察了巨济岛上的战俘营，并向我递交了一份令人不安的报告，说那里严重缺乏管理，已经发生过好几起联合国军军官被战俘短期扣押作为人质的事件；某些集中营甚至拒绝接受食物和日用品。我立即措词严厉地提醒范·弗里特，尽管放弃了甄别计划，但还需要保持适当的管理。然而从范·弗里特的反应来看，他似乎更关心的是宪兵司令竟然把在集中营看到的情况报告了总部，而没有通知他范·弗里特。

根据这份报告，我很难理解为什么就不能对随后很快又发生的惊人事件有所预见和准备。就在5月7日，共产党战俘扣押了联合国军战俘营司令弗兰克·多德准将，并放出话来，如果他们的要求得不到满足就把多德杀掉。这位准将没有安排足够的警卫就去会见共产党俘虏，因为他们假称有一些不满的事情需要谈谈。他们把多德抓到手后就说，如果开枪，他们就要了他的命。多德本人则传出消息，要求当晚（当时已是傍晚）5点钟之前不要派部队去解救他。范·弗里特指示，除非第8集团军司令亲自批准，否则不得使用部队解救多德。这不仅仅是多德会有生命危险，而且一场大规模的越狱行动似乎也已迫在眉睫。如果动用部队，肯定会引起一场激战，战俘会有严重的伤亡，结果一定会产生灾难性的影响。

这次危机差不多就是在我预定启程前往欧洲前夕发生的。我奉命到欧洲去接替艾森豪威尔将军，他当时正准备参加共和党总统候选人提名的竞选活动。多德将军遭到劫持的消息传到我这里时，我的继任者马克·克拉克将军已经抵达东京。我立即让参谋长道尔·希基召集主要参谋人员举行一次晨会（5月8日）讨论这个问题。我准备会后立即启程前往韩国。由于在4天之内（我已接到参谋长联席会议的命令，要求我于5月12日启程）这件事将全部交给克拉克将军负责，所以我要他和我一同前往。但是，我还是决心先和范·弗里特一起制订出解决这一难题的方案，而不想如此急匆匆地将问题丢给克拉克将军。

在我们到达东京之前，范·弗里特已经下令增援部队由釜山开往巨济岛，并派美第1军参谋长查尔斯·科尔森准将接管战俘营，而多德被范·弗里特正式解除了职务。科尔森于5月8日到达巨济岛，他立即通知共产党人，多德已不再担任战俘营司令职务，并警告他们，如果在规定期限内不能安全释放多德，联合国军部队将开进战俘营以武力解救他。

与此同时，共产党人提出了他们的要求，而多德同意充当中间人的角色。起初，他们要求承认战俘联盟，并要求在几个营地之间建立电话和摩托车通讯联络。当克拉克将军和我抵达韩国时，范·弗里特告诉我，他打算就释放多德的问题与战俘进行谈判。这就意味着至少要拖延48个小时，而对我来说，这种拖延就意味着失败，是完全不能接受的。但是我知道，我们采取的每一步行动都会影响到停战谈判，因此我觉得在下达命令之前应当先和我方首席谈判代表乔伊海军上将进行磋商。我们一行人飞到了汉城，海军上将乔伊由衷同意我的看法，认为任何拖延都会被共产党人看作是屈服的表现。他还表示，我们应当要求立即释放多德，并用武力来支持我们的要求。

于是，我写信指示范·弗里特将军，要他使用一切必要的武力手段甚至包括坦克在内，迅速在战俘营中建立秩序并一直保持下去。范·弗里特立刻命令美第3师的一个坦克营从北边的阵地出发，经公路行驶200英里，然后再由登陆舰运送到巨济岛。如果共产党人拒绝或拖延我方要求，我就决定开枪射击，而且以最佳效果进行射击。我自然明白，我的命令可能会危及多德的生命。对这种有可能出现的后果我准备承担全部责任。

尽管我也认同范·弗里特和其他人的愿望，他们想要拯救一位朋友的生命，但我认为，多德会像每一位职业军人一样，在他决定选择这项职业时，已经接受了意外死亡的风险。为了坚持我方关于遣返战俘的立场，已经有许许多多的军人献出了他们的生命。在战争中，一位将军的生命并不比一位普通士兵的生命更宝贵。每一个人都随时要冒着生命危险去捍卫祖国的安全、自由和荣誉。如果为了拯救一位军官的生命，我们就放弃了士兵们所献身的事业，那么对那些把生命托付给我们的士兵来说，我们的行为就是一种背叛和犯罪。

这不是简单的安全问题。这些共产党人显然还认为自己是战斗人员，他们无视战俘营所有合法规章制度，随时准备发起攻击，企图打垮我们的部队。这是另一场战斗，和过去两年中士兵们为捍卫自己为之奋斗的事业而宁愿每时每刻冒生命危险进行战斗是一样的。我下达可能使多德将军送命的命令时所想到的就是这些。

然而，范·弗里特却推迟执行我的命令。坦克营没有按时到达是一个原因，还有其他的原因我就不大清楚了。在完成了中间人的使命之后，多德从共产党那里收到一长串对战俘营杀害和摧残战俘的指控。同时，他还承认（据共产党分子称），至少在某些事上，战俘营方面是有罪的。科尔森已经指示部队做好准备，如果多德在5月10日上午10时前不能获释，便强行开进战俘营。当部队和坦克最后作好准备采取行动时，共产党人又送出一份比之前更为苛刻的要求。他们差不多是要联合国军承认自己所犯的罪行比第二次世界大战期间的纳粹还要野蛮。下面内容摘自战俘提交的译文（仓促翻译而成）：

1. 立即停止你们的野蛮暴行、侮辱、拷打、强迫写血书声明的做法、威胁、监禁、大规模屠杀、枪杀和机枪扫射、使用毒气和细菌武器、用战俘进行原子弹实验。

2. 立即停止对朝鲜人民军和中国人民志愿军战俘非法的、无理的所谓自愿遣返。

3. 立即停止对数千名在武力威逼下沦为受奴役地位的朝鲜人民军和中国人民志愿军战俘进行强迫性的调查（甄别）。

总之，要求联合国军司令部向共产党电台一直以来的指控表示认罪，那我们就得被迫放弃在板门店的联合国军谈判代表一直采取坚定立场的遣返政策。这种失败使我们蒙受的耻辱和损害绝不亚于在流血的战争中的任何挫败。科尔森与其直接上司保罗·扬特将军进行了磋商，然后起草了一份答复，除一条不太重要的问题外拒绝了共产党人的全部指控，但同意不再进行甄别。互换信件、起草回信以及沉闷的翻译耗费了许多时间，所以第一次最后时限过去了但我们没有采取行动。

这时，战俘提出的新要求已传到我的司令部。我立即电告范·弗里特，要他阻止科尔森的答复，以免严重破坏联合国的事业。同时，我向范·弗里特指出，为了执行我的命令战俘营司令到底采取过什么行动，我仍然无法准确而迅速地得到详细报告。我还告诉范·弗里特，5月8日我就有过关于使用一切必要的武力建立并维持秩序的指示，我无法理解他为什么还没有执行。

5月10日下午8时，最后期限过了10小时后，科尔森和多德起草了一份共产党人很乐于接受的答复，之所以说容易让对方接受，是因为在答复的第一段中，这位战俘营前司令对战俘的领导人的指控之一表示认罪。下面就是答复的第一段：

“关于你方信中的第一项内容，我承认发生过流血事件，联合国军打死打伤了许多战俘。我可以保证，今后战俘将根据国际法准则在本战俘营受到人道待遇。我将在我的职权范围内尽一切可能防止再发生暴力和流血事件。今后如果再发生此类事件，我愿承担全部责任。”

共产党人还想迫使我方作出更具体的忏悔，因此将摊牌的时间一直推迟到当天深夜。后来，由于主要目的已经达到，显然他们认为已经没有必要再刺激我们使用武力了，在5月11日晚上9时30分就释放了多德。我从羽田机场启程的时间定在第二天下午3时左右。很明显，必须进一步采取措施来彻底平定战俘营中的骚乱。但这要由克拉克将军作出决定，几小时之后责任就全部移交给他了。于是，我建议在第二天早晨8时将指挥权移交给克拉克将军，他表示同意。

为了恢复对巨济岛战俘营的控制，克拉克将军在随后的几天中果断决定，命令海登·博特纳准将（后晋升为少将）采取一切必要的措施。于是，博特纳迅速而有效地开始了行动。他立即下令让所有的居民撤离该岛，并且重新调整了战俘营的工作人员。他让工兵重建集中营营地，使每个营地容纳的人数不超过500人。看守们奉命随时准备开进任何一个挂着反联合国标语或朝鲜国旗的战俘营中，并且可以使用一切必要的武力来清除这些东西。

共产党人的领导人决定抵制这种削弱他们力量的做法。他们秘密制造了各种简陋的武器，包括用做饭用的汽油制成的燃烧弹（莫洛托夫鸡尾酒）。有一个战俘营甚至还在大门前挖掘了一条堑壕，打算进行抗争。范·弗里特命令第187空降团前往巨济岛增援博特纳的部队。6月10日，他们开进了共产党领导人拒绝把人员分成小组重新分配的那些集中营。联合国军使用催泪弹和步枪，有条不紊地平定了进行抵抗的集中营，催泪弹还把战俘秘密贮藏的汽油点着了。一个半小时之后，抵抗终于完全停止。150多名战俘被打死打伤。一名美国人丧生，13人受伤，营房被大火烧毁。但从那以后，尽管暴力和反抗行为偶有发生，但战俘营还是被我们控制住了。我们把非共产党俘虏区分出来并分别安置在不同的集中营里。共产党俘虏则被分成若干大队，每队人数为500或略少，后来发生的骚乱都很快被催泪弹所平息。

在停战谈判的过程中，整个集中营里还发生过一些其他的危险事件。但是，唯一的一次重大骚乱1952年12月发生在峰岩岛。当时，共产党战俘企图组织一次大规模越狱，结果有85名战俘被打死，100多名被打伤。这次事件发生后不久，共产党准备的一份关于这次暴乱的手写总结落到我们手里。

“我们的战友，”总结里这样写道，“决心光荣地牺牲……他们在战斗中失去的只是自己的生命，但却是为了获得解放和光荣的胜利……朝鲜祖国的儿子们和伟大的斯大林的光荣的战士们彻底揭露了美帝国主义惨无人道的、野蛮残忍的屠杀暴行，使世界上爱好和平的人民、祖国、党和一切民主国家发出了复仇的呐喊。”

如果更早一点采取强有力的行动是否能使共产党人失去这次宣传的机会，这一点是有疑问的。但可以肯定，只要他们还能制造出亚洲报刊上的头条新闻指控美国人是杀人凶手，就没有理由相信他们会因为在更加绝望的斗争中流了更多的血而突然止步不前。然而，我确信，如果按照我的指示迅速果断地粉碎巨济岛上的阴谋，本来可以使共产党分子失掉一个有力的证据，甚至会更快地实现停火。

不过，朝鲜的作战现在已经不再由我直接负责了，5月12日我移交了指挥权，离开了远东。海军上将乔伊最后提出了一项建议，共产党方面也表示同意，之后他要求不再负责谈判工作，在过去10个多月的谈判中，他显示出了非凡的才干和耐心。5月22日，早些时候由我指派担任谈判代表团成员的小威廉·哈里逊中将接替了乔伊。哈里逊是因蒂珀卡努河一役而闻名的第九任美国总统威廉·亨利·哈里逊的直系后裔。他负责谈判工作一直到停战协定签署。

此时前线的情况变得像第一次世界大战，到处是挖得很深的掩体、战壕，带刺铁丝防护网，绝大多数战斗都发生在长长的前哨阵地上。由于敌人逐渐积蓄其炮兵力量，炮兵的效率和数量不断增强，占领制高点以便于观察就变得越来越重要，因此前哨阵地上的战斗常常血腥而持久。7月和8月，大雨带来了一段较长时间的平静，但只要天气情况允许，敌人就会发动猛攻想占领我前哨阵地，尤其是在“铁三角”底边的左右两侧，铁原和金化附近。

现在，联合国军有半数以上都是韩国人，他们几乎每次交火时都能够坚守住重要的前哨阵地，或者反攻夺回丢失的前哨阵地，而且他们在好几个地方甚至攻入了中国军队的防御纵深，攻占并守住了一些制高点。在这些前哨战中，敌人损失惨重。深秋时节，敌人在东部地区发动了一次大规模进攻，企图突入我军主阵地前沿。但是，敌人刚刚突破就被击退，战线又恢复原样。由于敌人再次沿用其习惯的战术，让部队不顾伤亡地冲击我军阵地，在我军炮火打击下，付出了巨大的代价。

即使面对我空军和海军连续不断猛烈而准确的轰炸，敌人炮兵却仍然能不断地发展壮大，这一点从落在我前沿阵地上各种口径的炮弹数量一直平稳增加可以看出来。1952年9月的一天，有4.5万多发炮弹落在第8集团军的阵地上。10月还创下了联合国军阵地上一天之内落下9.3万发炮弹的纪录。敌人还提高了射击精度，改进了战术。他们现在能够做到集中炮火打击一个单

一目标，然后频繁改变发射位置，以免被我军精确定位。

由于韩国军队接受了范·弗里特新的强化训练，已经发展成一支有能力、有信心的战斗部队，范·弗里特对此感到很是满意，才将他们部署到各个防区内，到1952年年底，他们几乎占了前线部队总数的四分之三。1952年12月，在前线的16个师中，有11个是韩国师，3个美国陆军师，1个美国海军陆战师，还有1个英联邦师。其他的韩国部队还用于加强美军一些师的实力，比如把一个韩国陆战团补充给了美军第1陆战师。范·弗里特手里的预备队靠的就是一个韩国师和三个美军师。

1953年1月，我军进一步调整了部署，在前线增派了12个韩国师和联合国军的8个师。增加的兵力大部分进驻到铁三角底边的第9军防区，敌人曾在这里发动过一次孤注一掷的进攻，企图突破主前沿阵地，夺取制高点上的前哨阵地。此时，算上后勤部队和警卫部队，第8集团军和韩国军的总兵力已达到76.8万人。沿着支离破碎的战线与他们对峙的是将近100万的中国人和朝鲜人，在前线有中国7个集团军和朝鲜2个军，总兵力为27万人；11个中国集团军和1个朝鲜军共53.10万人作为预备队。

1952年朝鲜上空的空战达到了前所未有的规模。8月29日，第5航空队空袭平壤时出动了数百架飞机，其中包括陆战队、空军、海军，内有澳大利亚和英国的飞机。在这次大规模空袭之后，作为补给中心、维修基地、铁路枢纽、部队集结地域以及军事指挥机关所在地的朝鲜首都几乎被夷为平地。敌人对这次大规模轰炸的反应是大幅增加了米格截击机的出动数量，以对付我们的佩刀式战斗机。但是，我们受过高水平训练的飞行员牢牢掌握着制空权。仅1952年9月一个月的时间内，第5航空队的飞行员击落了64架米格-15，而仅仅损失了7架佩刀式战斗机。

在冬季的几个月里，前线的行动锐减成了小规模的巡逻和侵扰。在战争的这一阶段，敌人似乎专门打伏击，我们的巡逻队常常发现敌人埋伏在深谷中和树木繁茂的山坡上。尽管陷入明显的僵持状态，但整个前线仍不断出现人员伤亡。在一场防御战中，按兵不动什么都不做，那简直是不可能的。尽管敌人过于强大，我们增加的这点儿有限兵力不可能把他们再往北赶，但我们还得进行积极防御，把敌人挡在距我主前沿适当距离之外，同时限制敌人的防御力量。在这种战斗中，还必须保持作战部队旺盛的斗志，因为一旦斗志松懈，就会使部队完全丧失警惕，突然遇到攻击时就会迅速陷入混乱。因此，从早到晚在战线的某个地方总要发生一些激战。我们拼命地守卫着前哨阵地，无论敌人想得到什么都要付出高昂的代价。在夏季里，整个前沿的许多关键高地曾数次易手。决定反击时，我们集中了此次战争中最强大的炮火支援，在猛烈的空中打击配合下，一举夺回了被敌人暂时攻占的阵地。还有几个前哨阵地我们认为不值得再付出代价夺回来。但总的来说，从黄海之滨肥沃的平原到日本海的崎岖海岸，我们的整个防线很牢固，有部分还稍稍向前推了一些。我们一点点让中国人知道，无论他们怎样使用武力都无法使停火线向南移。

在这场战争的最后一个冬天，战斗规模再次缩小，变成了沿前哨阵地巡逻的、双脚冻僵的巡逻队之间的冲突，只有第8集团军为了防止敌人工事挖得太深，才不时对中国和朝鲜军的阵地发动猛烈袭击。在突然同时实施集中炮火和密切协同的空中打击之后，各个区域的联合国军小部队开始出动，抓捕、击毙和驱逐敌人，然后将其修筑的掩体破坏。春回大地——在朝鲜，春天并不总是鲜花和青草——敌人也开始了反攻。此时，第8集团军换了一位新的指挥官，麦克斯韦尔·泰勒中将，接替即将退出现役的范·弗里特。

战火首先在西部防区重新燃起，中国人试图通过进攻美第2师和第7师控制的高地突破我主前沿阵地。他们穿过雷场和铁丝网，把守军从山头上赶了下去，付出了巨大的代价，几乎在这里实现了突破，只是在我们的反击之下才撤了回去，在后撤途中又遭遇我军集中炮火的轰炸，因而遭受了更大的损失。在第7师防区内，铁原的西北面，中国人在付出大约750人阵亡的代价后攻占了一个在山头上的主防御阵地。他们进一步向西发动进攻，想迫使第1陆战团由前哨阵地后撤。可是，经过几天的反复争夺、持续整夜的战斗以及用猛烈的炮火隔离战场，陆战队员们重新建立并牢固地控制了前哨阵地。与此同时，敌人继续伏击我巡逻队和突击小分队，在交战中给我们造成了很多人员伤亡。新当选的总统艾森豪威尔12月访问了韩国，他承诺要谋求早日实现和平。但是在前线，和平看起来仍然像梦一样遥远。

满眼春色，冬雪融化，稻田的粪肥散发出极为浓郁的气味，由于道路泥泞无法通行，河水暴涨水流湍急无法渡过，战场又出现了短暂的平静。还有一个很明显的原因，就是板门店的谈判代表们终于开始相互间作出让步了，尤其在遣返战俘的问题上。因此，就连那些总是对停战的传闻持怀疑态度的前线士兵们也开始相信和平可能真的为期不远了。4月11日，以605名联合国军战俘交换十倍敌军战俘的协议终于达成。我军士气高昂，这里面有许多原因：我们有了牵制敌人进攻的能力；空军力量不断增强，提高了向地面部队提供近距离空中支援的机动性；还有更重要的，就是我们实行了轮换制度，让许多老兵有时间回家探亲。此时，除了长期以来一直与我们并肩战斗的澳大利亚和英联邦其他国家和地区之外，联合国军还包括来自许多其他国家的部队：荷兰、土耳其、希腊、菲律宾、挪威、瑞典、哥伦比亚、法国、印度，甚至还有泰国的部队。为了满足他们在食物、着装、宗教仪式等各方面的特殊需求，我们的后勤补给部队遇到了许许多多令人头疼的小问题。荷兰人想喝牛奶，而法国人要喝葡萄酒。穆斯林不吃猪肉，而印度教徒不吃牛肉。东方人想多吃点儿米饭，但欧洲人却想多来点儿面包。给土耳其人的鞋子必须加大，而给泰国人和菲律宾人的鞋子又必须做得特别窄小。美国的衣服对于身材矮小的东方人来说太大。只有加拿大人和斯堪的纳维亚人比较容易适应美国的食物和服装。尽管如此，我军第2后勤司令部还是解决了所有的问题，满足了他们的全部要求。

在战争中首当其冲的主要是地面部队的士兵，海、空军也一直很英勇而且常常是甘当无名英雄。沿朝鲜海岸有一些岛屿，岛上的亲韩国政权的游击队需要补给和我方炮火的支援，这只能靠我们的海军。敌人的元山港几乎一直处于我舰炮火力覆盖之下。我们的大小舰艇紧贴着朝鲜海岸线巡逻，保持对敌人的严密封锁，并防止敌军在任一边海岸沿我军两翼侧向移动。

空军、海军陆战队以及海军的飞机持续监视敌人的防线，狠狠打击敌人运送部队和补给的车队，破坏或摧毁了朝鲜工业体系的很大部分，此外还担负了极其惊险的陆地和海上救援任务。虽然当时直升机的使用在效率上和数量上均未达到后来在东南亚战场的水平，但是，我们当时已经采用过从直升机上放下缆绳把遇难人员从海上吊起来并运往安全地带。我们还能在一两小时内用直升机将身负重伤的士兵从被包围的高地上运往后方外科医院，否则可能需要花费很长的时间。此时，我们的飞机执行低空轰炸就如炮兵执行任务一样平常，有时根据地面指挥官的直接命令与部队协同行动效果更佳。

泰勒将军就像范·弗里特和我以前一样，在和平似乎就要来临之际，不愿意眼睁睁地看着牺牲太多的生命去换取朝鲜的土地。但是，就在1953年4月，当敌人认为必须以一场“胜利”来结束这场战争时，泰勒对此早有准备。临近四月底时，第8集团军的观察人员报告了敌人运动的显著变化。敌人的部队正在由北面调动过来部署在靠近战线的阵地。敌人的炮兵和坦克也都进入了阵地，以便提供近距离支援。此外，我方巡逻队在双方前哨阵地之间执行巡逻任务时，遭遇敌人部队的次数更为频繁。

将近1953年5月底，中国人开始发起最后一次攻势的一系列进攻，而且一直持续到差不多就要在停战协定书上签字的时候。他们首先打击的是处于铁三角底边的第9军防区。像以前一样，他们的进攻矛头直指韩国军队的阵地。敌人榴弹炮和迫击炮的炮火格外猛烈，中国人以团规模的兵力发起进攻。可是这一次韩国人牢牢地守住了阵地，中国人撤退时在军和师属炮兵的炮火打击之下伤亡惨重。在过去的一年，我军在这一地区的力量大大加强，逐渐的积累使这段防线变得几乎牢不可破。

中国人再次尝试向第1军防区内的5个前哨阵地发起了一次进攻，阵地由第25师的土耳其旅防守。这里的战斗达到了白热化，显然中国人决心不惜一切代价要攻占这些前哨阵地。中国人直接穿过己方迫击炮和火炮的密集炮火向阵地发动进攻，土耳其人与他们展开了肉搏战。敌人的第一次冲锋就占领了这些阵地，但随后土耳其人发起了猛烈的反击，并夺回了他们曾坚守的两块前哨阵地。中国人最终占领了另外三块阵地。在两天的战斗中，敌军付出了可怕的代价，估计约有2200人阵亡，1075人受伤。土耳其部队损失了471人，其中104人当场阵亡。

这些进攻其实只是声东击西。敌人一直酝酿的主攻方向显然是在其他防区的某处。终于，在6月10日，战争结束的六周前，中国人为使战线南移而发动了大举进攻。这是自1951年春季攻势以来我军经历的最强大的一次攻击。同春季攻势一样，这次也是在傍晚时分开始，先是猛烈的炮火准备。战斗最先在韩国第2军控制区内打响，这里靠近金城，位于铁三角到“酒杯”的半路上，在北汉江两侧的联合国军防线在这里向北突出。中国人以营团规模采用协同进攻，沿北汉江东岸首先攻击韩国第5师的阵地。他们很快就打得韩军从主前沿阵地向南后撤了半英里。韩军的反击未能奏效，中国人第二天又继续进攻，迫使韩军在后来的5天中不断后撤，从他们的原阵地一直向南后撤了大约3英里左右。与此同时在江对岸，中国的另一个师突破了韩国第8师防线，在两天之内包围了右翼的一个团，迫使该师大幅度后撤。另外还有一支中国部队在第10军控制区的左侧以有限兵力实施了一次牵制性进攻。这次进攻本来很容易对付，但是韩国第5师和第8师先后败退，使第10军左翼受到威胁，被迫在这一地区稍作后撤。后来，由于韩国第5师在北汉江向东急转弯处建立了一道新防线，在韩军与敌人之间形成了一道屏障，同时韩国第8师在中国人进攻发起时该师的位置以南大约四英里处建立了新防线，整个防线终于稳定下来。

中国人在西边进攻第1军时小有收获，在东边他们迫使第10军稍稍后撤。但是在10天之内，攻势就停滞下来。大约就在这个时候，从日本调来的大量增援部队到了泰勒将军这里，包括第187空降团和第34团（差一个步兵营）以及随后调来的第24师的另外两个步兵团。这支新锐力量使他牢牢地顶住了中国人这次夏季反击最后阶段的进攻。在六月的进攻中，中国人拿下了几个制高点，还在前沿8英里宽的正面攻占了不少阵地。但是，他们为此损失了大约6600人。韩国第2军也在战斗中损失惨重，伤亡和失踪人数超过了

7300人。

中国人七月进攻的主要目标就是韩国首都师，当时他们在第9军右翼的防区驻守，靠近铁三角的右边——金化。首都师被中共的3个师突破了防线，险些被完全包围，几近崩溃，只能仓皇后撤。再往东是韩国第2军的左翼，由于首都师的后撤，已彻底暴露给敌人，中共的一个师从这里向韩国第6师发动了进攻，并迫使其缓慢向南撤退。这一退却使韩国第3师和第8师陷于危险之中，他们只好有组织地撤至金城江南岸，构筑新的前沿阵地。新近补充给韩国第2军的韩国第7师将中国人赶出了沿江高地，为建立新防线助了一臂之力。这时，我们在前线已部署了足够的兵力，本可以重新恢复旧防线。但是，板门店的双方谈判代表已经达成了实质性的协定，只能就此作罢，而且牺牲太多的生命去夺取对第8集团军的安全来说毫无用处的地区，似乎也太愚蠢了。

7月19日，正好是韩国第2军建立起新防线的前一天，最终的停战协定在板门店达成。之后，联络官和参谋们又花了一个星期的时间划分非军事区分界线。这一个星期，整个前线比较平静。7月27日上午10时，哈里逊将军代表联合国，南日将军代表中国和朝鲜，签署了协定。当晚10时，双方停止射击。没有出现其他战争结束时那种疯狂庆祝或互表友善的标志性场面。士兵们只是相视而笑，或者累得扑通一下坐到地上，或者聚在一起用一瓶威士忌来分享欢乐。在被炮火炸得光秃秃的山脊上，只是能够从地下的洞穴中爬出来，放眼乡间而不用担心被射杀，就已经让人感到相当高兴了。

从战争爆发开始算起，已经过了3年一个月零两天。从史密斯特遣队开始行动算起，恰好经历了整整3年左右的时间，这支人数、火力和准备都明显不足，却由一批英勇的普通士兵组成的部队，完成了我军近代史上最不知名的迟滞行动。

第二批联合国军战俘于1953年8月5日遣返。这是战俘们向板门店进发(其中赤背者为美联社记者诺尔)，他们回首恋望我方送行人员。

1954年1月26日，拒绝遣返的325名韩国战俘、21名美国战俘及1名英国战俘在板门店举行记者招待会。英国每日快报记者访问英俘COWDRON康德伦（左）。

朝鲜民主主义人民共和国朝鲜人民军总政治局，于1953年9月1日发布对25名在朝鲜参加细菌战的美国战俘免予法办的命令。1953年9月6日这25名战俘被送往板门店的交换地点。朝鲜人民军总政治局代表金云仙向参加细菌战的美国战俘却利斯·E·史托尔、凡士·R·弗立克、查理士·M·克尔、鲍贝·E·汉麦宣读免予法办的命令。

抗美援朝时期，中国人民志愿军和朝鲜人民军在战场上俘虏了大批联合国军士兵，中国人民志愿军在自己缺吃少穿的情况下，建立起了第一等的战俘营，联合国军战俘在这里不仅享受着良好的伙食、医疗保障，还有通信、信仰等自由。图为被俘的英军战俘。

1950年10—12月，中国人民志愿军和朝鲜人民军在战场上俘虏了大批联合国军士兵。图为美军战俘被押到俘虏营。（1951年1月20日摄）

图为美军战俘被押到俘虏营。（1951年1月20日摄）

图为土耳其俘虏被押下战场的情形。（1951年1月摄）

图为志愿军战士优待俘虏，扶着受伤的土耳其战俘。（1951年1月摄）

图为被俘的美军。（1951年1月摄）

图为被俘的美军。（1951年1月摄）

图为被俘的美军黑人士兵。（1951年1月摄）

图为被俘的墨西哥军官。（1951年1月摄）

抗美援朝时期，中国人民志愿军和朝鲜人民军在东线战场上俘虏了大批联合国军士兵。（1950年12月摄）

抗美援朝时期，中国人民志愿军和朝鲜人民军在东线战场上俘虏了大批联合国军士兵。（1950年12月摄）

抗美援朝时期，中国人民志愿军和朝鲜人民军在东线战场上俘虏了大批联合国军士兵。（1950年12月摄）

抗美援朝时期，中国人民志愿军和朝鲜人民军在东线战场上俘虏了大批韩国李承晚政府军。（1950年12月摄）

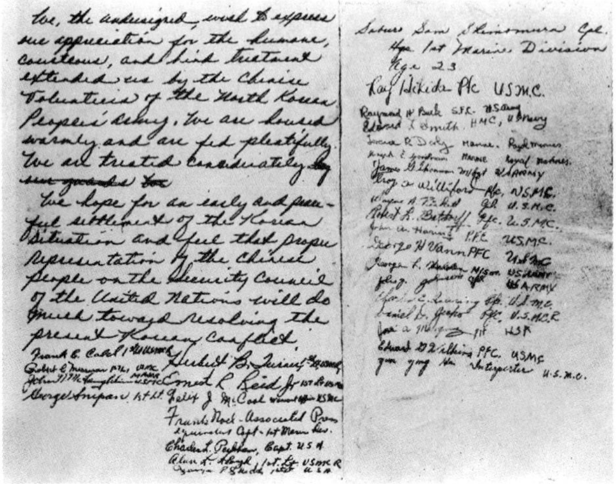

We, the undersigned, wish to express our appreciation for the humane, courteous, and kind treatment extended us by the Chinese Volunteers of the North Korean People's Army. We are housed warmly and are fed plentifully. We are treated considerately ~~by our guards too~~

We hope for an early and peaceful settlement of the Korean situation and feel that proper representation by the Chinese people on the Security Council of the United Nations will do much toward resolving the present Korean conflict.

Frank E. Cahill 1st Lt. USMC
Herbert B. Turner 2nd Lt. USMC
Ernest L. Reid Jr. 1st Lt. USMC
George Snipan 1st Lt.
Felix J. McCool Warrant Officer USMC
Frank Noel - Associated Press
Chaplain Capt. 1st Marine Div.
Charles L. Peckham, Capt. U.S.A.
Alan L. Albright 1st Lt. USMCR

Saburo Sam Shimomura Cpl.
Hqs. 1st Marine Division
Age 23
Ralf Hikida Pfc USMC
Raymond H. Buck SFC. U.S. Army
Edward L. Smith HMC, U.S. Navy
Troy A. Williford Pfc. U.S.M.C.
Robert L. Bettorff Pfc. U.S.M.C.
George H. Vann PFC U.S.M.C.
Daniel D. Yesko Pfc. U.S.M.C.R.
Edward D. Wilkins PFC. USMC
Interpreter U.S.M.C.

图为由美国海军陆战队第七团上尉佛兰克·E·考尔德等13人签名的感谢中国人民志愿军的声明。（1950年12月摄）

抗美援朝时期，中国人民志愿军和朝鲜人民军在西线战场上俘虏了大批联合国军士兵，中国人民志愿军在自己缺吃少穿极度困难的情况下，建立起了第一等的战俘营，联合国军战俘在这里不仅享受着良好的伙食、医疗保障，还有通信、信仰等自由。图为被俘的美军士兵。

图为被俘的土耳其士兵。

图为被俘的美军士兵。

图为被俘的美军战俘在休息。

图为被俘的美军战俘在吃饭。

图为被俘的土耳其士兵在打扫住所。

图为被俘的土耳其士兵在做运动。（1951年1月20日摄）

图为被俘的土耳其士兵在做早操。（1951年1月20日摄）

图为被俘的士兵们在做早操。（1951年1月20日摄）

1951年4月22日，中国人民志愿军在朝鲜击落美军B26轰炸机，并俘虏了驾驶员。图为被俘的美军驾驶员布莱恩特约翰·D·布莱恩特中尉（左）、机枪手詹尼瑟·J·万达福脱在一起合影。

岳国芳 摄

图为被俘的土耳其士兵在吃饭休息的情形。（1951年1月20日摄）

图为志愿军战士对俘虏进行登记。

图为1950年10月被俘的美军陆军少将迪安。

第九章　问题与答案

麦克阿瑟辩论的意义——军事与政治影响

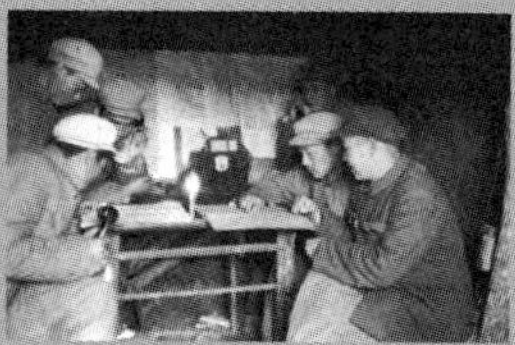

失去了这么多的生命，才换来了一个并不稳定的和平，正如艾森豪威尔将军告诫全国时所说的，在世界范围的斗争中，这种和平“只不过是在一个战场上实现的停火”，我们以如此昂贵的代价换来的经验教训，大家都希望在此之后无论如何都能很好地汲取和利用。可是，陈词滥调仍不绝于耳。而在1951年五六月间，当时美国的远东政策在参议院受到了批判性分析，但在大辩论中明确列出了宏大的国家目标，现在这些竟然好像被我们的许多公民给忘记了。

当时，参议员理查德·拉塞尔曾这样陈述：

“我们在用于远东的合理政策方面可能意见不一。我们对于战略问题可能存在分歧。我们在个性上可能会有差别。但是我们团结一致献身自由和正义；我们一心一意维护我们的制度。我们希望能够和平地维护我们的制度。但是，要维护我们的制度，这也是美国人民的目标，不管在这场论战的严峻考验中暴露出什么样的问题，这个目标都不会改变。”

我们的目标就是保护国家的安全和独立，维护国家的道德准则和基本制度，过去是，今后也还会如此。我们与世界其他国家的所有往来活动最终都是为了实现这些目标。我们在自由世界的领导地位要求我们必须采取一种强硬的外交政策。朝鲜战争，如果说我们没有从中学到别的东西，那至少它告诉我们，在这种强硬的外交政策受到挑战时，想靠实力不济的武装力量撑腰来贯彻这种政策是愚蠢的。更确切地说，我们最初在第一次世界大战中就有过这样的教训，而朝鲜战争则又给我们上了一课。

第二次世界大战以后，恐怕当时在世的政治家或政客谁也无法劝说厌战的人民同意让自己的儿子继续服役。正如我在第一章中所说的那样，只有少数几个人反对轻率地拆除我们庞大的军事机器这种目光短浅的行为，但随即就被报刊、电台、谋求官职的人以及普通公民们的呼声所淹没。一旦复员开始，什么都无法阻挡这股潮流。我们的军舰，就像我们手中的剑一样，任其生锈，我们的飞机，任其毁坏，我们强大的战时工业，任其转变为民用或干脆废弃。我们在精神上的马其诺防线——我们对联合国以及对原子弹的威慑力量充满信心——感觉很安全。于是，我们把心思转向了赚钱、球赛、新车和新房子、方便生活的各种新机器、度假，以及添置我们太长时间没有用过的许许多多生活必需的小物件。

成千上万技术熟练、经验丰富的士官和士兵们，都是军中的骨干，他们确信自己已完全尽到了对国家的义务，愉快地脱下了身上的戎装。如果他们能考虑得更长远一些，预见到自己又得匆忙地返回部队，赶紧准备行装，还没喘口气就被仓促地运到一个新战场，还常常是空运，那么他们肯定也会要求国家停止单方面裁军的。可那时谁要是设想我们可能还要打一场除世界大战之外的其他战争，似乎很不合逻辑，而这样的危险看来确实太遥远。有限战争的概念尚未得到认可。我们的人民很容易说服自己，认为不用踏上敌人的国土而完全通过海空力量和核弹就可以打赢任何战争。

我们对未来情况不幸的误判，丝毫不能归咎于缺乏战略和战术方面的情报，根本不能。我们只是没能对手上掌握的情报作出正确的分析。我们忽视了要对可预见和可能发生的意外情况制订方案。我们忘记了外交手段不可能强于我们维护支持的军事实力。我们几乎没有在远东留下任何野战部队。而我们在那里的部队，用麦克阿瑟的话说，专门负责占领任务而不是作战任务。欧洲的情形也大抵如此。

我早就指出，把那些参战多年、好容易刚能喘口气的士兵们重新投入前线未免太不公平。但是我必须要再强调一下，我们不能把新入伍还没经过训练的青年人空运到前线去，让他们去阻止敌人把我们在韩国的那支十分弱小的部队赶入大海。

但是我们可不可以完全避免这场冲突呢？我们是否能像以前经常做的那样放弃韩国，让这个幼小的共和国灭亡呢？

问题就这样直接到了白宫，那是唯一可以解答这个问题的地方。以前从来没有哪一位美国总统在如此措手不及的情况下面对战争或和平的问题，而且这个问题还伴随着巨大灾难的无限可能性。其他的对外战争都是在一系列事件之后发生的，这些事件已经充分引导和影响了公众舆论，因而使总统

能够获得民众的支持。古巴长期遭受残酷压迫导致了我们与西班牙之间的战争；3年的违反中立原则和敌对行动使我国人民在第一次对德战争前作好思想准备；珍珠港发生的背信弃义的行为直接将我们带进了第二次世界大战。所有这一切都能帮助麦金莱、威尔逊和罗斯福总统比较容易地作出重大决定。

但1950年6月，战争没有任何预兆就突然降临到我们的头上。尽管这一事件令人震惊的程度可与珍珠港事件相比，但却没有那样清晰的解决方案可供选择。1941年，只有一种体面的做法可以选择。1950年，杜鲁门总统本来可以回避这一问题，这样，公众抗议就有可能会最少。但是，总统果断选择迎接对方的挑战。他决定我们必须战斗，这使他英名长存。

我们的人民有时间判断形势，没过多久就同意了总统的决定。

不过，我们的回应虽然非常迅速，但在我国政府的行政和立法部门内部以及联合国内部还是经过了周密考虑和认真磋商的。因为当前最迫切的问题里还包含着一个更深层的问题，充满了我们几乎无法估量的危险。那就是，我们应该与其他国家合作，还是自己单干？这个问题在战争期间，每当我们考虑要扩大海上封锁和空袭规模时，就会让我们大伤脑筋。但是，从一开始杜鲁门总统就断定，联合国的原则我们大家都赞同，如果我们能在联合国的支持下战斗，我们决定在朝鲜使用武力从道义上就会获得全世界人民的拥护。采取这样的行动要求我们与盟国就战略问题进行磋商，或者至少也要考虑到他们的利益和可能作出的反应。也许有人会说，这个要求妨碍了我们的作战行动，而事实上它也确实有一定程度的影响。但是，它也限制了我们在军事上的冒险行动，否则，我们有可能在亚洲越陷越深。

当然，有一件事情确实是真的，那就是我们最初的目标发生过重大变化。当仁川的胜利使我们处于越过三八线向北推进的有利地位时，我们当时悄悄地将自己的任务变成了占领和统一整个朝鲜。这是李承晚长期以来梦寐以求的目标，也同样吸引着麦克阿瑟。

中国人的参战迫使我们对目标又进行了修改，直到最后我们再次决定，只要韩国保持独立，不受共产党的控制就算满意了。但是，除了取得第一次胜利之后不久和从鸭绿江撤退之后这两次以外，我们从未在任务真空的状态下或者没有具体政治或军事目标的情况下行动过。我们的目标总是在自己力所能及的范围之内，或者说是在我们判断自己的能力所及的范围之内。我们的最高当局从不会随随便便使冲突不受限制地升级，或者在没有明确的政治、军事和地理目标的情况下使冲突升级。我们不追求搞不清含义或规模的“胜利”。我们愿意接受一种相持局面，只要能恢复战前的状态或类似状况，完全是因为这样做可以给朝鲜半岛带来和平。我们知道，当时能调动的兵力是有限的。我们的文职官员也十分了解，我国人民不会同意进行一场有可能波及大部分亚洲大陆并且需要付出成千上万人性命的战争。我们终于认识到，军事胜利已经和过去不一样了。如果我们用来取得胜利的手段给世界带来浩劫，或者使我们走进与国际道德准则背道而驰的死胡同，那么，我们甚至可能永远也无法取得军事上的胜利。

正如我们在前面的章节中提到的，军政双方到底谁控制我国的对外政策，或者更确切地说就是军方在决定外交政策时所处的地位，这个问题似乎通过杜鲁门总统与麦克阿瑟将军之间的冲突已经得到了解决。当真相大白、人们心情平复、有时间进行冷静的思考之后，我们有理由相信，我国宪法中明确规定政府拥有制定外交政策的最高权力，这一点每个人都会由衷地认可的。但艾森豪威尔将军在离任总统前夕，还是觉得需要告诫全国防止可能出现一个军工结合的集团，这个集团有可能在人民尚未察觉之际接手我国外交政策制定和执行的权力。1964年总统竞选期间，有人竟然建议军事领导人不应再受政府干涉。我可以肯定地说，这种极端的观点只是极个别美国人才有。但是，在君主制国家，实行寡头政治的国家以及其他实行民主制度的国家，军人夺取统治权的情况有很多。我们自己的一些普通公民还有军人一再坚持的观点是，战争一旦开打，就应当由军方独自计划和指挥。这表明，军人控制我国事务的事情“有可能在这里发生”，尽管从目前看还不大可能，而且，这与我们的整个生活方式也是不一致的。

为防止出现这类悲剧，我们一定要严格坚持政府在战时和平时都能掌握制定对外政策的权力。不过在今天的条件下，人类掌握着能够使世界沦为一片废墟的武器，军事和政治目标必须紧密地结合起来，以免某些失误突然出现使我们无法挽救自己的文明。因此，政府在设定可达成的目标和选择实现目标的手段时，需要与军方密切合作。没有目标的战争是最为危险的；一场战争如果只有某些诸如“胜利”、“免受侵略”、“人民选择自己政府的权利”这类模模糊糊的目标，也是很危险的。像这些笼统的表述只不过是一些响亮的口号，但今天的政府必须要保持冷静，必须要明确我们到底想要达到什么样的目标，以及为达到目标到底打算付出什么样的代价。否则，我们就会发现，战争的整个指挥权就会不由自主地落到这样一些人手里，他们认为只有胜利才是正确的目标，却从未用通俗易懂的语言给胜利一词明确下过定义。

过去，军人的目标通常就只是在战场上彻底消灭敌人。但他们不负责设定目标，我们力求通过军事行动来达成的政治目标他们无权制定。可是，考虑到今天复杂的战争情况，他们必须要有比以往任何时候都充分的自由，在国会上就政府领导人所考虑的方针政策问题大胆地直抒己见。不过，作为一名军人，必须信守誓言、忠于职守，政策一旦确定，要么坚决贯彻，要么就退役。

麦克阿瑟将军却采用了一种与此截然不同的信条。1951年7月，在对马萨诸塞州法院（州的立法机构）的一次演讲中，他试图把一个军人对自己统帅表示忠诚和服从与对“国家和宪法”的忠诚区分开来。

“我发现”，他说，“现在有一种迄今尚不为人所知的危险的新说法，认为武装部队的成员主要应该忠于政府行政部门里暂时执掌大权的人，而不是他们誓死要保卫的国家及其宪法。再没有比这更危险的主张了。武装部队的诚信何在，这很值得怀疑”。

这段讲话可以和他在被任命为联合国军司令时向杜鲁门总统所作的保证比较一下。当时，1950年7月11日，他发了封电报给总统，电文如下：

“我已收到您任命我为联合国军司令的通告。我谨再次向您保证：我本人对您绝对忠诚，对您为争取世界和平与友好所付出的巨大努力我将贡献自己的全部力量。我希望自己不会辜负您。”

我觉得，在这件事上，恰恰是将军本人采用了一种“迄今尚不为人所知的看法”，一种看起来与军政双方最基本的传统不一致的看法。陆军军官们发誓要捍卫的宪法从没说过要对个人效忠。但是从一开始就明确表示，人民决定赋予政府最高权力。宪法规定，总统为武装部队总司令。总统应在听取参议院的建议并征得其同意之后任命各军种的所有军官。每名军官接受的任命都规定要服从总统或其继任者的命令，而决不要求对总统个人表示效忠。宪法也丝毫没有暗示过，除“那些政府行政部门里暂时执掌大权的人”之外，还有什么机构或个人能行使本来赋予总统的权力和职责。而麦克阿瑟将军及其支持者们似乎就这么干了。

政府掌握最高权力这一传统长期以来已经深深地植入我们的政治体制之中，就连最精明的诡辩家对此也无可置疑。宪法赋予了美国总统这种巨大而又独一无二的权力，同时也会有相应的责任。在当今这个时代，由于我们掌握着一种能瞬间毁灭几亿人、让另外几亿人流离失所和穷困潦倒的手段，这种责任就会令人敬畏。然而责任不同于权力，不能委托给其他人，不管这个人穿不穿制服。至于我们武装力量的组成、维持、部署和任务等方面的决定，其中任何一个都可能影响整个人类的未来。允许其他任何人而却不允许民选的最高领导人做这类决定，这种说法确实很新鲜，闻所未闻，一旦盛行就会有极大的无法预料的危险。

不管某些公众如何宽容地对待麦克阿瑟的行为，军官的准则要求每个成员都要遵守，绝不允许像将军在波士顿的州议会大厦发言时那样把忠诚摆错了位置。职责这个概念，在军队里，其重要性被抬得极高，而服从上级的领导是最起码要求。只要他是一名军人，不论是普通士兵还是五星上将，都不能擅自判断一项命令是否符合自己的观点。诚然他与上级之间的忠诚是互相的，但上级的权威却是不容置疑的。

另外，我完全不同意有位作家提出的猜测，他说麦克阿瑟面临“一名军人所遇到的最痛苦的问题：他要忠于自己对宪法立下的誓言，并为美国的最大利益服务，这些他理解，但同时还要忠于政府，怎样才能做到兼顾？他无法做到同时对宪法和政府尽职尽责，只能选择其中的一个”。（《杜鲁门与麦克阿瑟之争和朝鲜战争》第234页，乔恩·斯帕尼尔著，哈佛大学贝尔纳普出版社，1959年出版。——作者）

麦克阿瑟自己最后还是明白了这个道理，这一点可以从他一次令人难忘的谈话中推断出来。那是1962年5月他在接受西尔维纳斯·萨耶尔奖时向西点军校全体学员发表的讲话。他明确说道：“让民众的声音去评论政府的功过吧……这些国家大事不是你们应当参与的。”

然而就是他，在十多年前曾发誓，“要为了美国人民的利益经常地大声疾呼”。就是这个声音加入到了公开辩论之中，讨论有关“我们的经济前沿”、我们的生活标准可能降到“最普通的水平”、“本国货币和个人收入缩水”等等诸如此类的问题。可以肯定，诸如此类的问题是“国内外争议的问题”的精髓所在，对此他极力奉劝自己的年轻听众们置身事外。

那么，他在描述军官的职能时是不是把自己排除在外了呢？是不是由于这些年来有了冷静思考的机会而使他的思想发生变化了呢？或者，他是否确实像詹姆斯·赖斯顿1950年时指出的那样，觉得“自己的权力至高无上，对自己的判断相当自负”呢？

今天我们这些小人物以及今后无数的芸芸众生，自然不能与大名鼎鼎的道格拉斯·麦克阿瑟相提并论，我们必须继续耐心地搜寻历史记录，从正反两方面来评价伟人。只有这样才能有望改变人类的命运，避免或减轻人类的灾难。麦克阿瑟的经历中有太多值得研究的题材。但是，我们必须要总结，从这件事中汲取一个最重要的教训，就是军政双方之间应建立这种新的正常关系。

如果麦克阿瑟一再无视命令，还对政府批准通过的政策表示不满并向公众公开，总统要是还不解除麦克阿瑟的职务，那他本人就是玩忽职守。就连麦克阿瑟早先也曾写道，作为一位总统，把自己的职责让任何一个下级（比如麦克阿瑟本人）承担都“不是委托，而是放弃”。我们感到庆幸的是总统并没有放弃。

直至今天还有人提出许多关于朝鲜战争的打法、实现停火应采取的手段等其他问题，这些问题与我们当前在亚洲面临的困难明显相关。是真的只有在停战与爆发第三次世界大战之间进行选择吗？限制我军承担的义务是合理的战略吗？我们未能充分使用包括原子弹在内的全部力量对中国人的干预作出反应，是由于毫无缘由的恐惧心理吗？我们的后代会不会也要为这种不幸的让步付出代价？停战谈判只是共产党人把我们尽在掌握的胜利抢走的一个诡计吗？这些问题中的一部分有待历史来作出判断。不论我们如何认真地寻求过去或现在的相似之处，我们确实都无法预言，要是当初真的做出了其他选择，那结局到底会是什么样。

但是，有一点可以证明，今天的某些误解是由于获得的信息不够充分，某些所谓朝鲜战争的"教训"总结得不正确。尽管我完全尊重许多人的动机还有爱国主义精神，但我完全不同意他们的看法。他们还真以为朝鲜战争是一次军事、政治和精神上的可耻失败，以为在这场战争中我们采取了彻底的绥靖政策，丧失了国家的尊严。

正如我在前面的章节中曾经解释的那样，我当时的确知道，毫无疑问，第8集团军的全体官兵都认为，他们在1951年夏季完全有能力向前推进，至少可以推进到鸭绿江以西，在联合国军的海上和空中力量的支援下，他们能够在战术上击败任何企图阻挡第8集团军前进的中共或朝鲜地面部队。但是，我曾说过，这样做就只会在我们的军事史上写下全新的一页。因为我们可能还得面临无休止的游击战，而且，我们相当清楚，韩国地面部队是没有能力单独控制这些地区的。也许，美国人最后会被迫同意在亚洲大陆保留一支庞大的部队，执行遥遥无期的平定任务。无疑，今天还有些人认为，我们当时应该封锁中国沿海，轰炸中国东北基地，甚至使用原子弹。但是，并不只是我一个人能够看出，这类行动并不能保证我们军事上的胜利。官方记录表明，总统、国防部长和参谋长联席会议当时都认为，我们短期之内可能获得的东西根本无法弥补长期的损失。

当共产党中国于1950年11月到12月间秘密派出大量军队向在朝鲜的我军发起突然袭击时，我们本来有充分的理由向他们公开宣战，甚至向其鸭绿江以南的部队和江北的军事基地投掷原子弹。经过充分磋商，拥有决策权的美国政府最终否决了这一行动方案。我们在朝鲜的目标确定下来——这个目标从最开始就是这样，只是在仁川登陆后的一个短暂时期内有过变化——即打败朝鲜恢复地区和平，以及防止冲突升级为第三次世界大战。联合国中绝大部分非共产党成员国对决策都表示坚决赞同。

至于停战本身，我坚信（正如《新闻周刊》1951年12月31日出版的那期杂志中提到的），共产党领导人实际上很希望停火，而且五角大楼也同意我的看法。地面战争从六月份开始就已经进入了一种相持状态，双方都在沿那条稳定的战线维持着庞大的军队，付出的成本已远远超过了军事价值。双方都有一种很简单的选择：要么下决心扩大战争规模，要么就准备停战。我已经讲过，我本人估计向鸭绿江发动进攻可能要付出很大的伤亡代价，而从中获得的军事利益太少。中国人无意把战争扩大到其他地区，也不愿意自己的本土遭受海空军的袭击。很明显，停战对双方都有利。

后来的事实证明，停战谈判是极其困难的，但我心里很清楚，只有进行谈判，此外再无其他合理的办法，这是毫无疑问的。挡住了敌人的进攻。我军还占领并控制了一个更有利的防御地带，而且这个地带大部分处于三八线的朝鲜那边，而不是韩国这边。在经过几个月的谈判之后停战协定即将签字之际，中国人确实曾发动过一次强大的攻势，但并不像某些人指责的那样，是这次战争中规模最大的一次攻势，绝对不是。这次攻势只不过占领了几个前哨阵地和一些没有多大战略价值的地区，而且，都在三八线以北。这只不过是敌人想把我们推向一道比较难以防守的停火线上，以某种形式的“胜利”来结束这场战争。我们守住了坚固的防线，而没有采纳直接打击中国的提议。鉴于上述所有情况，加上中国人也希望停止战争，难道这还不是开始停战谈判的时机吗?

无论我们究竟应不应该参加任何形式的谈判，从华盛顿方面发出的许多指示还是增大了谈判的难度，可能还大大推迟了最后协定的达成，这的确也是事实。这类指示不止一次地拆我方谈判代表的台，使他们得不到强有力的支持，丧失了对共产党方面的主动权。最典型的例子就是，在我方谈判代表坚持要在停战条款中包含禁止修建新机场和修复老机场的内容之后，华盛顿方面还指示他们在这个问题上作出让步。当时，由于我军的轰炸，整个朝鲜已经没有一个可供作战使用的机场了。如果没有上述的禁止条款，共产党就能够将其中国的战斗机部署到朝鲜，随时打击韩国的后方纵深，而停战协定一生效，他们就立即这样做了。华盛顿方面的这个命令实在让人有苦难言。

华盛顿方面还下过一个命令让我们改变自己的立场，这对谈判的影响和前面那个命令差不多。当时中立国监督委员会成员包括了苏联（理由是没有参战）、波兰、捷克斯洛伐克和其他一些国家。可这场战争就是苏联挑起的，对方的坦克、飞机、大炮也是由苏联提供的。把这样一个国家也算作是中立国实在是太不可思议了，因此我们极力反对将苏联作为中立国监督委员会的成员。可华盛顿方面命令我们仅仅把苏联与朝鲜接壤作为反对的理由，这个立场上的变化肯定会使共产党觉得我们在示弱。

不过，我并不相信我们的人民由于举行停战谈判就失去了自尊。我也不相信我们国家的独立受到了任何限制，或者淡漠了我们心中对道德观、对上帝的信仰和为正义的最后胜利而献身的根深蒂固的信念。

50年前，历史上曾有过一次，由于有了明确的国策，即使军事上完全失败，人们也不考虑进行谈判。在第一次世界大战中，1917年4月尼维尔指挥的进攻和第二年10月陆军元帅道格拉斯·黑格爵士指挥的佛兰德之战，成千上万英国、法国和德国的年轻士兵们流血厮杀，尸横遍野。然而，历史肯定会提出疑问，付出这样大的牺牲到底是为了什么，又能得到什么。这样可怕的代价确实唤醒了某些政治家的理智，但是，那一年虽然有谈判的机会，他们却缺乏远见和勇气去促成谈判，还把目光盯在追求“胜利”上。只是形成了军事相持的局面，双方几乎流尽鲜血。从这一点上看，简单而明智的做法就是停战。

劳埃德·乔治在视察前线后说过："如果人民真能了解情况，那么战争明天就会结束。但是，他们当然不了解也不可能了解。记者们是不会写的，审查机构也不会让真相暴露出来。真相很恐怖，超过了人类的承受能力。我觉得我再也不能继续干这么血腥的事了。"引自《在佛兰德战场》，利奥·沃尔夫。

可是，几乎同时，英国政府却正式向美国提出派50万青年由他们指挥的要求，进行"为期七周的堑壕战训练——然后在法国有7天的环境适应，再作为步兵投入战斗"。幸亏我们的领导人拒绝了这一要求，没有把这些年轻人派到战场上去给外国人当炮灰。他们坚持要设立我们自己指挥的军队，而不受协约国的随意调度。

与此同时，在佛兰德，"大获全胜"的诱惑仍然具有令人无法抗拒的吸引力。这场大屠杀一直持续，这1000米深不可测的泥潭吞噬了10万条生命的愚蠢行为让将军和政客们都感到无比震惊，直到冬季出现的严重水患才给这一疯狂的行为画上了句号。

然而，在朝鲜，停止杀戮的机会一经出现，我国政府就立即表示了欢迎。想要破坏联合国的共同努力而让美国自己单干的企图彻底失败了。在停战协定缔结之际，出兵朝鲜的16个盟国再次郑重声明，如果对方继续侵略行为，他们将坚决迅速作出回应，而且到那时，他们的作战范围就不一定局限于朝鲜半岛了。

尽管错失了在朝鲜取得"大获全胜"的机会（如果那里真有过可以创造这类成就的机会），我们还是首次挫败了国际共产主义阵营。我们还证明了集体安全保障的方针的确是切实可行的。如果不是在美国的领导下，联合国早就分崩离析，一蹶不振了。1951年4月，我在东京接任联合国军最高指挥官之后，曾经发表过这样的声明："我相信，在军事史上从未有过这样的先例，有这么多的盟友一起融洽地并肩战斗，完全做到了相互信任、尊重和合作。我可以毫不犹豫地说，这些部队大大提高了联合国军的战斗力。"

最后，从纯军事的角度来看，在不到3个月的时间内——7月5日至9月

30日——进入韩国的朝鲜人遭到痛击，几乎全部被歼灭。在不到两周的时间内，从元旦开始的共产党的攻势被迫停止。1951年1月4日，第二次撤出韩国首都之后刚刚三周，联合国军便转入了进攻。这次进攻，除几次暂时受阻外，一直持续到朝鲜人被全部赶走，只有一小块很难防守的韩国领土仍为敌军占领。但是，有一块大得多的朝鲜领土直到今天还为韩国所控制。

1951年5月，作为联合国军司令和美国驻远东部队司令，我估计敌人"不会再有发动4月22日和5月15日那样强大攻势的能力了"。几乎同时，我给第8集团军及其当时的司令范·弗里特将军发出了下面这封信：

"我认为，历史总有一天很可能会这样记录……这支军队向最'邪恶'的势力挑战，抗击并击退了它。这股势力对人类长期以来争取个人尊严和自由的奋斗构成了巨大危险。我相信，共产主义的浪潮之巅很可能已被你们的双臂和意志彻底粉碎，这股危险的大潮……已开始消退。"

我希望这就是历史的评价。

1951年8月18日至10月22日，在朝鲜战场夏秋季防御作战期间，中国人民志愿军战士投掷反坦克手雷消灭阵地前的敌人。

1951年8月18日至10月22日，在朝鲜战场夏秋季防御作战期间，中国人民志愿军战士冒着敌人施放的毒气，坚守在坑道口向敌人射击。

1951年8月18日至10月22日，在朝鲜战场夏秋季防御作战期间，中国人民志愿军战士正在加固坑道。

1951年8月18日至10月22日，在朝鲜战场夏秋季防御作战期间，中国人民志愿军战士正在构筑防御工事。

1951年8月18日至10月22日，在朝鲜战场夏秋季防御作战期间，中国人民志愿军战士构筑坑道抗击敌人的进攻。图为志愿军战士将坑道贯通与战友会师时的情景。

1951年8月18日至10月22日，在朝鲜战场夏秋季防御作战期间，中国人民志愿军战士拆卸敌人未爆的炸弹。

1951年9月，中国人民志愿军在朝鲜马良山战斗中的步、坦、炮兵协同指挥所。

1951年8月18日至10月22日，在朝鲜战场夏秋季防御作战期间，中国人民志愿军战士冲出阵地向敌人发起反击。

1951年8月18日至10月22日，在朝鲜战场夏秋季防御作战期间，中国人民志愿军战士涉水冲向敌阵。

1951年8月18日至10月22日，在朝鲜战场夏秋季防御作战期间，中国人民志愿军战船乘风破浪，向大、小和岛发起进攻。

1951年8月18日至10月22日，在朝鲜战场夏秋季防御作战期间，中国人民志愿军在炮火的掩护下，抢滩登陆大和岛。

1951年8月18日至10月22日，在朝鲜战场夏秋季防御作战期间，中国人民志愿军在大和岛强行登陆后，迅速组织火力，打击增援敌舰，掩护后续部队前进。

1951年8月18日至10月22日，在朝鲜战场夏秋季防御作战期间，中国人民志愿军战士冒着敌人的炮火向前线运送弹药。

1951年8月18日至10月22日，在朝鲜战场夏秋季防御作战期间，中国人民志愿军战士坚守在阵地上。

1951年8月18日至10月22日，在朝鲜战场夏秋季防御作战期间，中国人民志愿军战士向敌人发起反击。

1951年8月18日至10月22日，在朝鲜战场夏秋季防御作战期间，中国人民志愿军机枪手正在掩护部队冲锋。

1951年8月18日至10月22日，在朝鲜战场夏秋季防御作战期间，中国人民志愿军炮兵向马良山敌阵地轰击。

第十章　总结教训

已汲取的和未汲取的——这些教训对于我们寻求和平的意义

如果不去认真地努力运用自己在以往战争中学到的经验教训来解决今天的军事问题，那么我们仔细琢磨这些教训也就没什么用了。我认为最重要的是，我们需要完全领会这些经验教训，以免再犯那些我们付出过昂贵代价的错误，否则犯错的成本难以估量。

我们在朝鲜犯过的重大错误之一，就是我们倾向于把自己的战略建立在读懂敌人意图的基础之上，而没能对我们所掌握的敌人的实力情况给予适当的重视。尽管麦克阿瑟和他的支持者们知道，共产党中国完全有能力干预朝鲜的事务，这一威胁就在眼前，但他们还是低估了中国人的威胁。而我们还认为当时“没有哪位头脑清醒的司令官”会向鸭绿江以南派兵，我们的行动就是基于这样一种理论。

今天，尽管我们在东南亚正努力克服着日益增多的困难，但令人满意的是，我们似乎更重视我们知道敌人能够做什么，而不是我们认为他们准备做什么。约翰逊总统曾经说过，他相信中共说的话——而我们在朝鲜却不相信。因此我毫不怀疑，我们的决策者十分清楚，中共有能力激怒我们与他们打仗，前提是他们的领导人下定了决心。他们的公开声明已清楚地显示：他们对待人类甚至自己人民生命的态度，与我们几无相似之处。虽然我不了解当前的各项计划，但我相信，我们正在积极准备应对共产党中国的威胁。我只是在听到一些有影响力的声音在向我们担保中国“不敢”采取这种或那种行动时，才会感到不安。我相信，我们的军事决策者再也不会由于错误判断中共的意图而麻痹大意了。

尽管我们已经很清楚地认识到了这一教训，可还有一些其他的错误至少我们的部分公民似乎还要执意再犯。在朝鲜战争期间，有些人认为，用空军把已投入战斗的敌人所有增援和补给统统切断，就可以创造封锁敌人的奇迹。实际上空军根本无法实现这个奇迹。这个事实本应更广泛地为人们所接受，但实际情况并非如此。曾在朝鲜参加过地面战斗的人都不会小看空军在那里取得的成就。空军从灾难中拯救了我们，如果没有空军，联合国军的使命就根本不可能达成。在越南，空中力量也决定了地面作战的成败。但是，空中力量确实存在一定的局限性，不过甚至就连某些身居高位的人都还没有认识到这一点。

这些局限性在第二次世界大战中得到了最好的例证。当时，德国人不顾盟军掌握着无可争议的制空权，为使自己在意大利阿尔卑斯山以南的大约26个师得以维持下去，利用几个山口提供补给达两年之久。在朝鲜，我们实际上掌握着整个半岛的制空权，但是，就连麦克阿瑟本人也承认，我们无法依靠空军轰炸来隔离战场或切断对方的增援和补给。在越南，迄今为止战争的结果再次验证了这个教训。轰炸后短短几天之内，敌人的铁路和桥梁就能修好并重新投入使用，渗透活动的路线也未被切断。可是，我们还是能听到饱和轰炸的要求。其支持者们坚持认为，饱和轰炸可以切断越南北方与南方的联系。

我还怀疑，我们是否从朝鲜战争中汲取了更深一层的教训，那就是与共产党签订的各种协议中必须包含能够在今后强制执行的制裁条款，否则就毫无价值。在朝鲜进行的两年的谈判尝试告诉我们：只有在履行协议明显对共产党有利，或者他们遭受报复的威胁太过明显而不可忽视时，他们才会履行协议。在东南亚，不论最终能与共产党人达成怎样的和解，要将各种强制性的制裁条款加进去肯定是极其困难的。然而，我们必须要做好准备，必要时推迟签署最终协定，直到将这类制裁条款写进协定。

还有一个错误我们在朝鲜没有犯过，就是坚持在进行谈判之前实现“大获全胜”或“敌人无条件投降”乃至“制止侵略”。可是，从当今随处可闻并且充斥各类公开出版物的许多口号来看，我开始怀疑我们的公民是否都已经理解了有限战争的概念。有限战争并非只是一场尚未全面展开的小规模战争。它是一种根据我国的利益和当前的实力对各种目标作出具体规定的战争。“无限制”战争，除了“胜利”之外没有明确描述地理、政治和军事目标，就像那些取得一个胜利之后还需要赢得另一个胜利来保障前一个胜利的战争一样，是一种可能会无限制地升级的战争。坚决主张竭尽全力地打赢战争听起来可能挺阳刚，“捍卫自由”的呼声也可能像主的声音一样让我们热血沸腾。可是，在今天这个时代，一场全面战争的结局是超乎想象的。它可能意味着数千年文明的倒退，连一个能表明胜利的人留不下来。

在设定军事目标时，我们首先需要认识到，世界上大多数最根本的不幸并不适合用纯军事的办法来解决。我们与那些愚弄人的尊严、否定个人自由的意识形态之间的冲突，必须结合政治、经济、军事诸方面的共同努力来寻求解决方案。这个世界不可能达到真正的平衡状态，因为占世界总人口不到三分之一的人过着相当豪华舒适的生活，而另外三分之二的人依然贫困、肮脏和匮乏。

因此，我们确定外交政策的目标必须考虑到这些基本的现实，而且必须明确地阐述这些目标，以免使这些目标成为纯粹的政治口号，掩盖我们自私和唯物的目的。例如，我相当怀疑，越南战争努力的目标是不是和某些政府官员所说的一样，不过外交上确实很少有人办老实事，更没人推心置腹地说老实话，这其实是明摆着的事。在写作本书时（1967年1月），约翰逊总统的既定目标，对我来说似乎并不算模棱两可或者话里有话，而且，对我国政府而言也是既保住了面子又不用妥协。但是，其他一些官方和有影响的人士辩解说，即我们在越南的战争目标全无私心，只是一心要保证那里的人民有“选择自己政府的自由”，这种说法我感觉值得商榷。不久前，艾森豪威尔总统把失去越南视为“失去了宝贵的锡矿以及橡胶和大米的重要来源”。也许你可以认为，这些资源，而不是“自由”，才是某些人眼睛紧盯着的真正目标。那些说我们的目标是“要使河内停止侵略”的人忽视了这样一个事实，那就是没有北京的支援，河内根本不可能长期坚持下去。

如果我们真相信我们的目标是后一种说法，实际上就等于说，我们的目的就是迫使河内和北京不仅要停止支持对越南，还有老挝、柬埔寨、泰国、缅甸等国家的武装入侵和破坏行动。根据东南亚条约，美国对上述国家都要承担义务。那么，从道理上讲，美国就得通过或公开或秘密的外交途径向共产党中国发出最后通牒，要求他们停止一切上述活动。向共产党中国发最后通牒这类办法是否明智，我自己深表怀疑。我相信，目前的中国领导人对以任何方式向他们发出的任何最后通牒都会不屑一顾。如果我们为了使在东南亚条约保护之下的其他国家不被颠覆、挫败敌人以此为目标的侵略而被迫扩大军事行动的话，那么就非常有必要增加派驻到那里的军队。而且在我看来，如果不使用战术核武器，那无论我们往那里派的总兵力有多大，可能我们自认为足够了，但实践证明还是不够用，可如果使用战术核武器，那后果就只能靠猜测了。最后，我认为，除非敌人首先使用核武器攻击我们的领土或军队，否则，使用这种武器打击敌工业和人口中心将会引起自由世界舆论的极大反感，很可能使我们处在一个敌对世界中众叛亲离、孤立无援。

因此，我们理应自己决定我们世界政策的目标究竟是什么。要仔细地明确这些目标，确保这些目标符合我国的根本利益，保证在我们力所能及的范围内实现这些目标。我们的资源是有限的，为了追求一些模糊不清又遥不可及的目标而耗尽我们的资源，可能会使我们无力应对最终的考验，我感到，这种考验确实越来越近。

关于我们当前在越南的目的，阿瑟·戈德堡大使1966年9月在联合国大会上所作的概述是很有权威性的，可能是比较真实的：我们不谋求在越南建立永久性军事基地，或在亚洲建立一个“势力范围”；不谋求北越政府的无条件投降或颠覆；不排斥“任何一部分南越人民”和平地参与其国家未来的事务；随时准备在严格遵守1954年和1962年日内瓦协议的基础上通过谈判达成和解。他表示，美国愿意将越南统一问题留待南北双方人民“自由选择”，并接受选择的结果，最后，还准备停止对北越的一切轰炸，前提是对方私下或通过其他方式作出保证，迅速采取适当的相应措施使战争逐步缩小；如果北越能同意从南越分阶段撤出全部外来军队——美国和北越的军队——的时间表，那么美国会允许在联合国或其他机构监督之下实施这一撤军。这些目标看起来虽然不能立即实现，但与确保我们要控制该地区锡、橡胶和大米的目标相去甚远，因此，这与我国人民在世界面前长期保持的道德立场，和我们长远的根本利益更为一致。

我们总的世界目标，就是那些明显属于我国根本利益范围之内的目标，更应当接受磋商。不过，我认为有一些目标是明确的，包括但并不仅限于以下几点：

1. 防止铁幕之外的西欧受到苏联的控制。

2. 防止在西半球建立一个受苏联操纵的政府（由于古巴，这一目标已暂时被我们丢弃，但毕竟还是我们的一个目标）。

3. 维持我们在远东的前沿防线，即日本列岛、韩国、琉球群岛、中国台湾、菲律宾群岛一线（其中是否应该包括东南亚全部还是一部分，依我看，还是一个有争议的问题）。

4. 继续支持联合国，并遵循其宪章原则，特别是关于宪章序言中的承诺："拯救子孙后代，使之免受战争之苦……"

(许多美国人可能不同意我国根本利益范围之内的目标中包含这一点。但是，这一点确实包含其中。)

按我的看法，从战争灾难中拯救我们的孩子及其下一代，不仅符合美国人民的根本利益，也符合全世界人民的根本利益。发动战争，例如故意挑起一场核战争，绝不是拯救他们的办法。实际上，宪章前言中的那句话在我看来提出了联合国最根本的目的。

从伟大的罗马时代到现在，这两千年的时间里，欧洲人民不时处于战乱的血雨腥风中，而在过去的两个世纪中，战争变得越来越残酷，越来越多广阔的土地沦为一片荒芜。现在，由于存在完全摧毁的可能性，一场新的世界大战会付出血的代价，毁灭人类的价值观，这些都将超出我们的预期。

尽管这种有可能发生的大灾难非常可怕，但还是希望政治家们能以他们的聪明才智找到办法防止灾难的发生。不能让当前的障碍和可以预见的困难，当然还包括人类对权力的贪婪和欲望，破坏或削弱了避免危险的共同努力。除了固有的道义责任之外，西欧和美国人民的利益与这一目标最为息息相关，或者说他们有更强烈的原因需要实现这一目标。根本原因在于——欧洲，战争造成的死亡和毁灭由来已久；美国，因为其文化和经济利益与欧洲国家一致，而二者高度发达的社会、经济和文化结构都极其脆弱。

越南问题是对政治家们的智慧和勇气进行考验的精髓所在。正如解决德国问题和朝鲜问题时一样，我们将会面临一些重大抉择，对我国人民的精神和品质都将是个考验。我认为，美国人民富有活力和正义感，可以向任何国家传递精神力量。我相信他们能够经受住这种考验。

我坚信，我们的西方文明在这个星球上的逐步发展，有其神秘而崇高的目的。我认为，要充分认识我们的局限性，对自己的能力有自知之明，尽量避免将我们的制度和生活方式强加给他人。我们的物质和精神力量，足以实现这一崇高的目的，但是我们必须发挥聪明才智，担负起我们的责任。

目前我认为最崇高的责任就是保卫我们的自由。这要求我们必须节约自己的力量而不能白白浪费掉，以备我们在面临最大的考验时使用。但是，只谈目的是毫无价值的。目的必须转换成具体、实际的政治目标，还要像我在前面指出的那样，与国家的根本利益保持一致，并服从国家的根本利益。

其实我很怀疑我们在东南亚设定的目标是否与此相符。一个公民，接触不到政府的高层情报，就像我这样，当然也就不可能切实消除这种怀疑。然而，在我们的政体下，每个人都可以根据自己所能了解的情况来评价我们面临的外交政策问题，坦诚地表达自己的观点，并对最近一段时间华盛顿宣布的关于东南亚问题的许多错误估计保持警觉。这是每个公民的责任。

我说过，我根本不相信我们在东南亚的政治目标——就和我们的政府官员提出的那些目标一样，八面玲珑、模棱两可而且不够严谨——与国家利益是真正一致的。但是，我认为，我们的主要注意力不应放在这些虚伪的陈述上。相反，我们现在应当问一问自己：在这场无休止的冲突中，我们是不是透支了政治、经济和军事资源，过度削弱了自己的力量，以至当需要在世界上其他更重要的地区应对新的挑战时我们会感到有心无力，因为以后肯定还会出现与我们真正的国家利益更密切相关的威胁。

如果我们能找到明智的方法节约自己的力量以防备威胁出现的那一天，那么我会对美国的未来，对我们的领导层应对威胁的能力，以及对我们武装力量全力支持领导层的能力充满信心。

朝鲜战争大事记

1950年	
6月25日	朝鲜人民军进入韩国。
6月28日	朝鲜人民军占领韩国首都汉城。
7月5日	史密斯特遣队在乌山附近首次与中国军队接触。
7月20日	联合国军放弃大田。
7月31日	晋州被朝鲜人民军攻陷。沃尔顿·沃克将军宣布："决不后退了！"
8月1日	联合国军进入釜山防御圈。
8月6-8日	麦克阿瑟将军在东京与埃夫里尔·哈里曼以及诺斯塔德、艾尔蒙德和李奇微将军商议仁川登陆计划。
9月15日	仁川登陆。仁川港和港口附近岛屿被联合国军攻占。
9月18日	联合国军夺取金浦机场。
9月22日	沃克所部由釜山防御圈突围。
9月27日	联合国军北进与南下部队在水原附近会师。
9月28日	联合国军收复汉城。
9月30日	韩国第3师越过三八线。
10月7-9日	美军第1骑兵师越过三八线。
10月11日	韩国第3师占领元山。
10月19日	第8集团军占领朝鲜首都平壤。
10月24日	麦克阿瑟指示其下级指挥官率领所有部队尽可能全速向前推进，完全不顾非韩国军队进攻行动的禁令。
10月26日	韩国第3军第6师抵达鸭绿江。韩国第1军第26团在水洞抓获中国俘虏。
10月27-31日	中国军队发起第一次战役。
10月27日	强大的中国军队在鸭绿江附近重创韩国第6师第7团。
10月30日	美军第24师先头部队抵达距鸭绿江四十英里范围之内。
10月31日-11月2日	强大的中国军队在云山进攻第8集团军，迫使其撤过清川江。
11月6日	麦克阿瑟提醒参谋长联席会议，中国军队跨过鸭绿江的行动"使我的部队有被彻底消灭的危险"。
11月23日	感恩节。

11月24日	麦克阿瑟从东京飞往朝鲜，发出向鸭绿江大举进攻的信号。他宣称：“中国人不会进入朝鲜。”美7师第17团进抵鸭绿江畔的惠山镇。第8集团军开始向鸭绿江挺进。
11月25日－12月9日	中国军队发起第二次战役。
11月25日	位于半岛中部德川附近的韩国第2军被中国军队击溃。
11月26日	20万中国军队进攻清川江以北的第 8集团军，美军伤亡惨重。
11月27日	美军第24师、第25师和第2师撤过清川江。第8集团军开始撤退。中国军队进攻位于长津湖水库西侧的第1陆战师和位于水库东侧之美7师的部队。
12月5日	第8集团军放弃平壤。
12月9日	第1陆战师完成11月27日开始的突围行动。
12月11日	美军第1陆战师和第7师撤至兴南防御圈内。
12月15日	第8集团军和韩国军队撤至三八线以南。
12月23日	沃克将军在一次吉普车事故中丧生，由李奇微将军接替他的职务。
12月24日	第10军完成撤离兴南滩头阵地和朝鲜的行动。
12月26日	李奇微将军就任第8集团军司令。
12月31日－1月5日	中国军队发起第三次战役，新年攻势。
1951年	
1月3-4日	联合国军撤出汉城，退至平泽、原州、三陟一线并进行整编。
1月7日	为重新与中国军队建立接触，第8集团军向北部发起大规模的侦察行动。
1月15日	一个加强团实施侦察行动即“猎犬行动”，在乌山附近与敌重新建立接触。
1月25日	第8集团军和韩军发动进攻。“霹雳行动”开始，第1军和第9军向汉江以北推进。

2月17日	美第2师陷入激战。其第23团及其附属蒙克莱尔法国营在砥平里粉碎中国军队五个师的进攻，中国军队攻势突然停止。
2月5日	美第10军的进攻行动，即“围捕行动”从东段开始。
2月11–17日	中国军队发起第四次战役，主攻方向为美第2师防区。
2月21日	“屠夫行动”，即美第9军和第10军发动的一次全面进攻开始。
2月28日	敌军在汉江以南的最后抵抗彻底失败。
3月7日	“撕裂者行动” 在中部和东部开始，第9和第10军渡过汉江。
3月14–15日	第8集团军重新攻占汉城。
3月31日	联合国军进抵“爱达荷线”，夺取全部地理目标。
4月5日	“狂暴行动”开始，向“堪萨斯线”全面进攻。
4月11日	麦克阿瑟将军被罢免，李奇微将军接替他的职务。
4月14日	范·弗里特将军就任第8集团军司令。联合国军所有部队进抵“堪萨斯线”。
4月19日	美第1军和第9军进抵“犹他线”。
4月22–28日	中国军队发动第五次战役的第一次进攻。
4月30日	联合国军在撤至新防线后，把中国军队阻于汉城和汉江以北地区。
5月16–23日	中国军队发动第五次战役的第二次进攻。
5月20日	中国军队停止进攻。联合国军转入进攻。
5月30日	第8集团军再次回到“堪萨斯线”
6月1日	第1和第9军所属部队向“怀俄明线”挺进，“打桩机行动”开始。
6月15日	占领“打桩机行动”的地形目标。
June 23	苏联副外长雅各布·马立克建议停火。
6月30日	李奇微将军奉华盛顿方面命令，向中国人广播表示联合国军准备讨论停战问题。
7月10日	联合国军和共产党双方在开城开始谈判。
8月17日	共产党人要求我方对在开城附近发生的所谓伏击事件道歉。遭到拒绝。

8月22日	共产党人要求我方对“空袭”事件认罪道歉。要求遭拒后谈判中断。
8月31日	第1陆战师在“酒杯”地区发起攻击。
9月2日	美第2师向“伤心岭”和“喋血岭”发起进攻。
9月3日	陆战师和第2师初步达到目标。
9月18日	陆战队向“酒杯”以北的昭阳江挺进。
10月12日	第9军向“詹姆斯敦线”挺进。
10月15日	美第2师攻占“伤心岭”。
10月25日	在联络官之间讨论了两周之后，停战谈判重新恢复
11月12日	李奇微命令范弗里特停止进攻势，开始实施积极防御。实施“灭鼠者行动”。
1952年	
1月1日	对共产党阵地的炮击和空袭开始，持续整整一个月。
1月-4月	开始进行战俘甄别时，战俘营发生骚乱。
5月7日	巨济岛战俘营中的战俘扣压了作为人质。
5月11日	多德将军获释。
5月12日	李奇微将军离任，前往盟国远征军最高统帅部接替艾森豪威尔将军担任北约武装部队最高司令。克拉克将军担任联合国军总司令（日本条约签订后，不再设盟军最高司令一职）。
6月6日	为占领十一个巡逻基地，“反击行动” 开始。
6月14日	第45师占领“回击行动”的全部目标。
12月	峰岩岛战俘的越狱行动被镇压。
1953年	
2月	范·弗里特将军退役回国。 麦克斯韦尔·泰勒将军就任第8集团军司令。
3月25日	中国军队攻占了一个前哨阵地，266高地。
5月28日	中国军队以团规模的兵力进攻美军第25师把守的5个前哨阵地。
5月29日	中国军队占领了三个前哨阵地。
6月10日	中国人开始向金城附近的韩国第2军发起进攻。

6月16日	韩国第2军被迫退到新的主阵地，大约向南后退了4000米。
6月15-30日	中国军队进攻美第1军防区，占领两处前哨阵地。
7月13日	中国发起最后的进攻，以三个师进攻第9军右翼，以一个师进攻韩国第2军左翼。
7月19日	板门店双方谈判代表在所有方面都达成协议。
7月20日	由美第9军和韩国第2军沿金城江南岸建立起新的防线。
7月27日	停战协定签署，结束了为期3年的冲突。

附录

APPENDIX 1
附录1

麦克莱伦和麦克阿瑟

麦克莱伦与麦克阿瑟两个人相比差异很明显，就连一时的兴趣也大不一样。他们基本上彼此截然相反。但是，他们的职业生涯却有许多极其相似的地方。两人都是西点军校的毕业生，麦克莱伦在班里（1846年）名列第二，麦克阿瑟则是全班第一（1903年）。二者都出身陆军工兵部队，都很早就获得了很高的军衔。他们一位长期公开说自己怀有政治抱负，另一位虽拒不承认，但好几次都有迹象表明他的政治抱负。两人都得到过有影响的政界人物的强有力支持，但政界人物只不过想利用他们达到自己政治目的而已。麦克莱伦在被解除军职两年之后参加了总统竞选。麦克阿瑟则在被解除职务的两年之前公开声明，尽管他并不“积极谋求或觊觎任何官职……”但是，“如果因为害怕危险和责任便不敢响应美国人民的召唤出来担任的任何公职”，那就和他自己“好公民的全部概念”相“违背”。虽然麦克莱伦对总统宝座梦寐以求，麦克阿瑟似乎也未尝不想试试，但机会从来就没离他们很近过。特朗布尔·希金斯写道：与前者一样，一边是处于战争状态的国家中作为爱国主义标志的个人声望，另一边是他作为一位现役将军的职责，但后者“已经把两者完全混淆了”。

APPENDIX 2
附录2

第8集团军将军令，就任命令文本。发自东京，1950年12月26日，注明“艾伦亲启”。

我本应在把沃克将军的事告诉各级指挥官之后，立即按下面的将军令即日接手部队，有总司令签署的命令昨晚已经交给你，大意是要让每名已委任、附属或在第8集团军服役的军官尽快阅读；因条件允许，命令的内容应尽可能让更多的人知道，并尽快翻译让操外国语言的联合国军部队了解。

命令如下：

我在战斗前肩承重任，并不太引人注意，但再没有比这更好的机会为我们所爱的人和我们的国家牺牲奉献，坚决打退自由世界的人们无法忍受的威胁。

非常荣幸能有机会和你们，还有海军和空军的同仁们一起并肩作战。我将为大家竭诚奉献，希望你们也是。

M.B.李奇微
美国陆军中将
第8集团军司令

注：利文·艾伦少将，美第8集团军参谋长。

APPENDIX 3
附录3

美第8集团军司令部

1951年1月11日
呈韩军参谋长
钟日昆将军

现在我有充足的时间来看清当前的形势，查看地形，亲自去和主要指挥官谈话，所以我认为有必要和你分享一下我个人的基本看法。

首先，我们的终极目标只有一个——那就是朝鲜人民的自由。为了实现这一目标，只能依靠一支力量——那就是我们的联合国军。

其次，对于这支联合国军来说只有一个共同的命运，就是不管未来如何，都会生活和战斗在一起。

我希望你能把我对你说的这番简单但真诚的话还有我强调的重点尽量传达给韩军全体指战员。

谨启
M.B.李奇微
美国陆军中将
第8集团军司令

APPENDIX 4
附录4

我们为什么会在这儿？我们打仗是为了什么？

在到韩国的最初几周里，我的感觉是，第8集团军全体成员的心里有两个问题最重要。一个是“我们为什么会在这儿”？另一个是“我们打仗是为了什么”？

作为集团军司令，我认为全体成员有权利知道我的回答，所以1951年1月21日，我把我的想法直接传达到给了每个分配给或隶属于第8集团军的人员。下面就是我的回答。

第一个问题“我们为什么会在这儿”，我的回答简单明确。我们在这儿是由于各自合法政府做出的决定。联合国军总司令、陆军上将道格拉斯·麦克阿瑟说过：“这个命令的目的是要维持朝鲜半岛的军事地位，只是因为联合国的政治家们认为我们应该这么做，才下了这样的命令。”我的回答很简单是因为没必要说得太多，很明确是因为我们的忠诚和期望完全打消了对这些命令的质疑。

第二个问题意义更大一些，这支部队的每个人都有权得到一个完整而理性的答案。我给出的回答是这样的。

对我来说，事情很明显。这不是朝鲜一城一地的问题。地盘大小在这儿是次要的。也不仅限于在最严厉的战争压力下仍然忠诚勇敢的我们韩国盟友的自由问题；尽管自由象征着更广泛的问题，而也是这些问题中的一部分。

真正的问题是，尽管上帝已经允许西方文明在我们热爱的这片土地上开花结果，但文明的力量能否对抗共产主义并最终击败它；尊重个性、尊重人权能否替代杀害俘虏，奴役人民，嘲弄人类尊严的人的统治；是继续被上帝之手引领，还是在无神的世界里毁灭。

如果真能战胜挑战，对我来说一定能，那么这就已经不再只是为了我们的韩国盟友自由和他们的民族存亡而战了，就已经变成为而且以后一直都是我们自己的自由、民族独立和荣誉以及生死存亡的战斗了。

我们所做的牺牲，还有我们仍然支持的事业，不是为了别人，就是为了保卫我们自己。

归根到底，现在在朝鲜半岛的问题就是共产主义和个人主义谁能占上风；我们亲历的这场对人类的威胁是最终被阻止，还是在未来的某个时刻甚至更远，使我们自己的亲人也完全陷入痛苦和绝望。

这就是我们要为之战斗的。今天，我们的军队遇到了前所未有的挑战，但这或许也是个更好的机会展示我们自己，无愧于军人的职业荣誉，也能无愧于养育我们的人民。

APPENDIX 5
附录5

麦克阿瑟将军被解职之后我与他会见情况的注释。

4月12日中午，我正在赶赴东京，去和麦克阿瑟将军举行一次预备会议。我从羽田机场直接前往他的官邸，他马上以最高的礼遇接待了我。我怀着人类好奇的天性想看看他在自己的高级职务被强制解除之后情绪上有些什么变化。但他依然如故，对即将接替他职务的我表现得镇定，温和、文雅、亲切而友善。他含蓄地提到了自己被突然解职一事，但是他的口气中毫无伤心或怨恨的情绪。他镇定而平静地承受了这种打击，对于一位处于自己事业巅峰的职业军人来说这一打击无疑是毁灭性的。我当时就想，这件事很能体现这位伟大人物的豁达性格。

选自《士兵》，哈图与兄弟出版社，纽约，1956年，马修·李奇微对哈罗德·马丁的谈话，第223页。

APPENDIX 6
附录6

给美国驻远东空军司令指示信摘录，1951年4月30日

二、你的主要任务是:

（一）实施空战:

1.保持在朝鲜及其周围海域上空的制空权。

2.为在朝鲜的联合国军部队提供一般性空中支援，包括:

（1）向地面部队提供近距离空中支援。

（2）实施封锁，包括隔离战场。

（3）航空运输、运送兵员及空中疏散。

3.协助保障远东司令部及在朝鲜的联合国军的安全，包括保障在战区内空中通信的安全。

4.向远东司令部及其所属部队和设施提供对空防御。

5.按远东司令部指示提供空中支援

……

（二）按远东司令部指示做好空降行动的准备。

三、……

不得摧毁位于朝鲜鸭绿江附近的水电设施。

我部若在朝鲜以外地区遭受空袭或海上攻击时，应采取迅速而勇猛的行动进行自卫。但是，对中国大陆、中国东北和苏联境内的目标采取的首次报复行动，只有接到我的命令方可实施。

事先未经我直接预先批准，您部任何单位均不得越过韩满或韩苏边界。

APPENDIX 7
附录7

给远东海军司令指示信摘录，1951年4月30日

……

二、你的主要任务是：

（一）实施海上作战：

1.保持在远东战区的制海权。

2.为日本以及远东部队总司令、联合国军总司令控制下的其他地区提供海上防御。

3.保持对朝鲜的海上封锁。

4.为第8集团军和远东空军在朝鲜的作战行动提供海上支援。

5.保障远东战区内公海上的航行安全。

（二）保护台湾地区和澎湖列岛免受中国大陆入侵或进攻，同时，也要保证台湾地区不被中国国民党作为反攻中国大陆之基地。

对各军种均适用的基本规定与给第8集团军司令指示信中所说的内容大致相同。

APPENDIX 8
附录8

艾森豪威尔总统与李承晚总统的通信内容摘录，1953年6月6日至6月19日

“……“现在，这一时刻已经到来，”艾森豪威尔总统写道，“我们必须决定是继续通过战争来争取朝鲜的统一，还是以政治和其他方法来实现这一目标。”

“……

“我深信……美国和大韩民国都必须接受停战。我们没有理由拖延这场战争，用武力统一朝鲜的希望一直与灾难和痛苦相伴。”

“统一朝鲜是美国承诺的一个目标，不止一次，已经很多次了。从美国在第二次世界大战中的历次宣言，从美国接受联合国就朝鲜问题而阐述的各项原则这一事实，都说明美国承担了这项义务。但朝鲜并不是第二次世界大战后唯一一个不幸分裂的国家。我们仍决心为所有这样分裂的国家取得政治上的统一而发挥自己的作用。但是，我们并不打算将战争作为一种手段来实现世界范围内的政治解决……”

“美国决不会放弃以一切和平手段为实现朝鲜统一而努力……”

APPENDIX 9
附录9

1955年7月1日李奇微将军退役之际收到的发自马歇尔将军的电报。

李奇微将军

弗吉尼亚州梅耶堡

亲爱的李奇微：愿上帝保佑您新的事业顺利。祝您、珍妮和儿子事事如意、生活愉快。

您高超的作战指挥艺术和卓越领导能力，代表了您军事生涯的辉煌，我在这里表示衷心的祝贺。您有太多引以为荣的事迹，其中最值得自豪的就是您的部队向波罗的海的突击行动，以及您在朝鲜指挥作战的光辉业绩。

马歇尔

APPENDIX 10
附录10

我给范·弗里特将军的信件摘录，由当时的保罗·史密斯中校(现为少将)转交，

第二点想法，同样仅供参考。我想，是否派一名将军去会见穆乔大使，让他在除库尔特将军外没有其他人在场的情况下，向李承晚总统大体上转告以下内容：“您的主要问题是保证在您的军队中建立起得力的领导层。你们从国防部长起，没有一级领导是得力的。您的主力部队在战斗中屡遭失败的事实已清楚地证明这一点。”

“这是您在军事领域首要和基本的责任。在您建立起这种得力的领导之前，没有什么理由可以期望您的部队作战表现会有所提高，也没有什么理由可以指望他们的联合国军战友对他们的信心会有所增加。”

“在您建立起这种得力的领导并显示出这种领导的价值之前，将不会进一步商谈美国装备更多韩国部队的问题。如果再为您装备部队，这样浪费紧缺装备是一种犯罪。因为，您战场上的部队还继续在毫无道理地抛弃许多重要的装备器材。”

关于向范·弗里特将军提出的这项建议，我还补充了这样的注意事项：

“此事您应十分周密地加以考虑。因为，我认为这件事有一定的危险性，而且还种可能，就是这次行动即使不会毁灭至少也会削弱韩国部队现有的这点自信心。这样，他们的仗就有可能打得更加糟糕。”